财报预言：
用会计数据预测企业发展

［日］大津广一 著

罗慧敏 黄靖 译

中国科学技术出版社

·北京·

BUSINESS SCHOOL DE MINITSUKERU KAIKEI × SENRYAKU SHIKO
written by Koichi Otsu
Copyright © 2021 by Koichi Otsu. All rights reserved
Originally published in Japan by Nikkei Business Publications, Inc.
Simplified Chinese translation rights arranged with Nikkei Business Publications,
Inc. through Shanghai To-Asia Culture Communication Co., Ltd.
北京市版权局著作权合同登记 图字：01-2024-2991。

图书在版编目（CIP）数据

财报预言：用会计数据预测企业发展 /（日）大津广一著；罗慧敏，黄靖译 . —北京：中国科学技术出版社，2024.7

ISBN 978-7-5236-0661-2

Ⅰ.①财⋯ Ⅱ.①大⋯ ②罗⋯ ③黄⋯ Ⅲ.①会计报表—会计分析 Ⅳ.① F231.5

中国国家版本馆 CIP 数据核字（2024）第 078197 号

策划编辑	杜凡如　褚福祎	责任编辑	褚福祎
封面设计	创研设	版式设计	锋尚设计
责任校对	焦　宁	责任印制	李晓霖

出　版	中国科学技术出版社
发　行	中国科学技术出版社有限公司
地　址	北京市海淀区中关村南大街 16 号
邮　编	100081
发行电话	010-62173865
传　真	010-62173081
网　址	http://www.cspbooks.com.cn

开　本	880mm×1230mm　1/32
字　数	236 千字
印　张	9.75
版　次	2024 年 7 月第 1 版
印　次	2024 年 7 月第 1 次印刷
印　刷	大厂回族自治县彩虹印刷有限公司
书　号	ISBN 978-7-5236-0661-2/F・1242
定　价	59.00 元

（凡购买本社图书，如有缺页、倒页、脱页者，本社销售中心负责调换）

前 言

会计的本质问题不是"WHAT（是什么）?"，而是"WHY（为什么）?"[1]

  我曾面对面地问过5万多名商学院的学生及社会人士以下问题："您所在的公司刚才在中期业绩发布会上披露的本年度预计营业额是多少？""您所在的公司上期的合并营业利润是多少？""您还记得营业利润率是多少吗？"

  作为企业员工培训的讲师，我会在培训刚开始时向观众提出类似的问题。令人惊讶的是，就算有20名观众在场，最多也只有一人能说出正确答案。为什么他们每天都在为提高营业收入及利润、削减成本而辛苦工作，却对企业的整体收入、利润及成本漠不关心呢？

  仔细想想，你便会发现，会计非常贴近我们的工作和生活。《日本经济新闻》中处处可见会计术语，人们每天的工作中也鲜少

---

[1] 本书中有部分大写英文词句，用引号括起，为作者表达其思考方法而设计。——编者注

完全不谈及营收、成本或利润。事实上，我们工作和日常生活的各个部分都和会计紧密相连。然而这些相连之处终究只是部分。当这些部分组成整体，并以利润表或资产负债表的形式出现在人们眼前时，很多人便会觉得完全陌生。

为什么许多商务人士会觉得会计高深难懂且令人厌烦，有时甚至对其满不在乎呢？这是20年来，我担任商学院会计老师和企业培训讲师，与5万多名商学院的学生和社会人士面对面交谈后产生的疑问。

结合个人经验，我认为"会计=熟背会计术语+牢记会计规则+烦琐的结算处理"这一固定观念越是在人们的心中根深蒂固，人们就越会觉得会计高深难懂、令人厌烦，进而形成负面的观念，认为"会计=我不愿接近的世界"。相反地，人们如果能将会计数值与企业活动联系起来，就能得心应手地运用会计这一工具。

会计数值反映的是企业活动的结果，没有企业活动，就没有会计数值。看了会计数值，我们就能在一定程度上推导出企业活动。反过来，通过分析企业的经营环境、行业特点和经营战略，也能在一定程度上推导出企业会计数值的构成。若能够心无抵触地进行往复推导，则能够灵活运用会计这一切实有益的工具（见图1）。

结果/数据	⬅往复推导➡	原因/数据反映的情况
会计数值		企业活动管理

图1　会计数值与企业活动的往复推导

能够熟练进行往复推导后，下一步就是预估未来商业计划（企业活动计划）的会计数值（赢利模式、主要费用、设备软件和库存等的投资金额以及相对应的所需融资金额）。若不出示预估数值，开展新业务和企业并购等提议则不可能得到认可。

怎样才能顺利进行往复推导呢？解答这个疑问正是我写本书的目的。我们首先来看一看企业家如何在实际的经营活动中进行往复推导。

稻盛和夫的会计问题

我给商学院的学生和参加培训的企业员工推荐过一本书，叫《稻盛和夫的实学：经营与会计》。稻盛和夫是京瓷创始人，曾担任日本航空总经理，他的这本著作自然是会计类畅销书，并且热度经久不衰。该书毫无保留地呈现了稻盛和夫对会计的思考，是一本可以向不同职业背景的人推荐的名作。此处就该书开篇部分饶有趣味的一节进行介绍。

自称"技术型企业家"的稻盛和夫曾接二连三地向会计部部长提出会计方面的疑问。而自京瓷成立第8年起便进入该企业的会计部部长在回答这些疑问时从头到尾都没有脱离对会计规则的说明："会计规则就是这样。"这时稻盛和夫便会反驳："从企业经营角度来看应当是成立的，为什么在会计中却不成立了？"两人总是意见不一，争论得十分激烈。几年后，会计部部长态度忽变，说了这么一句话："我感觉总经理的话直击会计的本质。"

与稻盛和夫争论的是会计部部长。无论从哪个角度来看，后者才是会计专家，在他眼里，稻盛和夫恐怕就是个外行。两人争论的话题是会计，是会计部部长的专业领域，在此情况下两人的意见产生了分歧，最后却是会计部部长承认稻盛和夫的话直击会计本质，这实在是耐人寻味。

"WHAT?" 还是 "WHY?"

要理解这一事件，就要关注两人的语言差异，从中可以看出分歧产生的原因。虽然话题同为会计，但会计部部长的语言是"WHAT?"，即在讲解会计的规则和定义。这是他的任务，是他被要求掌握的技术，无可非议。而稻盛和夫的语言是"WHY?"即追问原因。虽然两人同样在谈论会计，但不同的语言导致了鲜明的分歧，这可以理解，因为两人的论点完全不同（见图2）。

WHAT?
- 计算会计数值
- 熟背会计术语
- 牢记会计规则
- 正确写出分录
- ……

WHY?
- 阅读会计数值
- 把会计当成经营管理语言加以利用
- 思考经营管理的含义
- 解决问题
- ……

图2　会计的"WHAT?"和"WHY?"

近来财务造假横行，企业合规进一步加强，我绝非在强调应轻视会计规则。遵守会计规则理所当然地排在第一位，只是在我看来，对于很多商业人士而言，熟背精确的会计术语和牢记详细的会计规则对工作并无大用。能正确写出会计分录自然不会有损失，但这绝不是在商业上获得成功的充分条件。相比之下，稻盛和夫的态度体现了将经营管理和会计数值联系起来的想法，如何实现这个想法才更重要。也就是说，要彻底思考"WHY?"，而不是

"WHAT?",并将从中得到的结论与具体行动结合起来,这样才能获得成功。"WHAT?"和"WHY?"不是二选一,但繁忙的商务人士时间有限,宝贵的资源应当用于追求会计的"WHY?",而不是执着于会计的"WHAT?"。

为什么是"会计能力"×"战略思维能力"

因为这两种能力目前是彼此割裂的。

会计能力是理解并读懂会计数值的能力,而战略思维能力是理解并研究企业活动的能力。简单来说,前者是一种定量分析的能力,后者是一种定性分析的能力。

正如前文所述,这两者联系紧密。先有企业活动,后有会计数值,这一顺序绝不可能颠倒。同时,会计数值是企业活动的结果,通过解读会计数值,我们可以在一定程度上推导出企业活动。而将二者联系起来的,便是逻辑思维能力(见图3)。然而在现实中,人们总是将它们看作完全无关的两种能力。这一现象的背后隐藏着

会计能力 (定量分析)		战略思维能力 (定性分析)
理解并读懂会计数值的能力 ▶ 利润表 ▶ 资产负债表 ▶ 现金流量表	← 逻辑思维能力 →	理解并研究企业活动的能力 ▶ 企业所处的外部环境 ▶ 企业所处的行业特征 ▶ 企业经营战略

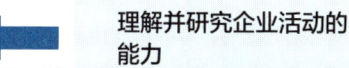

图3 会计能力与战略思维能力

许多原因。

进入企业后，策划、研发、生产、销售以及人事等专业领域的业务将成为我们工作的重心，而其他领域的能力的提升则要靠个人自觉。除极其自觉的人之外，大部分人都只关心自己所负责的产品或所属部门的销售收入、成本、利润和库存，对其他会计数值则不闻不问。

有些员工就这样工作了10年、20年，之后通过企业的选拔，参加培训，突然就要开始学习会计，从某种程度上来说毫无准备。我之前参加过许多次这样的培训，早晨走进教室时，总是能感受到员工们散发出的强烈的厌恶与抵触情绪。而有些人更惨，他们连接受培训的机会都没有，就直接被调派去子公司担任管理者，处理和会计相关的事。这好比士兵要上前线却手无寸铁，要与人沟通却语言不通，还有比这更痛苦的事吗？

另一个原因出在我们这些工商管理硕士（MBA）教育人员身上。工商管理硕士教育被割裂成市场营销、经营战略、会计、财务管理、人力资源管理等学科的教育。这种形式的工商管理教育无异于在告诉学生：各个科目互不相关。站在学术的角度来看，这是无可奈何的，而实际的课堂效果如何，则是对教师能力的一大考验。

有一个方法可以消除这种割裂，即运用案例教学法，让学生对案例中企业出现的经营问题进行综合分析并据此做出决策。即使是会计领域的案例，其本质也是经营决策。学生需要结合经营战略、市场营销策略、组织管理等分析会计数值，做出综合性判断，从而制定决策。

然而，在案例教学的前期，即在理解会计基础的阶段，学生们尚不能完全做到将会计能力和战略思维能力融会贯通。会计能力和战略思维能力是相融相生的，解读会计时需要不断进行两种能力的转换。而这一过程中最重要的关键词就是稻盛和夫常挂在嘴边的"为什么？"。打破砂锅问到底便能寻得问题背后的本质原因。不理解本质原因就无法解决本质问题，还可能导致错误的行动，使得企业因此丧失重要的经营资源。

丰田汽车公司（以下简称丰田）的前副总经理大野耐一是丰田生产方式的创始人，他在著作《丰田生产方式》中提到自己曾通过5次提问"为什么？"解决了本质问题。研究会计数值也是如此。假设有一家企业意识到自己的销售管理费用[①]比竞争对手的多，让我们尝试提出下面5个"为什么？"，并做出回答。

（1）"为什么销售管理费用那么多？"
⇒ 因为广告费用多。

（2）"为什么广告费用多？"
⇒ 因为我们的受众是普通消费者，所以需要用电视广告吸引顾客。

（3）"为什么要用电视广告吸引顾客？"
⇒ 因为我们的目标市场是包含男女老少在内的大众市场。比起传单、推销电子邮件和推销短信，电视广告能更有效地向更多此类顾客传递信息。

[①] 原文为"贩管费"，即销售费用和管理费用，日本经常将这两项费用视为一个整体。为避免用语繁杂，本书译为"销售管理费用"。——译者注

（4）"为什么要持续地向顾客传递信息？"

⇒ 虽然我们的产品性能优良，但是市场上还有许多价格低廉的同类产品。因此需要在电视广告中让知名演员或歌手使用我们的产品，树立品牌形象，不断宣传产品的优良性能，这一点很重要。

↓

（5）"为什么只有电视广告可以树立品牌形象，不断宣传产品的优良性能？"

⇒ 其实，随着消费者花在浏览社交媒体和电子购物网站上的时间增多，企业提高客户黏性的相关策略也从几年前开始，逐渐将重心向社交媒体和电子购物网站上转移。不同于一闪而过的电视广告，通过社交媒体能够和顾客建立持续的联系，更有利于宣传产品的优良性能，展现企业优势。事实上，企业也对广告费用进行了有效的重新分配，广告费用总额略有下降，销售收入进一步上涨。

意识到自身的广告费用比其他企业的多（针对会计数值的"WHY？"），较早地发现市场正在向社交媒体和电子购物网站上转移这一事实（针对顾客动向和企业优势的"WHY？"），迅速转换市场营销策略（针对会计数值的"HOW？"），这是一步一步走向胜利的过程。

思考：这意味着什么

"WHY？"之后的关键词是"SO WHAT？"，即"这意味着什么？"。"SO

WHAT?"这个提问将引出问题背后的本质原因对于经营管理的意义。如果只讨论数值大小等现象,小学生也能胜任。商务人士要做的,是在弄清楚引起问题的本质原因之后("为什么这个数值那么低?"),找到它对于经营管理的意义("数值低有问题吗?"),进而解决问题。

如果被问到"我们企业的库存比竞争对手的多意味着什么?",你会怎么回答?"库存比竞争对手的多"仅说明了某一特定现象("WHAT?"),丝毫不涉及经营分析。为什么比竞争对手多("WHY?"),从企业经营的角度你应该如何看待库存比竞争对手的多这一现象("SO WHAT?"),只有回答了这些问题,你才能真正进入分析的世界。在此基础上,你更进一步地思考应该怎么做("HOW?"),最终才能实际解决问题(见图4)。

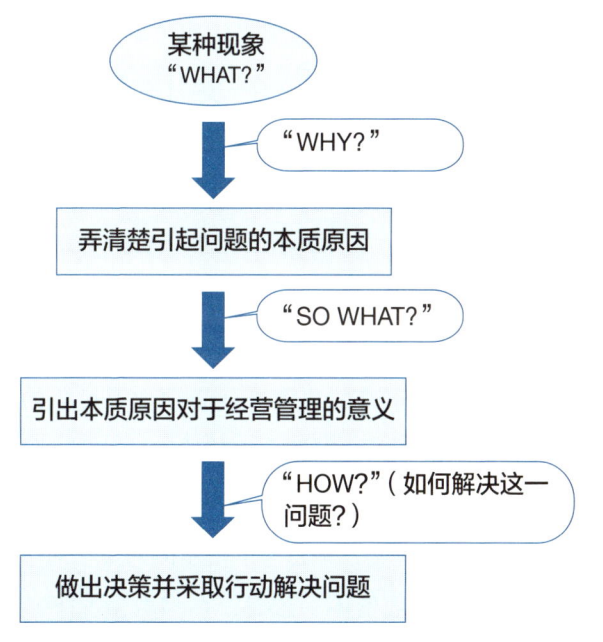

图4 如何解决问题:"WHY?"➡"SO WHAT?"➡"HOW?"

库存常被当成拖油瓶，理由有三：第一，生产及采购需要耗费资金，而库存无法产生相应收益。第二，保管库存需要支付仓库租赁费及仓库管理员工资等。第三，库存会变得陈旧或过时。但有时库存也可以是香饽饽：①从销售人员的角度来看，拥有大量库存可以保证不错失任何一个销售机会（完工产品角度的论点）；②从生产人员的角度来看，一定数量的库存源于相应的生产流程，而这样的生产流程运转能够保证产品品质（在产品角度的论点）；③从原材料采购负责人的角度来看，虽然有一定量的库存，但之前原材料的大批量采购带来了价格折扣，又或是最大化降低了物流成本（原材料角度的论点）。如果利大于弊，那么这样的库存水平就是优异的，应该予以维持。

把库存问题分解为完工产品、在产品和原材料三个要素后再加以思考，能够有效帮助我们理性地思考问题（见图5）。

如上所述，针对"库存很多"这一会计数值现象，只有回答"WHY？"和"SO WHAT？"等问题，才能将企业所处的经营环境和会计数值结合起来。然后，通过提问"HOW？"，即提出"以后要将库存维持在什么水平？""如何实现这一计划？"等问题，进一步制订行动计划，从而实际解决问题。

说到底，我们的最终目的不是分析过去，而是面向未来做出决策。要想在将来做出正确的决策，就必须学习过去的经验。当然，仅靠分析会计数值还无法制订出完整的行动计划。但是，从会计数值角度思考问题能够让我们打破原有的认识，了解真实的情况，进而去思考其中的含义，并思考下一步的对策。对事物的认识固然重要，但当认识和数值不一致时，在多数情况下，正确的是数值。

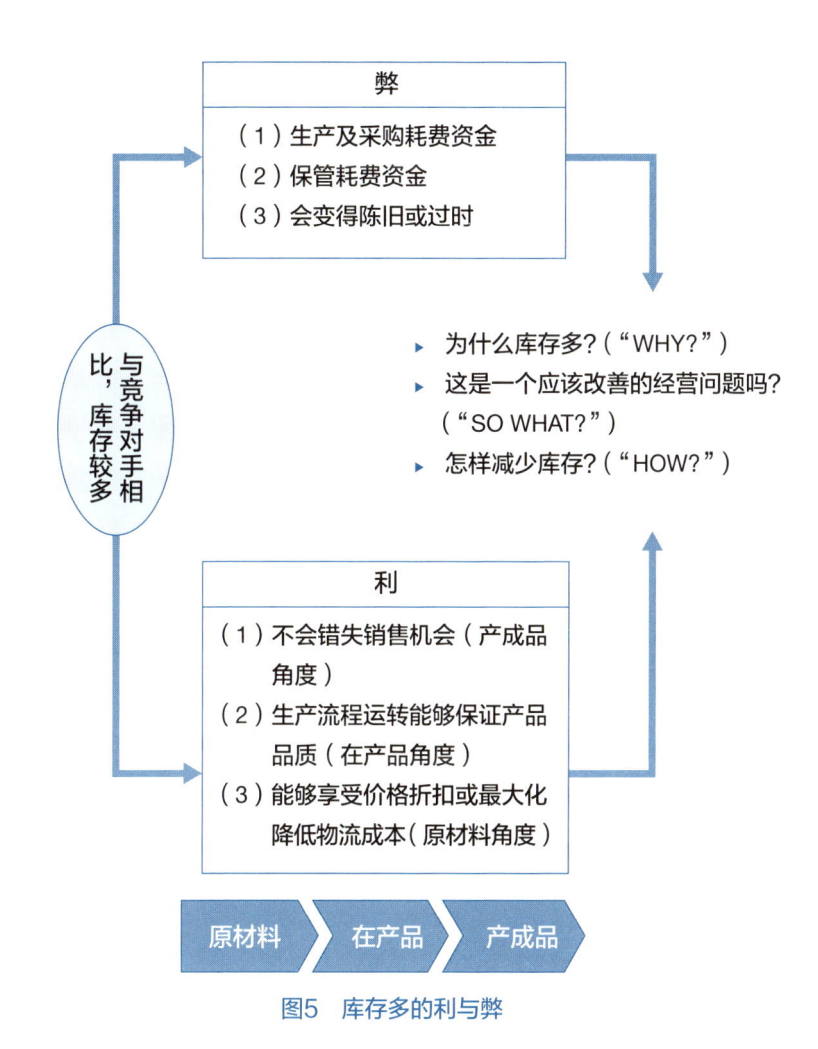

```
                    ┌─────────────────────────────┐
                    │            弊              │
                    │ （1）生产及采购耗费资金      │
                    │ （2）保管耗费资金           │
                    │ （3）会变得陈旧或过时        │
                    └─────────────────────────────┘

  ┌─────────┐              ▸ 为什么库存多？（"WHY？"）
  │与竞争对手│              ▸ 这是一个应该改善的经营问题吗？
  │相比，库存│                （"SO WHAT？"）
  │较多     │              ▸ 怎样减少库存？（"HOW？"）
  └─────────┘

                    ┌─────────────────────────────┐
                    │            利              │
                    │ （1）不会错失销售机会（产成品│
                    │     角度）                  │
                    │ （2）生产流程运转能够保证产品│
                    │     品质（在产品角度）      │
                    │ （3）能够享受价格折扣或最大化│
                    │     降低物流成本（原材料角度）│
                    └─────────────────────────────┘
```

　　原材料　▶　在产品　▶　产成品

图5　库存多的利与弊

　　本书在谈及会计数值时多与企业活动相结合。因此，我希望能像在商学院上课一样，尽可能与各位读者朋友进行互动。我时不时会抛出几个问题，届时请大家务必停下来，拿起笔和我一起思考。同时，也希望各位读者朋友在阅读时能始终将会计能力和战略思维能力牢记在心。

最后，我想跟大家分享一句话，是稻盛和夫写在一本书中的一句话。稻盛和夫是技术人员出身，是一名创业家，曾长期担任多家东京证券交易所上市企业的领导。从某种程度上来说，稻盛和夫丰富的管理经验让全日本的企业管理者都难以望其项背。他说了这样一句话：

不懂会计，就无法成为真正的管理者。

——《稻盛和夫的实学：经营与会计》

小　结

❏ 本书旨在让读者舍弃"会计=熟背会计术语+牢记会计规则+烦琐的结算处理"这一固定观念，将会计数值与企业活动结合起来思考，并阐明如何才能顺利地在二者间进行往复推导。

❏ 繁忙的商务人士应该将宝贵的时间资源用于追求会计的"WHY?"，而不是学习会计的"WHAT?"。要不断地追问："为什么会出现这样的数值？"

❏ 第二个关键词是"SO WHAT?"，即"这意味着什么？"。解答这一问题将帮助管理者挖掘出眼前现象背后所隐藏的本质问题及成因。

❏ 提问"HOW?"能够推动我们制订具体的行动计划去解决问题。要记住我们的最终目的不是分析过去，而是面向未来做出决策、采取行动。

目录

第一部分　会计能力

第一章　用矩阵解读利润表 ······ 2
和死记硬背说再见 ······ 2
用矩阵解读利润表 ······ 4
如何区分营业成本和销售管理费用 ······ 7
企业所说的10%营业利润率目标 ······ 9
读懂宜得利控股公司的利润表 ······ 10
小　结 ······ 15

第二章　解读资产负债表的3个基本法则 ······ 16
利润表是录像带，资产负债表是照片 ······ 16
右边是资金来源明细，左边是资金的投资与运用情况 ······ 19
解读资产负债表的3个基本法则 ······ 22
读宜得利控股公司的资产负债表 ······ 29
小　结 ······ 34

第三章　假设及检验：看财务报表猜企业名 ······ 35
第一步　推测企业的情况 ······ 35
第二步　提出假设（描绘财务报表）······ 38
第三步　检验假设（看财务报表）······ 49
小　结 ······ 74

第四章	假设及检验：从财务报表数值出发解读企业活动……76
	情景再现：通过小组讨论解读资产负债表……………79
	情景再现：集体讨论，深入分析利润表和资金来源……83
	小　结………………………………………………88

第二部分　战略思维能力

第五章	通过波特五力理解行业竞争环境………………………90
	要点提示：做生意首先要考虑内部与外部的经营环境……90
	竞争激烈的行业有哪些特征……………………………91
	同业竞争者的威胁………………………………………96
	新进入者的威胁…………………………………………98
	替代品的威胁…………………………………………102
	供应商的威胁…………………………………………105
	购买者的威胁…………………………………………107
	小　结…………………………………………………111

第六章	用波特五力把握行业竞争环境并解读会计数值……112
	背景提要：两家大企业的合并………………………112
	钢铁行业的波特五力分析——利润率持续下滑以及大规模合并的原因………………………………………113
	同业竞争者的威胁：处处是增加威胁的要素…………120
	新进入者的威胁：外国的新进入者在过去十多年的影响…122
	替代品的威胁：钢铁的便利性暂时不会有变化………124
	供应商的威胁：供应商持续主导销售谈判……………125
	购买者的威胁：购买者持续主导销售谈判……………127
	小　结…………………………………………………133

第七章	用价值链理解企业的内部环境………………………136
	不同的利润表体现不同的经营战略……………………136
	通过分析价值链分析经营战略………………………139
	小　结…………………………………………………140

第八章　用波特价值链模型解读同行业企业的经营战略与会计数据 ………141

不同研发战略下的利润率差异 ……………141
不同生产战略下的利润率差异 ……………154
不同推广营销战略下的利润率差异 …………161
不同销售渠道战略下的利润率差异 …………168
小　结 ………………………………………179

第九章　用4P理解市场营销战略 …………………182

思考网购的魅力 ……………………………182
市场营销及营销组合的4P模型 ……………186
小　结 ………………………………………196

第十章　用STP与4P分析同行业企业的市场营销战略与会计数值 ……………………197

运用R-STP-MM-I-C理论剖析市场营销流程 ………197
STP理论 ……………………………………199
结合STP理论分析健身房市场 ……………202
小　结 ………………………………………222

第三部分　应用与发展

第十一章　灵活运用有效的分析工具——会计指标 ………224

综合能力 ……………………………………225
收益能力 ……………………………………227
资产效率 ……………………………………228
安全性 ………………………………………233
成长性 ………………………………………238

第十二章　解读丰田的合并财务报表和母公司财务报表 ……241

丰田汽车的合并利润表 ……………………241
丰田汽车的合并资产负债表 ………………242

第十三章　解读佳能的合并现金流量表 ·················· 248
　　佳能的经营活动产生的现金流量 ···················249
　　佳能的投资活动产生的现金流量 ···················250
　　佳能的筹资活动产生的现金流量 ···················251
　　佳能的期末现金及现金等价物余额骤降的原因 ···········252

第十四章　分析盈亏平衡点，打造盈利结构 ·············· 254
　　盈亏平衡点及计算时会用到的管理会计术语 ············254
　　盈亏平衡点占现营业收入比例：评估赤字经营缓冲区
　　厚度的指标 ·······························258
　　经营杠杆：评估营业收入对利润的影响力的指标 ·········258

第十五章　分析国际财务报表的9个着眼点 ·············· 260
　　不强制披露各阶段利润 ························262
　　更多企业自行界定利润 ························266
　　非持续性业务带来的损益另行披露 ·················267
　　商誉不进行摊销处理，固定资产分两步进行减值处理 ···270
　　出售股票取得的利润可以不列示在利润表中 ··········272
　　收入的确认标准不同 ·························274
　　资产负债表的名称和样式不同 ····················275
　　所有的租赁物原则上都要列为资产 ·················275

第十六章　多元学习会计 ·························· 278
　　怎样才能掌握会计技能 ························278
　　将会计知识运用到身边发生的事上 ·················279
　　试着针对身边的会计数值进行提问 ·················280
　　善用分析模型 ·····························284
　　关键在于"WHY?"与"SO WHAT?" ···············285
　　不惧犯错，勇于思考，不断摸索 ···················286

注释 ······································· 287

后记 ······································· 292

第一部分

会计能力

第一章

用矩阵解读利润表

和死记硬背说再见

　　宜得利家居（NITORI）是一家经营家居用品的企业，其所属的宜得利控股公司2019年财政年度（2019年2月—2020年2月）的合并利润表如表1-1所示。利润表中有很多术语，或许有些读者曾多次摩拳擦掌，跃跃欲试，想按顺序从上至下记忆这些术语，却徒劳无功。为什么记不住呢？因为这些人把记忆术语本身当成了目标，却不知道自己为什么要去背术语，更具体一点说，不知道自己背下来以后要去分析什么、了解什么。

　　和其他工作一样，我们要从工作经验中学习和运用会计术语。仅靠死记硬背无法将其内化于心，即使勉强记住，转眼也会忘得一干二净。

表1-1 宜得利控股公司2019财政年度合并利润表[①]

2019年2月21日—2020年2月20日

项目		金额（百万日元）	比例（%）
Ⅰ 营业收入		642 273	100.0
Ⅱ 营业成本		287 909	44.8
毛利润		354 364	55.2
Ⅲ 销售管理费用		246 886	38.4
配送费用		27 991	4.4
广告费用		16 888	2.6
职工薪酬		68 493	10.7
租赁费用		37 261	5.8
折旧费用		14 575	2.3
营业利润		107 478	16.7
Ⅳ 营业外收入		2 476	0.4
Ⅴ 营业外支出		432	0.1
经常性利润		109 522	17.1
Ⅵ 非经常性收入		626	0.1
Ⅶ 非经常性支出		5 078	0.8
税前当期净利润		105 069	16.4
法人税、住民税及事业税	34 979		
法人税等调整额	-1 304	33 674	5.2
当期净利润		71 395	11.1
归属于母公司股东当期净利润		71 395	11.1

（注：仅记载主要项目，因此项目的金额与各子项目的合计金额不一致。）

[①] 本表为日本利润表，和中国用的会计项目有所不同，仅供参考。——编者注

这里放这张表，只是想让大家了解一下利润表的构造，既不会做任何解释说明，也不需要你记忆，直接往下读便好。在阅读本书的过程中，你会接触许多利润表，和工作一样，会计术语也会潜移默化地印在你的大脑中。如果你平时觉得会计晦涩难懂，此时大可放松下来，慢慢地往后读。

用矩阵解读利润表

利润表（Profit & Loss）有时也简称PL。在英语中，利润表有许多种叫法。其中一个是"Profit and Loss Statement"，翻译过来就是"损益表"，这个名字正是利润表作用的体现。在利润表当中，企业一年内的所有进出项均按照顺序排列，而企业在这一年里所进行的活动是产生了利润还是导致了损失也会在最后予以列出。利润表可以一目了然地表明企业在一定时期内获利与否，所以我们需要将"进"与"出"无遗漏且无重复地记录下来。因此我们首先要理解"进"与"出"的排列逻辑。

利润表如图1-1所示由上至下排列项目。前文提到，我们不需要马上记住利润表上的详细项目（"WHAT？"），我现在要解释的是排列逻辑（"WHY？"），所以请大家一定好好掌握利润表中项目的排列逻辑。就算是在商学院上课，我也很少会让学生记东西，因此希望大家能明白理解的重要性。

利润表可以用两条轴分解成矩阵。如图1-2所示，横轴是"主营业务"和"非主营业务"，纵轴是"经常性事项"和"非经常性事项"。经常性事项每年都会发生，而非经常性事项则是当年特有

利润表
2021年4月1日至2022年3月31日

经常性事项

主营业务：
- 营业收入
- 减：营业成本
- 毛利润
- 减：销售管理费用
- 营业利润

非主营业务：
- 加：营业外收入
- 减：营业外支出
- 非主营业务利润

非经常性事项（临时性偶发性）

无论是否属于主营业务
- 加：非经常性收入
- 减：非经常性支出
- 当期税前利润

- 减：所得税费用
- 当期净利润

图1-1 利润表的构造

经常性事项
- 主营业务 经常性事项
- 非主营业务 经常性事项

非经常性事项
- 今年特有的事项
- 无论是否属于主营业务

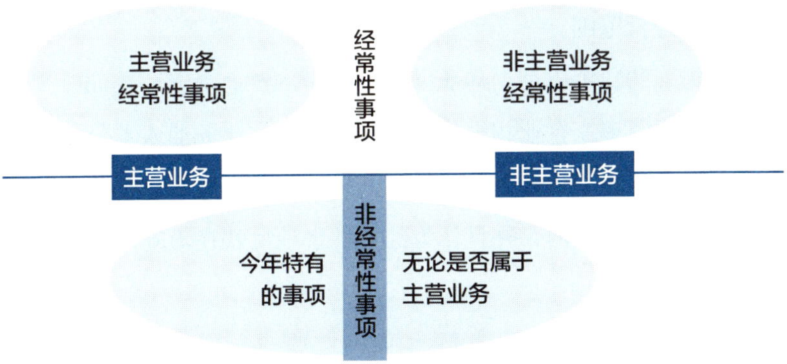

图1-2 利润表的矩阵

第一部分 会计能力

的。左上角是"营业收入",减去"营业成本"和"销售管理费用"后得到营业利润,这些都是主营业务,也都是经常性事项。企业因主营业务而存在,所以主营业务年年都有。获得营业收入并产生营业利润,是一个企业的根本,也是企业存在的意义。

看完"主营业务"和"经常性事项"后,我们再来看看横轴右侧的项目。图的右上角是属于"非主营业务"的"经常性事项"。因这些事项流进的是"营业外收入",流出的是"营业外支出"。实际上,我们可以把大部分的主营业务外活动看成财务活动,它包括将钱存到银行(获得利息收入)、持有股份(获得股息与分红)以及借款(产生利息支出)等。我们需要注意的是数值或变化量特别大的项目。

划分主营业务和非主营业务,即划分横轴的依据是公司章程,因为公司章程规定了企业的业务范围。请大家务必从头到尾细读一遍自己所在的企业的章程。

公司章程是企业设立时制定的文件之一,无论多小的企业都有自己的公司章程。公司章程通常规定了企业的目的、商号、总部所在地、股份、股东、董事会、监事会等[1]。随着外部环境发生变化,企业也需进行改变。届时,可由股东大会更改公司章程中的目的,增加经营范围。

例如,2018年以后,乐天集团、日本NHN(NHN Japan)、爱贝克思集团等多家企业相继将虚拟货币的有关业务加入了公司章程中。[2]今后,这些业务产生的收入和费用都应纳入主营业务产生的收入和费用的范围内,并且作为经常性事项反映在矩阵左上角中。

---

[1] 此处的股份、股东、董事会、监事会适用于股份有限公司。本书中提到的企业为股份有限公司。——编者注
[2] 我国不支持虚拟货币交易或业务。——编者注

看完纵轴上半部分的"经常性事项"后，我们再来看下半部分的"非经常性事项"。非经常性事项与是否属于主营业务无关，只要是仅在今年发生的临时性、偶发性事项，其收益就是"非经常性收入"，损失就是"非经常性支出"。以企业出售工厂为例，我们都知道企业开工厂是为了开展主营业务，所以出售工厂是非经常性事项。在工厂出售时，如果售价高于账簿上的购买此工厂时所用的金额，那么差额就记为非经常性收入；若只能折价出售，则将差额记为非经常性支出。

2011年3月发生的东日本大地震使许多日本企业遭受了莫大的损失。损失涉及各个方面，例如要处理受损库存、拆除受损设备、耗费资金恢复生产经营、停止营业期间仍然会产生固定费用等。JX控股公司位于仙台和鹿岛的炼油厂在此次地震中损失金额高达1 200亿日元。2011年，许多企业都在非经常性支出一栏记录了巨额的灾害损失。

最后还剩税金。扣除税金前的利润称为"当期税前利润"。由于扣完税金后再无减项，因此当期的纯粹的利润称为"当期净利润"。很遗憾，如果入不敷出的话，就只能是当期净损失了。

大家没有必要马上记住利润表上的详细术语，但必须在脑海中牢牢记下这个由横轴和纵轴组成的矩阵。

如何区分营业成本和销售管理费用

在"主营业务"的"经常性事项"（图1-2的左上角）中有两个费用项目，一是营业成本，二是销售管理费用。那么，区分营业成本和销售管理费用的逻辑是什么呢？对于这个问题，我们如果能理解为何研发费用要列入销售管理费用，就能找到答案。

普利司通公司是全球市场占有率非常高的轮胎企业。在它2019财政年度（2019年1月—2019年12月）的合并财务报表当中，普利司通公司将1 052亿日元的研发费用全额列入了销售管理费用[①]。当期营业收入为35 256亿日元，研发费用占销售管理费用的3.0%。为什么普利司通公司要将研发费用列入销售管理费用，而不是营业成本呢？

营业成本的定义是"能独立与当前营业收入直接对应的成本"。研发费用并不能直接与当前的营业收入形成联系。研究方面的投资是为了将来获得营业收入，且该项投资是否能带来可赢利商品仍是未知数。因此，它无法单独与当期的营业收入直接对应，也就不能列入营业成本。但是需要明确的一点是，研发费用是由于"主营业务"的"经常性事项"而产生的费用，因此，研发费用应列入销售管理费用中，更具体来说是列入管理费用中（图1-3）。

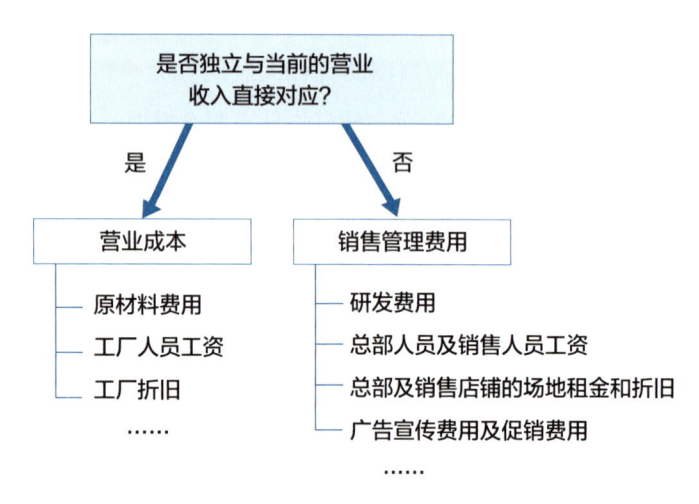

图1-3 如何区分营业成本和销售管理费用（以制造业为例）

[①] 此处为日本会计准则下会计科目记录方式，不适用于国内。——编者注

企业所说的10%营业利润率目标

"企业进行了各种各样的结构改革,成功将营业利润率提升至5%左右,恢复到了日本企业的标准收益水平。但是,这只是日本标准,并不是世界标准。从全世界来看,利润率不超过10%就称不上是优秀的企业。"

这是当时的日立制作所会长川村隆在接受《日经商业》周刊(2012年5月7日刊发)采访时说的一段话。10%的营业利润率目标是衡量优秀企业的标准。在日本国内,尤其是在制造业,人们经常使用这一数值。该利润率通过将营业利润除以营业收入计算得出,反映了营业收入扣除主营业务的相关费用后剩下的利润的大小。

如前文所述,营业利润来自"主营业务"的"经常性事项",代表的是企业存在的意义。若利润率不尽如人意,就说明企业的产品相比竞争对手缺乏优势,或是成本结构存在问题,有必要改善目前的某些现状。如果无法确保拥有充足的利润,还会影响将来的设备投资以及优秀人才的聘用和保留等,同时也无法向股东支付高额的股息红利。没有足够的利润,股价的上涨也会受限。长此以往,财务整体将逐渐恶化,供应商和客户等也会对企业失去信心。

在全球竞争加剧的背景下,日本的电机行业[①]长期面临着严峻的经营环境,但日立制作所却很早就显示出了恢复趋势。在2018财政年度(2018年4月—2019年3月),许多电机企业的营业利润率仍然低于5%(夏普公司3.5%、富士通集团3.3%、日本电气股份有限公司2.0%、东芝集团1.0%)。在这样的情况下,日立制作所会长川

[①] 日本的电机行业的范围十分宽泛,涵盖家用电器、电子产品、办公设备、大型电机、半导体等行业。——译者注

村隆却表示，5%是日本标准，不是世界标准。我认为他并不是想借此让人们称赞日立制作所为"标杆企业"，而是想说明"在竞争激烈的环境下，企业要想实现持续经营，就必须提供具有全球竞争优势的产品或服务。如果企业能做到这一点，营业利润率理应达到10%。"

我们可以用营业利润率这个简单易懂的参考指标来与其他国家企业做比较。在2019财政年度，美国的国际商业机器企业（简称IBM）的营业利润率为13.2%，德国的西门子的营业利润率为8.7%。如果按营业收入100 000亿日元计算，营业利润率相差5个百分点意味着5 000亿日元的差额，相差10个百分点则意味着10 000亿日元的差额。在利润额差距悬殊的条件之下，企业在研发、设备、人才方面的投资选择也许大相径庭。川村隆会长的一番话体现了他强烈的危机意识。

那么，为什么是10%呢？直截了当地说，假设投资资本与营业收入相等，那么营业利润率为10%就意味着投资资本回报率（Return on Invested Capital，简称ROIC）也是10%。企业应当根据投资资本回报率是否达到投资者所要求的回报率水平（即资本成本）来做出最终的决策。

读懂宜得利控股公司的利润表

在解说利润表的最后一个环节，我们不妨用一张图来简单解读一下宜得利控股公司的利润表（见图1-4）。

根据图1-4可知，宜得利控股公司的营业收入为6 422亿日元，

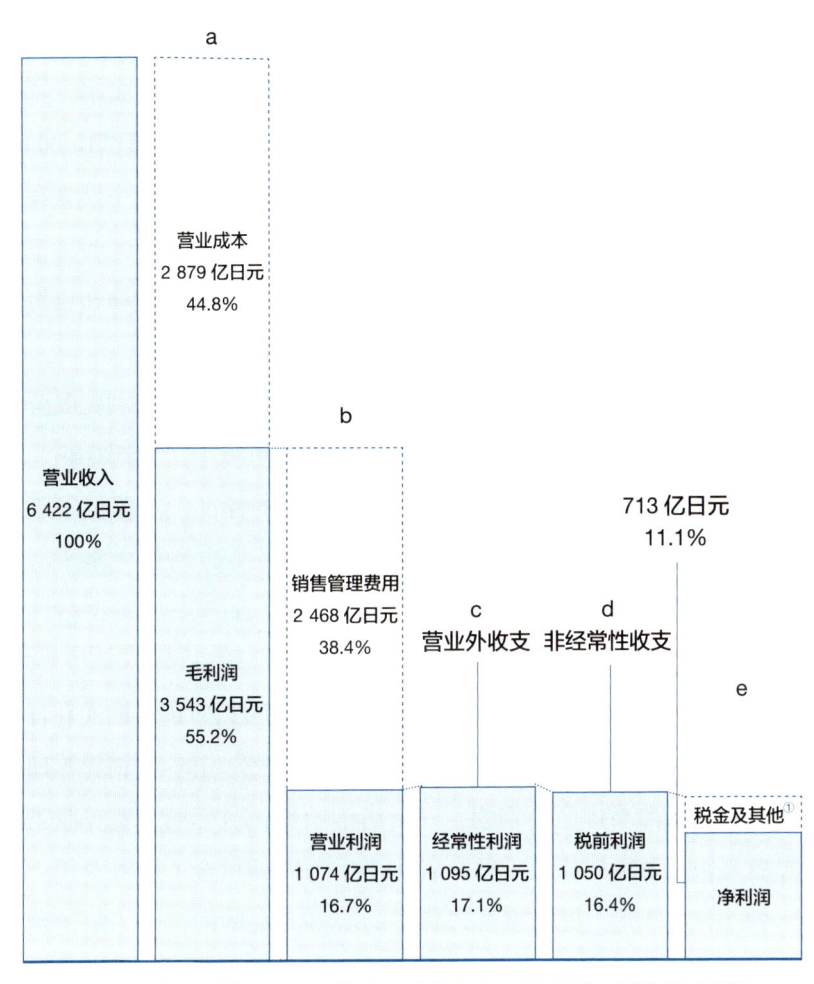

图1-4 宜得利控股公司利润表示意图(2019年2月—2020年2月)
(注：图中百分比为该项数值占营业收入的比例。)

营业收入 6 422亿日元 100%

a 营业成本 2 879亿日元 44.8%

毛利润 3 543亿日元 55.2%

b 销售管理费用 2 468亿日元 38.4%

营业利润 1 074亿日元 16.7%

c 营业外收支

经常性利润 1 095亿日元 17.1%

d 非经常性收支

税前利润 1 050亿日元 16.4%

713亿日元 11.1%

e 税金及其他[①]

净利润

[①] 此处"税金及其他"包含的子项目与中国国内用会计科目"税金及附加"的有所不同。
——编者注

第一部分 会计能力 11

减去营业成本后得到毛利润3 543亿日元，占营业收入比例高达55.2%，这是一个相当惊人的数字（见图1-4a）。制造业和零售业的平均毛利率一般为20%~30%。零售业的营业成本是采购成本，这就差不多相当于宜得利控股公司把进货价4 500日元的家具以10 000日元的价格销售了出去。虽然宜得利控股公司在电视广告中反复宣传着"物超所值，就选宜得利!"，但至少其销售价格是远远高于采购成本的，这一点不言自明。当然，宜得利控股公司的存在也打破了"价格低=利润率低"的刻板印象。

我们再来看营业利润。在减去销售管理费用后，宜得利控股公司的营业利润达到1 074亿日元，占营业收入的16.7%（见图1-4b）。前文提到10%的营业利润率是衡量优秀企业的标准，但那仅限于制造业。零售业的宗旨是薄利多销，往往很难达到这一水平。而宜得利控股公司轻松超过该标准将近7个百分点，其收益性很高。

通过解读销售管理费用的具体内容，我们可以对销售模式有直观的认识。如表1-1的利润表所示，宜得利控股公司的4种销售管理费用按金额大小排序分别为：发给店铺销售人员等的工资（职工薪酬）6 849 300万日元，租赁店铺产生的店铺租金（租赁费用）3 726 100万日元，提供家具送货上门服务产生的配送费（配送费用）2 799 100万日元，电视广告及报纸夹页广告等广告宣传费（广告费用）1 688 800万日元。职工薪酬、租赁费用和广告费用被称为零售行业的三大销售管理费用，但在宜得利控股公司，这3项费用加起来也不过约1 226亿日元，仅占营业收入的19.1%。宜得利控股公司不仅毛利率高，店铺运营效率也高，所以营业利润率能够达到16.7%的水平。

宜得利控股公司的一个特点是营业外收支及非经常性收支的数额都比较小。这两项收支扣除税金后便得到净利润（见图1-4cde）。宜得利控股公司"主营业务"的"经常性事项"带来的利润充足，除此之外的无谓收支项目又比较少，可以说是一家专攻主业、经营稳定的企业。税金的计算十分复杂，在阅读本书时，可大致认为税金占税前利润的约30%。宜得利控股公司的税前利润为1 050亿日元，税金为336亿日元，占比约为30%。

最后剩下的净利润为713亿日元，占营业收入的11.1%，比例高达两位数（见图1-4e）。这相当于家具售价1万日元，扣除各种各样的费用并支付税金后，竟然还有1 110日元的利润，回报真高！

宜得利控股公司把这种商业模式称作"制造物流IT（互联网技术）零售业"，既不算制造行业，也不算物流行业和IT行业，甚至连零售业都不算。只是尽可能地将所有业务都归集到企业内部，并挤出了一个很难达到的高利润率。

到目前为止，我们所做的有关"高"与"低"的讨论都只是在确认事实。而讨论"为什么毛利率那么高？""为什么销售管理费用那么低？"等有关"WHY？"的问题才称得上分析。分析的第一步是针对问题做出自己的假设，这将引导我们走向下一步的"SO WHAT？"，即思考对于企业、竞争对手、客户及供应商而言，这意味着什么。在最后，我们还要站在宜得利控股公司的员工、竞争对手、客户、供应商、股东，或是金融机构的立场上做出相应的决策，决定今后要采取的行动。从第三章开始，本书将以各个企业为案例，与各位读者一起来探讨这些问题。

图1-5可作为本节小结图解。

图中文字内容：

- 高毛利率打破了"价格低=利润率低"的刻板印象
- 作为零售企业，营业利润率竟高达16.7%
- 专攻主业，经营稳定
- 利润率高，10 000日元的家具扣除各项费用及税金还能带来约1 110日元的利润

a
营业成本
2 879亿日元
44.8%

b
销售管理费用
2 468亿日元
38.4%

营业收入
6 422亿日元
100%

毛利润
3 543亿日元
55.2%

713亿日元
11.1%

c 营业外收支
d 非经常性收支
e 税金及其他

营业利润
1 074亿日元
16.7%

经常性利润
1 095亿日元
17.1%

税前利润
1 050亿日元
16.4%

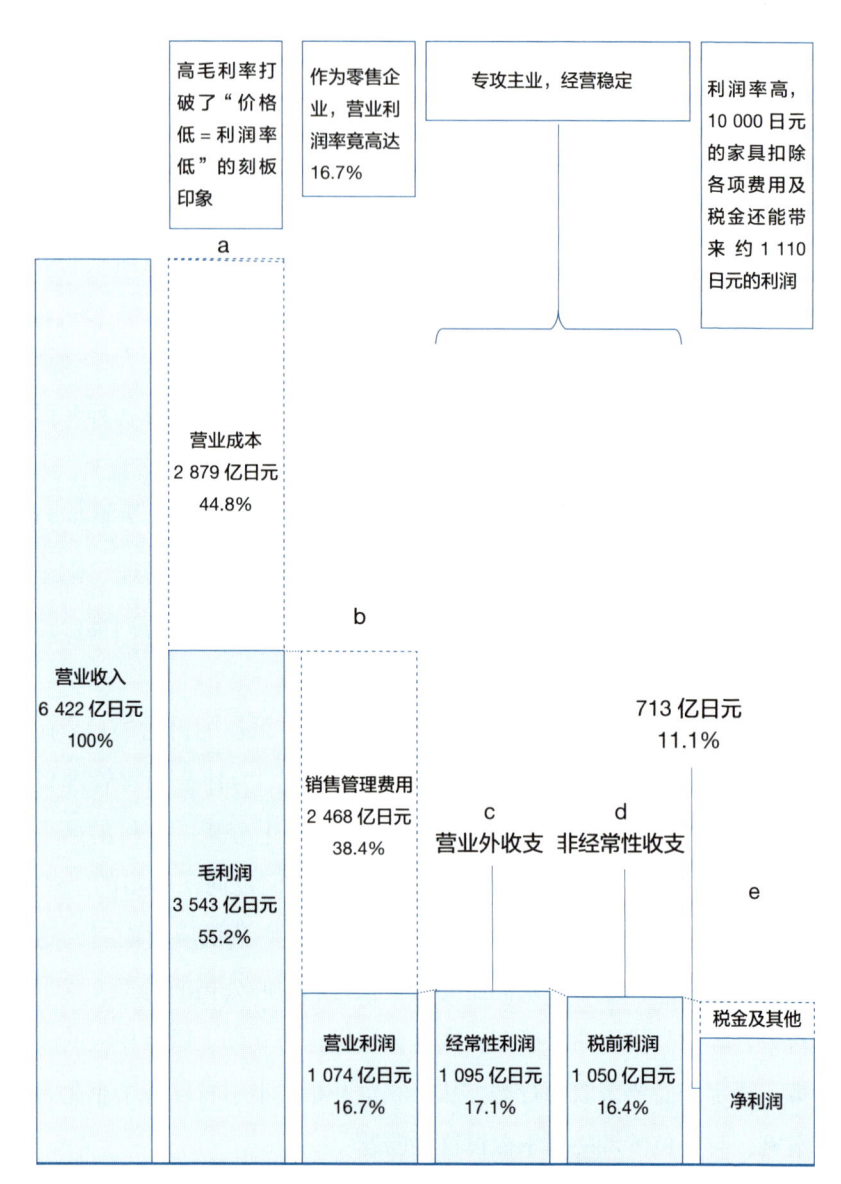

净利润

图1-5 宜得利控股公司利润表的特点

14　财报预言：用会计数据预测企业发展

小　结

- 顾名思义，利润表的作用是明确企业一年内的活动是产生了利润（Profit）还是导致了损失（Loss）。

- 可以根据"主营业务"或"非主营业务"、"经常性事项"或"非经常性事项"这两条轴将利润表分解成矩阵。

- 营业成本的定义是"能独立与当前营业收入直接对应的成本"。研发费用并不能独立与当前的营业收入直接对应，因而列入销售管理费用（中的管理费用），而不是营业成本。

- 10%营业利润率是衡量优秀企业的标准，尤其是在制造业。可分解营业成本与销售管理费用来评价企业水平是否达标。

- 我们通过宜得利控股公司的案例了解了利润表的构造。在阅读时，不妨试试结合宜得利控股公司的商业活动来解读每一个项目金额占营业收入的百分比。

第二章

解读资产负债表的3个基本法则

利润表是录像带，资产负债表是照片

许多读者要根据营收目标和成本预算来开展日常工作，因此比起资产负债表，还是更熟悉利润表上记载的营业收入和费用。至于资产负债表，恐怕就是拿着它来办业务，很多读者也依然会觉得陌生。

仔细想想，你会发现，资产负债表里的个别资产其实与业务联系十分紧密，例如应收账款、存货［制造业指处于"原材料→在产品（制作中）→产成品"流程中的所有物品；零售业及贸易公司指所采购的商品］、工厂建筑（属于固定资产）、土地等。但是企业内有机会一览资产负债表全貌的人却出乎意料地少。和利润表一样，资产负债表也先以宜得利控股公司为例子来进行讲解。

资产负债表的英文是"Balance Sheet",有时也取首字母简称为"BS"。对比前文表1-1中宜得利控股公司的利润表和表2-1中其的资产负债表可以发现,利润表表头记载着时间段(2019年2月21日—2020年2月20日),资产负债表表头则记载着日期(2020年2月20日)。补充一句,结算月份由各企业自行决定,但大部分日本企业一般选择3月作为结算月。宜得利控股公司之所以选在2月进行结算,是因为在2月和8月期间,日本的商业活动相对较少。在商业活动较少的时期,企业人手比较充足,也更方便进行实地盘点(清点库存实际数量)等工作。事实上,很多日本零售企业都选择在2月进行结算,包括7—11与伊藤洋华堂的母公司7&i控股公司、永旺投资有限公司等。

表2-1 宜得利控股公司2020年2月合并资产负债表[①]

（2020年2月20日）			（2020年2月20日）		
项目	金额(百万日元)	百分比(%)	项目	金额(百万日元)	百分比(%)
（资产部分）			（负债部分）		
Ⅰ流动资产			Ⅰ流动负债		
1 库存现金及银行存款	159 190		1 应付票据及应付账款	19 774	
2 应收票据及应收账款	27 880		2 短期借款	2 787	
3 商品及产成品	61 203		3 租赁负债	1 554	
4 在产品	182		4 其他应付款	22 923	
5 原材料及贮藏品	4 127		5 应付法人税	20 224	
6 其他	11 010		6 奖金准备	4 020	
7 坏账准备	-4		7 积分准备	2 076	
流动资产合计	263 589	38.6	8 股东优待费用准备	282	

[①] 本表为日本资产负债表,和中国用的会计科目有所不同,仅供参考。——编者注

续表

项目（2020年2月20日）	金额（百万日元）	百分比（%）	项目（2020年2月20日）	金额（百万日元）	百分比（%）
Ⅱ 固定资产①			9 其他	23 420	
1 有形固定资产			流动负债合计	97 063	14.2
（1）房屋建筑物	111 548		Ⅱ 非流动负债②		
（2）机器设备及搬运工具	3 713		1 长期借款	4 000	
（3）工具、器具及办公用品	9 071		2 租赁负债	6 714	
（4）土地	173 010		3 退职董事慰问金准备	228	
（5）租赁资产	2 023		4 退职金相关负债	1 343	
（6）使用权资产	4 529		5 资产弃置负债	5 673	
（7）在建工程	3 489		6 其他	7 361	
有形固定资产合计	307 387	45.0	固定负债合计	25 322	3.7
2 无形资产			负债合计	122 385	17.9
（1）软件	11 391		（所有者权益部分）		
（2）软件开发支出	5 984		Ⅰ 股东资本		
（3）借地权	7 160		1 实收资本（或股本）	13 370	2.0
（4）其他	64		2 资本公积	25 074	3.7
无形资产合计	24 599	3.6	3 留存收益	532 471	77.9
3 投资及其他资产			4 库存股	−10 875	−1.6
（1）投资有价证券	25 535		所有者权益合计	560 042	82.0
（2）长期应收款	732		Ⅱ 累积其他综合收益		
（3）存出保证金	13 987		1 其他有价证券评估差额	750	
（4）押租	23 756		2 外币财务报表折算差额	161	
（5）递延税金资产	13 246		3 退职金相关调整累计	−382	
（6）其他	10 429		累积其他综合收益合计	529	0.08
（7）坏账准备	−18				
投资及其他资产合计	87 670	12.8	Ⅲ 新股预约权	289	0.04
固定资产合计	419 657	61.4	净资产合计	560 861	82.1
资产合计	683 247	100.0	负债与净资产合计	683 247	100.0

① 日本的固定资产指的是不能在一个会计年度内变现或者耗用的资产，对应中国的非流动资产科目。中国的固定资产范围更窄，特指使用寿命超过一个会计年度的有形资产，不包括无形资产等。——译者注

② 同理，日本的固定负债指的是偿还期在一个会计年度以上的负债，对应中国的非流动负债科目。——译者注

如图2-1所示，利润表将一年内企业活动导致的进出项按顺序进行排列，相当于用摄像机将企业一年内的活动记录了下来。就像我们在保管录像带或视频文件时会写上录像的时间段"××月××日—××月××日"一样，利润表表头也要写有时间段。

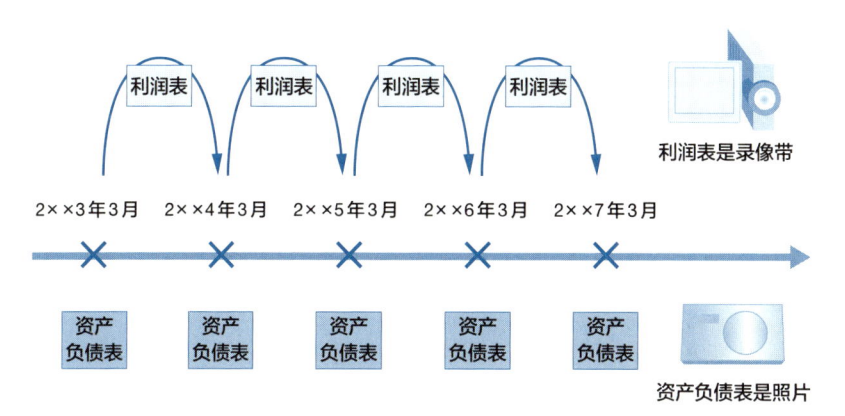

图2-1　利润表是录像带，资产负债表是照片

而3月结算的企业的资产负债表则相当于在3月31日晚12时那一瞬间拍摄的照片。照片或照片文件上多写的是日期，同样地，资产负债表的表头写的也是日期。看资产负债表的第一件事就是确认日期。

那么，资产负债表的"拍摄"对象是什么呢？

右边是资金来源明细，左边是资金的投资与运用情况

图2-2是企业活动的简单示意图。

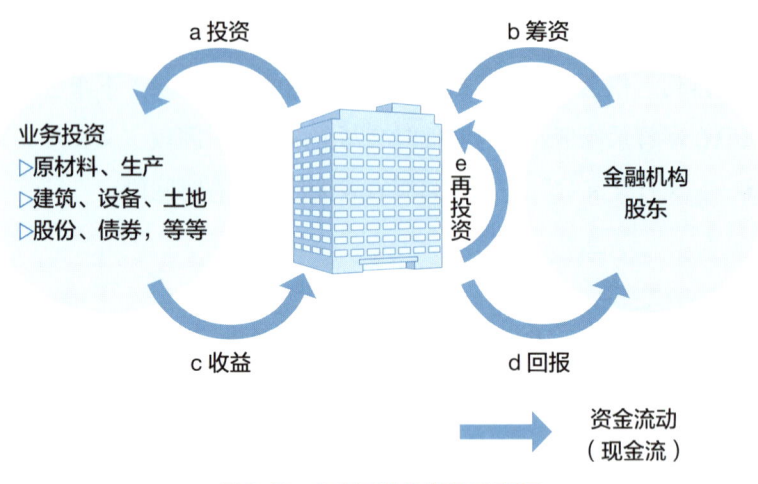

图2-2 企业活动的简单示意图

从股东或金融机构获得资金是企业活动的源头（见图2-2a）。

筹集到的资金会被投资到企业擅长的业务当中（见图2-2b）。投资的例子包括购买原材料进行生产，购买房屋建筑、机器设备或者土地并设立工厂，为了企业并购而买入标的公司股份等。对股东和金融机构来说，比起自己开展业务，投资企业更能让资金用得其所，收获也会更多，所以才会把资金交给企业。

这样一来，被投资企业自然需要提供相应的回报（见图2-2c）。

获得收益后，要向股东支付股利分红并向金融机构支付利息、偿还本金。企业正是通过这些方式来回报资金提供方的（见图2-2d）。

但企业开展业务可不只是为了这一年的收益。企业要持续经营（持续经营假设），要开展下一年度及今后的业务，就必须把一部分收益用于继续投资（见图2-2e）。

简单来说，企业活动就是在不断重复这些环节，而资金则是企业活动的血液，流淌在这些环节的核心之间。资金的流动被称为现金流。如果一个人的血液不再流动，他就会一命呜呼。同样，如果一个企业的现金流断裂，企业就会面临破产。如果在这种状态下迎来了3月31日的结算，那么资产负债表拍的可就是"遗照"了。如实记录如图2-2所示活动的"照片"就是资产负债表。"照片"的右半部分是资金的来源明细，可以看到企业获取资金的渠道。左边则是资金的投资使用情况，可以看到企业目前都把钱投资在哪些资产上。

资产负债表左右两边的内容完全不同，所以最重要的是要分别从中解读出有用信息。虽然两侧的内容及含义完全不同，但是合计金额却一定相等。所以，英语中把这张表称作"Balance Sheet"（见图2-3）。在日语中它叫作"贷借对照表"，即"贷方（右侧）和借方（左侧）相互对照"的意思。

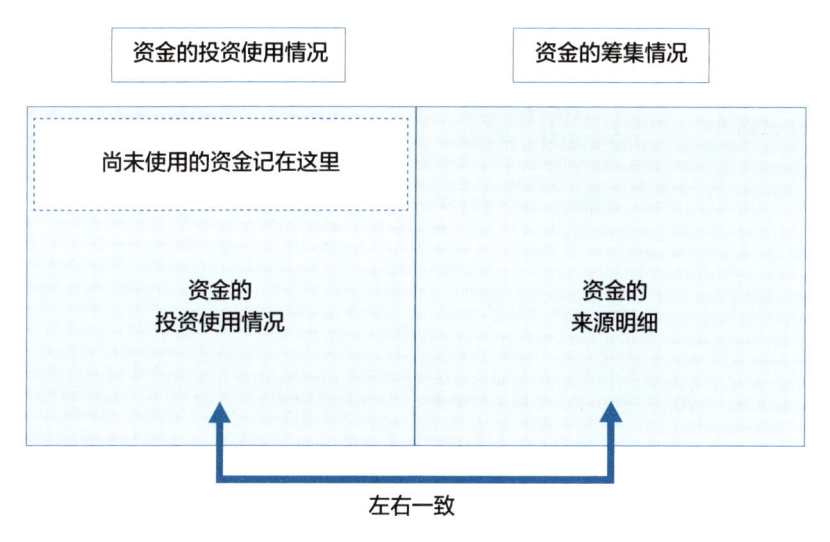

图2-3 资金的筹集总额和投资总额必定相等

解读资产负债表的3个基本法则

接下来我们要学习的是正确解读资产负债表的方法。我常对商学院的学生说，要想有效率、有效果地看资产负债表，就必须重视3个基本法则。我相信这个方法不仅适用于会计，也适用于解读其他的数值。只要掌握了这三个基本法则，你就会发现资产负债表并不是数值的简单罗列，而是紧密联系着现实中的企业活动，是一张生动而鲜活的表。为了说明这个方法的优势所在，接下来我将用它和错误的资产负债表解读方法进行比较（见图2-4）。

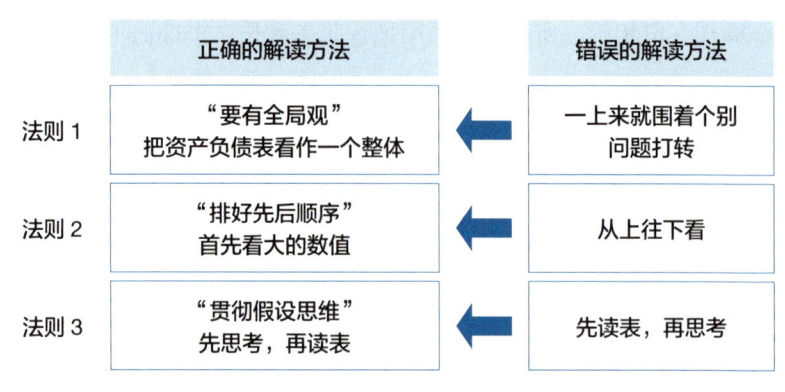

	正确的解读方法		错误的解读方法
法则1	"要有全局观" 把资产负债表看作一个整体	←	一上来就围着个别问题打转
法则2	"排好先后顺序" 首先看大的数值	←	从上往下看
法则3	"贯彻假设思维" 先思考，再读表	←	先读表，再思考

图2-4　解读资产负债表的3个基本法则

法则1——"要有全局观"

有一种说法叫作"只见树木，不见森林"，如果我们只关注个别问题，就无法把握整体。当然，能注意到细节是好事，只是我们应该优先把握整体情况，除非你已经能确定最重要的就是那些个别的问题。总体来说，如果在不那么重要的内容上花费太多时间，那么效率肯定不会高。

我们要从整体出发,也就是说先要把握森林的整体情况,然后慢慢地看向比较小的树林,如果有必要的话,再去看每一棵树、树干甚至是枝叶。在读资产负债表时,这点同样十分重要。

从全局观出发,把资产负债表看作一个整体,这是最重要的法则之一。要有意识地运用这个法则去把握资产负债表的整体情况(见图2-5)。

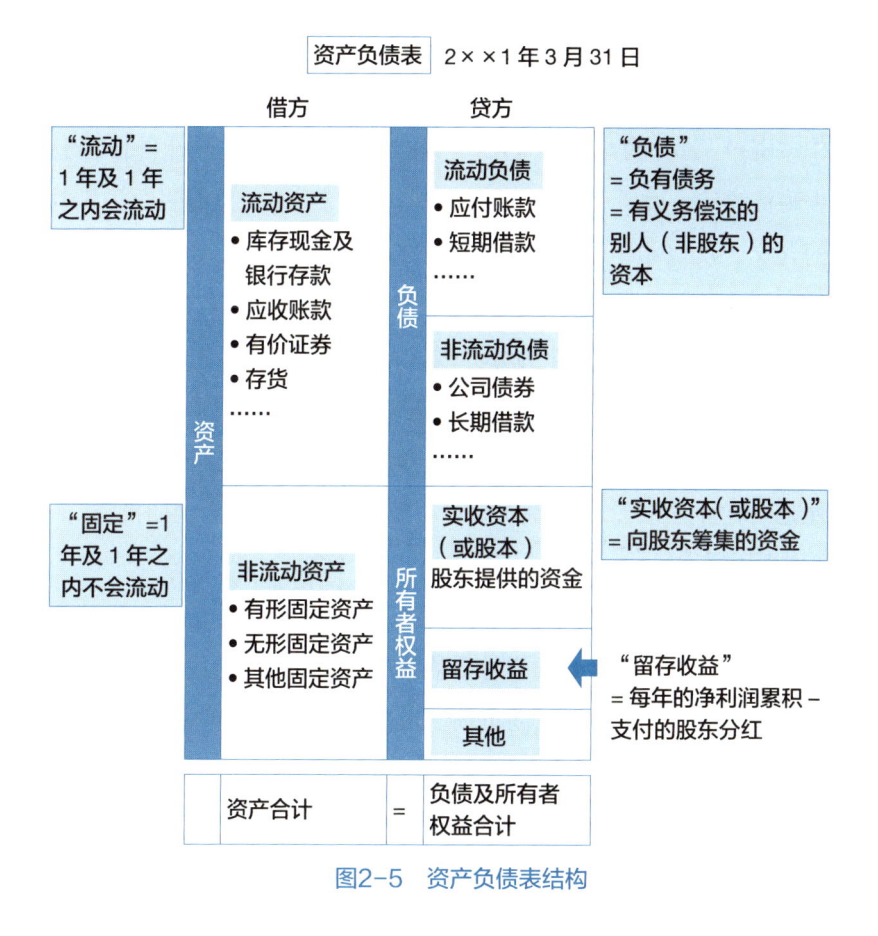

资产负债表 2××1年3月31日

	借方	贷方	
"流动"=1年及1年之内会流动	流动资产 • 库存现金及银行存款 • 应收账款 • 有价证券 • 存货 ……	流动负债 • 应付账款 • 短期借款 …… 非流动负债 • 公司债券 • 长期借款 ……	"负债" = 负有债务 = 有义务偿还的别人(非股东)的资本
"固定"=1年及1年之内不会流动	非流动资产 • 有形固定资产 • 无形固定资产 • 其他固定资产	实收资本(或股本) 股东提供的资金 留存收益 其他	"实收资本(或股本)" = 向股东筹集的资金 "留存收益" = 每年的净利润累积 – 支付的股东分红
	资产合计	= 负债及所有者权益合计	

图2-5 资产负债表结构

我们首先来看资产负债表的右侧。右侧的筹资情况可以粗略分为两大块，划分的依据用一句话来概括就是：这是自己的权益还是别人的权益。属于自己的权益的是"所有者权益"，属于别人的权益的则是"负债"。属于别人的权益的那部分是需要归还的。就因为欠了别人的债务，所以才称之为负债。相对的，自己的权益是属于自己的资产，所以称为所有者权益。这里的"自己"指的是股东。

公司到底是谁的？答案五花八门。在资产负债表中，企业就是股东的。

我们接下来看看左侧。左侧同样可以分为两大块。左侧整体叫作"资产"，分为"流动资产"和"非流动资产"。会计科目看上去晦涩难读，但所幸用的都是汉字。看着汉字多少总能明白些其中的含义，所以希望各位读者都能坚持读到最后。流动资产是流动的，很快就会动起来，而固定资产暂时不会动，这是二者最大的区别。具体来说就是以1年为分界线，1年及1年之内会流动的是流动资产，超过1年没有动静的则是非流动资产。举个例子来说，企业持有其他公司的债券，如果这个债券将在1年或1年之内到期，那它便是"有价证券"，计入流动资产。反之则是"持有至到期投资"，记为固定资产。

我们再来看右侧。负债也和资产一样用流动和非流动这样的表达来进行区分。同样是向银行借款，如果1年或1年之内到期，那就是"短期借款"，记为流动负债。反之，则是"长期借款"，记为非流动负债。

最后是所有者权益。左侧的资产减去有偿还义务的负债后剩下的，就是所有者权益。如前文所述，所有者权益的所有者是股东。

所有者权益的实际项目要比图2-5更加详细，具体可参考宜得利控股公司的资产负债表（表2-1）。

图2-6体现了利润表中的净利润与资产负债表中的留存收益的关系。如果企业每年稳定地产生利润增加留存收益，实收资本占比就会意外地少。公司官方网站和宣传手册的企业简介栏上往往写明了实收资本，所以我们总是无意识地去关注实收资本。但从企业分析的角度来看，实收资本其实并没有那么重要。至少应该先确认留存收益的数额，再以此为标准去评估实收资本的数额大小。

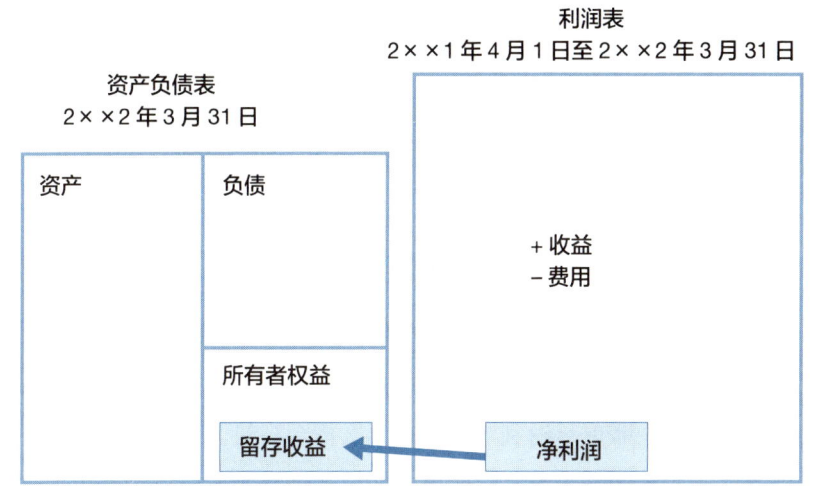

图2-6 每年的净利润（利润表）以留存收益（资产负债表）的形式累积

如果企业发行股票直接从投资者处获得资金，实收资本也会随之增加，但日常的股价变动并不会直接影响实收资本。企业若能持续从自身业务中获得充足的利润，就可以此为本金投资库存、机器设备或进行企业并购，无须接受股东的新的资本。因此，越是优良的企业，实收资本的数额相比留存收益就越少。当然，这类企业也不需要借款。也就是说，实收资本与借款金额和留存收益呈反比关系（见图2-7）。最具代表性的例子就是宜得利控股公司，其实收资本只有133.7亿日元，借款（短期借款+长期借款）只有67.87亿日元，留存收益却高达5 324.71亿日元。也就是说，留存收益是实收资本的约40倍。

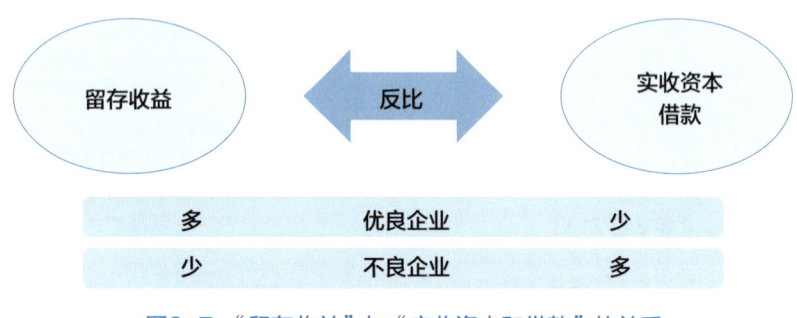

留存收益	反比	实收资本 借款
多	优良企业	少
少	不良企业	多

图2-7 "留存收益"与"实收资本和借款"的关系

反之亦然。无法赚取足够利润的企业，其留存收益的数额十分有限。如果企业每年亏损，留存收益的数额甚至会变为负数。无法从自身业务中赚取足够利润的企业要么债台高筑，要么不断引资，总之实收资本数额大多是一路攀升的。这种情况下反比关系表现为留存收益较少，借款和实收资本不断增多。

东芝集团的一段往事是最具代表性的例子。由于经营不善，东芝集团最终不得不卖掉了当时最赚钱的子公司东芝存储（现铠侠电子有限公司），这才得以继续存活。之后发布的2016年度（2016年4月—2017年3月）报告显示，东芝集团的留存收益为-5 803亿日元，实收资本则为2 000亿日元，借款更是高达12 039亿日元。

要有全局观，不要一上来就围着个别问题打转，而是要把资产负债表看作一个整体。这是第一条重要法则。

法则2——"排好先后顺序"

最常见的资产负债表读法就是从左上角的现金及存款开始按顺序往后读。但是，从上往下读就意味着你还不知道自己读这家企业的资产负债表的目的是什么。既然是工作，就不可能像单纯想读企业的财务报表一样漫无目的地读。因此，读表一定要有明确的目的。

> "竞争对手企业最近在海外成立了大型工厂，很想了解一下具体情况。"→那就去确认有形固定资产中设备投资的变化情况！
>
> "最近客户那里真是坏事连连，他们肯定在为借款的问题发愁吧，很想一探究竟。"→那就去确认借款的变化情况！

从上往下的读法不值得推崇，还有另一个原因，即容易被看不懂的术语绊住，在并不重要的细枝末节上无端浪费时间。

在没有十分明确的目的时，应该先看数值大的项目。企业的特点就表现在大的数值上。所以，我们要养成习惯，先看数值大的项目，解读其中的含义，把握企业的实际情况。读前要排好先后顺序，不要从上往下按顺序读，而是要先看资产负债表中数值大的项目。这是第二个重要法则。

法则3——"贯彻假设思维"

当我们尝试去分析某个企业时,应该已经掌握了该企业的部分情况。因为存在利害关系,我们才会去看企业的财务报告,所以不可能对该企业或相应行业一无所知。我们可以试着先用语言把掌握的相关情况表达出来,然后去思考它们会如何体现在财务报告中。

> "这是典型的制造工业,所以有形固定资产肯定很多,尤其是建筑物和机器设备。不知道有形固定资产的金额会不会占到营业收入一半左右?"
> "这个企业最近对同行业内的其他企业进行了巨额投资,投资有价证券的金额应该增加了500亿日元左右吧?"
> "这家企业近期业绩良好,保持了两位数的增长速度,应收账款和存货应该也实现了两位数的快速增长吧?"

贯彻假设思维,不要先读表,再思考,而要先思考,再读表。这是第三个重要法则。

在实际读财务报告之前,先去推测企业财务报告是什么样的。我在后文中会把这一过程称为提出假设。在3个基本法则之中,首先要做的是按照第三个法则去提出假设。不仅读资产负债表前要这样,读利润表前也要这样。在实际开始读财务报告时,要时刻谨记第一个法则,即"要有全局观",把报表当成一个整体去看,还有第二个法则,即"排好先后顺序",先看大的数值,边读边检验假设。

我将在第三章中实际地来试着运用一下这个方法，但在这里，我要先说明一下提出假设时最重要的是什么。那就是，在提出假设时，一定不能害怕犯错。顾名思义，假设只是一个假想的设定。在提出假设时，重要的是尽自己最大的努力去提出现阶段的最佳结论，正确与否是次要的，之后再对假设进行检验。如果假设正确，自然称心快意；倘若假设错误，也同样应该心满意足，因为这次错了会降低下次出错的概率。如果不提出假设，而是单方面地接收信息，你的分析能力就不会有长进。

那么，要如何做到不怕犯错地提出假设呢？虽说要不怕犯错，但我也不赞成胡乱假设的做法。在假设时需要回答的是，你通过何种逻辑得出了结论。总而言之，关键的问题是"WHY?"，即"为什么是这个数值？"，以及"SO WHAT?"，即"这个数值意味着什么？"。这样的问题会激发我们的逻辑思考能力，要不断尝试发问，这一点很重要。

不怕犯错，不断发问，以激发逻辑思考能力，正是前文所述的稻盛和夫的做法。要学会灵活发问，从而掌握经营战略的框架这一工具。希望各位读者能在第二部分的"战略思维能力"中加深相关理解。

读宜得利控股公司的资产负债表

在资产负债表解说的最后，让我们用图表的方式来简单了解一下宜得利控股公司的资产负债表吧。

图2-8展示了读资产负债表的正确方式，该图根据3个基本法则

资产负债表　　2020年2月20日

资产	负债及所有者权益
流动资产 38.6%	**负债 17.9%**
库存现金及银行存款（含有价证券） 1 591 亿日元（23.3%）	应付票据及应付账款 197 亿日元（2.9%）
应收票据及应收账款 278 亿日元（4.1%）	其他应付款 229 亿日元（3.4%）
商品及完工产品 612 亿日元（9.0%）	有息负债 67 亿日元（1.0%）
其他	其他
有形固定资产 45.0%	**所有者权益 82.1%**
建筑物及构筑物 1 115 亿日元（16.3%）	资本金 133 亿日元（2.0%）
机器设备及搬运工具 37 亿日元（0.5%）	留存收益 5 324 亿日元（77.9%）
土地 1 730 亿日元（25.3%）	
无形固定资产 3.6%	
其他	
其他固定资产 12.8%	
存出保证金 139 亿日元（2.0%）	
押租 237 亿日元（3.5%）	
其他	其他
总资产合计 6 832 亿日元（100%）	负债及所有者权益合计 6 832 亿日元（100%）

图2-8　宜得利控股公司的资产负债表示意图（2020年2月）[①]

---

① 本资产负债表为日本资产负债表，与中国所用会计项目有不同之处，但基本原理相似，供参考。——编者注

中的法则1("要有全局观")和法则2("排好先后顺序")绘制。法则3(提前做出假设)将在下一章给出详细的介绍,这里省略不提。

首先看资产负债表的右半部分。负债和所有者权益这两大块的比例大致为1∶5,所有者权益占比更大。要先看数值大的项目,所以我们先来看所有者权益。所有者权益中数额最大的项目是留存收益(5 324亿日元)。我们从利润表中看到了公司优异的赢利能力,持续的盈利不断在内部积累,形成了丰厚的留存收益。如前文所述,实收资本仅为133亿日元,约为留存收益的四十分之一。

负债部分的其他应付款和应付票据及应付账款均为200亿日元左右,数额巨大。其他应付款应该主要来自尚未支付的广告费用和店铺建设费用。与此相对,应付票据及应付账款是宜得利控股公司赊账采购商品对应的金额,即尚未支付供应商的那部分账款。众所周知,宜得利控股公司虽然没有自己的工厂(个别工厂略去不算),但囊括了家居的设计、委托生产、销售等制造零售业中的环节。应付票据及应付账款的交易方想必就是被委托生产的工厂了吧。

我们再来看资产部分。流动资产和非流动资产两大块的数额比例大致为2∶3,固定资产占比更大,因此我们先来看固定资产。固定资产的金额中约有七成属于有形固定资产。有形固定资产中,金额较大的项目通常是房屋建筑物、机器设备及搬运工具、土地这三项。看表可知,虽然宜得利控股公司的房屋建筑物和土地的金额巨大,但机器设备和搬运工具的金额却十分有限。如果没有机器设备,企业就不可能自行生产数量庞大的家具。从这一点也可以推测出,宜得利控股公司的大部分商品并非自行生产,而是委托第三方进行生产。房屋建筑物和土地主要来自宜得利控股公司所持有的店铺和物流中心。零售业企业通常没有店铺房产的所有权，他们更倾向于使用租赁的形式。但宜得利控股公司主要在郊区开设大型店铺，可租赁的房产有限，所以持有的房地产比例相对较高。不过宜得利控股公司仍然保有一定数量的租赁房地产，这一点可以从其他固定资产中139亿日元的存出保证金和237亿日元的押租中得到确认。这两个项目记录的是租赁店铺时提前支付给房地产所有者的金额。

流动资产占资产比例不到四成，其中金额最大的是库存现金及银行存款和商品及完工产品，分别为1 591亿日元和612亿日元。按照日本会计规定，自行生产的货物称为完工产品，购入的由其他企业生产的货物称为商品。虽然没有给出明细项目，但宜得利控股公司的货物生产多委托给外部厂商，我们可以推断其商品库存比完工产品库存多。由于宜得利控股公司委托外部厂商进行生产，所以有义务全盘接受货品，这也是宜得利控股公司的库存金额巨大的原因之一。

商品及完工产品为612亿日元，而应付票据及应付账款只有197亿日元，仅占前者三成。这说明宜得利控股公司向供货方付款的周期要远远短于库存周期。如果仅考虑资金周转，这样的做法是不利的。但宜得利控股公司却因此得以和供货商建立起长期的信赖关系，也许还能因此获得价格优惠，降低采购成本。可以说，正是因为宜得利控股公司拥有丰厚的资金和强大的谈判能力，存货和应付账款才能呈现出这样的关系。

应收票据及应收账款是向顾客赊销的金额，有待回收的金额为278亿日元，与6 422亿日元的营业收入相比微乎其微（占营业收入4.3%），这是以现金交易为中心的零售业的一大特点。为数不多的应收票据及应收账款应该主要来自和信用卡或IC卡（集成电路卡）企业之间的交易。

　　长期赚取的丰厚利润累积形成了超过5 000亿日元的留存收益，完全足以覆盖有形固定资产、存货、应收票据及应收账款。因此，企业账户上躺着大量资金，库存现金及银行存款高达1 591亿日元，约占资产总额的23.3%。库存现金及银行存款的金额远远超过67亿日元的有息负债，企业可以毫无压力地偿清这类欠款。这种企业被称为"实质无负债"企业。而宜得利控股公司更是拥有1 500亿日元以上的可直接使用的现金，可以称为"大现金流企业"了吧。

　　总的来看，宜得利控股公司资产负债表的右半部分中，约78%的资金来源都是留存收益。而左半部分的资产中，45%是有形固定资产，23.3%是现金及存款，9%是商品及完工产品，结构十分简单。零售行业的特点、宜得利控股公司的制造零售基本战略、战略的历史性成功共同造就了宜得利控股公司的资产负债表。

　　在利润表、资产负债表之后本应分析第三份报表——现金流量表（CF），但本书的重点主要在利润表和资产负债表上，所以将从多个角度深入解读这两份报表。现金流对于经营战略的实现而言虽然是必不可少的支柱，但从现金流出发能谈论的战略和商业模式的内容是十分有限的。

　　解读资产负债表的3个基本法则（"要有全局观""排好先后顺序""贯彻假设思维"）同样适用于现金流量表。第十三章将简单谈及现金流量表的结构，届时各位读者可以进行参考。

小　结

- 利润表是录像带，记录一年内的企业活动导致的"进"与"出"，而资产负债表则是财政年度最后一天24时瞬间拍下的照片。因此，利润表表头要标明时间段，资产负债表表头要标明日期。

- 资产负债表右边是资金来源明细，左边是资金的运用情况。虽然左右两边信息的含义不同，但两边合计金额一定相等。

- 解读资产负债表的3个基本法则如下（见图2-9）：（1）"要有全局观"，即把资产负债表看作一个整体；（2）"排好先后顺序"，即首先看大的数值；（3）"贯彻假设思维"，即先思考，再读表。

- 资产负债表右半部分中，应最先确认的不是实收资本，而是留存收益。一般来说，留存收益的金额大小和实收资本成反比，与借款也成反比。

- 提出逻辑假设时要不怕犯错，关键问题有"WHY？"，即"为什么是这个数值？"，和"SO WHAT？"，即"这个数值意味着什么？"。持续发问可以激发我们的逻辑思考能力，这在解读会计数值时十分重要。

- 我们以宜得利控股公司为例简单了解了资产负债表。要时刻谨记3个基本法则，也可以结合宜得利控股公司的商业活动来解读每一个项目金额与营业收入的比率。

	正确的解读方法	错误的解读方法
法则1	"要有全局观" 把资产负债表看作一个整体	一上来就围着个别问题打转
法则2	"排好先后顺序" 首先看大的数值	从上往下看
法则3	"贯彻假设思维" 先思考，再读表	先读表，再思考

图2-9　解读资产负债表的3个基本法则

第三章

假设及检验：看财务报表猜企业名

第一步 推测企业的情况 → **第二步** 提出假设（描绘财务报表） → **第三步** 检验假设（看财务报表）

第一步　推测企业的情况

假设现在你眼前有一份企业的财务报表，你出于某种理由要"解读"这份报表。那么，你会先看哪里呢？

一般来说，如果你需要看某个企业的财务报表，那么你或多或少已经对这个企业及其所处行业有所了解，更直接地说，你们之间存在或者有可能存在某种利害关系。毕竟你不可能去分析一个既不熟悉又无利害关系的企业，至少在工作时不会这样。既然如此，不如先用语言表达出你对这个企业及其所在行业的了解，而不是直接从上往下按顺序阅读报表。"不要先读表，再思考，要先思考，再读表。"用语言表达出来就是第一步。丰田汽车的情况很易推出，我将以它为例和大家一起试着"先思考，再读表"。

用语言表达出你对企业的了解

假设有个名为仲间的人，他在电机企业上班。他自进入该企业以来，一直负责人事工作，同时还是丰田的股东。一年前，朋友跟他谈到股票投资的乐趣，他不假思索地就买了丰田的股票，仅仅因为丰田是日本的代表性企业。最近仲间参加了企业的会计培训，他想活学活用，便在丰田的官网上找了财务报表。他想起培训时讲师多次强调"要先思考，再读表，不要先读表，再思考。"便想亲自试试。而第一步，就是想象丰田汽车这个企业的情况。请各位读者把自己当成仲间，写下你对丰田的印象吧。也就是说，把你所认识的丰田用语言表达出来。所以，这里我们要推测的是丰田截至2019年3月的会计年度的财务报表。同时，为了研究正常情况下的丰田，我们要把2020年新冠病毒疫情的影响因素排除在外。

> **测试1** 参考示例，写出任意5条你所知道的丰田的信息。同时，最好能够推测一下这些信息将如何体现在财务报表上。目前，重要的是数量，而不是质量和正确性。（限时15分钟。）
>
> **例** "丰田最著名的就是'看板管理'，丰田把制造流程的效率化做到了极致。"

仲间在笔记本上写了以下几条信息：

（1）"丰田的集团力量很强大。"
（2）"市场份额位居日本首位。我记得整个丰田集团好像包揽了40%以上的日本国内市场。"
（3）"被戏称为'丰田银行'，所以大概率持有大量现金。"
（4）"谈到客户关系，大家一般都是申请长期贷款买车。也就是说——那是报表的哪个项目？"
（5）"丰田最著名的就是'看板管理'，丰田把制造流程的效率化做到了极致。"
（6）"既然是制造业，设备投资的金额估计很大吧。"
（7）"丰田和原材料供应商之间，丰田应该会更加强势，所以采购费用会支付得比较慢。"
（8）"丰田多年来持续赢利，不过这要从财务报告的哪里看呢？"
（9）"丰田赢利状况良好，也就是说几乎不需要银行或股东提供新的资金。"
（10）"汽车行业正经历着翻天覆地的变化，快速地向CASE，即Connected（互联）、Autonomous（自动驾驶）、Shared & Services（共享及服务）和Electric（电动）转型。董事长丰田章男也表达了自己的危机感：'这不是在单纯地争输赢，（丰田）是死是活全看这场关键决战。'从报表的哪一部分能看出他的危机感呢？"
（11）"我想起来了，前些天的《日本经济新闻》上写着德国大众、雷诺日产联盟和丰田三足鼎立，它们的汽车一年的全球销量均超过了1 000万辆。"

你能写下多少条有关丰田的具体印象呢？我们不要求能写出正确答案，只是在提出下一步的假设之前，需要你先把了解到的有关该企业及其所处行业的消息和自己的印象用语言表达出来。可以通过查阅报纸、杂志以及企业官网收集近期丰田和汽车行业的动向，这十分有效。在推测完企业的情况（第一步）后，你就要进入第二步，也就是最重要的环节——提出假设。

| 第一步 推测企业的情况 | **第二步 提出假设（描绘财务报表）** | 第三步 检验假设（看财务报表） |

第二步　提出假设（描绘财务报表）

开始读财务报表前先去描绘它

所谓"假设"，就是思考第一步中自己列出的企业特点具体会怎样在财务报表中体现，并做出一个假定的结论（即假设）。

你可能会觉得这个方法有点绕弯。为什么提出假设这么重要呢？打个比方，有一个销售人员到了客户那里后才开始思考要说什么，而另一个销售人员则事先预测了客户的需求，对谈话内容进行了假设，并在此基础上思考了要用哪种方式提案，然后去和客户会面。他们的区别和两种读表方法的区别，实质上是一样的。

很明显，后者的成功签约概率会更高。因为前一个销售人员（什么也没有准备就）直接与客户进行沟通，而后一个销售人员事先仔细地模拟了一遍沟通过程，尽管这个过程只是一种假设。和客户会面那天，如果一切都和模拟情况相同，那么万事大吉；就算没有那么顺利，他也能清晰认识到自己的假设和客户的实际需求之间的差距，之后就可以快速调整方向。而前者什么都想顺其自然，跑去推销时，遇到要求严格的客户也只能吃闭门羹，因为他的提案能力不够。起跑线不同，终点也会天差地别，这就是竞争规则。

能在阅读财务报表前提出假设，意味着你已经能在一定程度上预测报表中的实际数值。较为理想的状态是你已经描绘出了财务报表的轮廓，再去读报表检验假设，而不是看了数值之后才开始手忙脚乱地找关键点。这一过程需要练习。但正所谓熟能生巧，所有工作都是通过练习学会的，而不是靠臆想掌握的。读财务报表也是一样的，我们必须多加练习。

在第一步中，仲间同学描绘了他有关丰田的印象，还想起参加会计培训时讲师曾接二连三地向他抛来问题。仲间一边推测着讲师可能提出的问题，一边基于他对丰田的印象提出假设。由于我们把分析焦点放在丰田的汽车业务上，所以我们要使用的是母公司的财务报表，而不是整个丰田的合并财务报表。也就是说仅分析以汽车业务为中心的母公司，不涉及开展金融业务的子公司等。

我（即对话中的"大津"）作为讲师提出问题，仲间同学思考问题并回答，插入的字框提示这个问题是"WHY？"还是"SO WHAT？"。希望大家以此为参考，学习在阅读财务报表时应该向自己提出哪些问题。

（1）"丰田的集团力量很强大。"

大　　津：集团力量是什么？用具体的表达代替抽象的表达有助于看清事物本质。集团力量强大有什么优势呢？　"SO WHAT？"

仲间同学：嗯……比如说，如果和集团内其他汽车公司共享零部件，就可以同时进行采购，而大量采购可以降低进货成本。还有不少供货商是丰田的内部企业，交易十分便利。　"SO WHAT？"

大　　津：好的。那么这种便利性怎样体现在财务报表中？

仲间同学：原材料的进货成本降低后，营业成本也会下降，所以毛利率会很高 假设1。

大　　津：具体多少算高呢？

第一部分　会计能力　39

仲间同学：制造业的平均毛利率为20%～30%。丰田的营业成本出了名的低，而且雷克萨斯这样的高端车型的毛利率肯定很高。取其上限，毛利率应该有30%左右吧（更具体的假设1）？

大　　津：好的。但是，丰田也有很多小型车，它们的毛利率可能没那么高。话说回来，集团力量要靠什么来维持呢？口头承诺吗？

仲间同学：不，丰田应该持有大量的集团公司股份，存在资本关系。哦，对了！也就是说丰田的资产负债表上有很多集团企业的股份（假设2）。

大　　津：的确会那样。但是把丰田持有的子公司股份算进丰田的资产负债表中没问题吗？

仲间同学：我们现在看的是母公司报表，所以，嗯……

大　　津：如果我们看的是合并资产负债表，那么母公司和子公司是一个整体，母公司持有的子公司股份不能算作资产。但我们现在看的是母公司的资产负债表，子公司的股份是母公司的所有物，所以要算进母公司的资产负债表。

（2）"市场份额位居日本首位。我记得整个丰田集团好像包揽了40%以上的日本国内市场。"

大　　津：市场份额高有什么优势呢？"SO WHAT？"在世界上，很多企业虽然市场份额较小，但却是优良企业。

仲间同学：在这里"规模经济"就派上用场了。比如说，为了生产一辆汽车，企业必须拥有一整套机器设备以完成从钢板加工到产品完工的全流程。如果生产数量不够，那么机器设备大多数时间也只能在一旁闲置，白白浪费。

大　　津：的确，假设有两个企业拥有同样的设备，生产数量多的一方的机器运转率会更高。机器运转率高又意味着什么呢？

"SO WHAT？"

仲间同学：这样的话毛利率会很高（假设1）。因为购买工厂机器的费用分摊是计入营业成本的。

大　　津：这是什么费用来着？

仲间同学：这是折旧费。建筑物和机器设备的相关投资在规定年数里每

大　　津：没错。并且每年的折旧费用按生产数量平均到每一辆汽车的生产成本上，生产数量越多，每辆汽车承担的折旧费用就越少。也就是说，营业成本占比低，毛利率高。规模经济还体现在其他哪些方面呢？　　　　　　　　　　　"SO WHAT？"

仲间同学：和机器设备一样，无论企业规模是大是小，有些费用必须维持在一定水平，这些费用受益于规模经济。例如销售人员的薪酬、销售渠道、广告费用、物流费用……很多计入销售管理费用项目的费用都适用。也就是说，受益于规模经济时，与营业收入相比，销售管理费用的比例较低 假设3 。

(3) "被戏称为'丰田银行'，所以大概率持有大量现金。"

大　　津：是吗？那我们之后看一下丰田是不是真的有很多现金吧。不过，在"多"或"少"的问题上，如果不明确参照物，很容易会做出错误的判断。一个方法是和同行业其他企业对比，除此之外，还可以与企业报表中的哪一项比较呢？

仲间同学：唔，这个问题很难。现金在资产负债表资产部分的第一项里，归根结底应该还是和资产的合计数值比较吧？

大　　津：这也不算错，但如果和资产总值对比的话，机器设备的金额大小等其他因素也会影响结果。企业赚了钱，所以拥有现金，同时，现金也可以作为投资的本金，帮助进一步提高营业收入。因此，我们可以把营业收入当成参照物，判断现金的数额大小。短期内持有的有价证券可以看作现金等价物，把它们也考虑在内，我们就能清晰地看到丰田的现金及存款是不是真的很多，也就是说，企业手头上的现金及存款和有价证券的合计金额占营业收入的比例很高 假设4 。

(4) "谈到客户关系，大家一般都是申请长期贷款买车。也就是说——那是报表的哪个项目？"

大　　津：也就是说，企业通过赊账的方式销售汽车？　　"SO WHAT？"

仲间同学：哦，对的。赊账就意味着会产生应收账款。所以，应收账款金额会很大。

大　　津：从销售汽车那天算起，大概要多少年才能收齐全部现金？

仲间同学：其实我去年也买了丰田汽车，借了6年期的贷款。丰田的应收账款会在6年内逐年减少。平均下来是一半，也就是说需要3年时间。我相信我代表了绝大多数人的情况，所以丰田拥有相当于"3年营业收入"的巨额应收账款 假设5 。

（5）"丰田最著名的就是'看板管理'，丰田把制造流程的效率化做到了极致。"

仲间同学：也就是说，库存非常少。 "SO WHAT？" 即从采购原材料到制造，再到销售的时间非常短。所谓的准时生产要花多长时间呢……再怎么说，制造车辆还是要花一定的时间的……也许从原材料到完工产品的时间在1个月以内 假设6 ？

大　　津：非常好，就是这样！一定要自己提出具体的假设。之后在实际阅读财务报表时，如果碰到不符合假设的数值，就去思考为什么会出现这样的差异，这已经做到先人一步了。

（6）"既然是制造业，设备投资的金额估计很大吧。"

大　　津：这一点会怎样体现在财务报表中？ "SO WHAT？"

仲间同学：设备明显会很多。

大　　津：具体有哪些主要的设备呢？

仲间同学：建筑物、机器，以及土地。在财务报表中体现为这几种设备的投资金额非常大 假设7 。

大　　津："多"或"少"的参照标准是什么？

仲间同学：哦，和刚才的现金一样。持有所有资产的目的都是提高营业收入，所以可以和营业收入进行比较。

（7）"丰田和原材料供应商之间，丰田应该会更加强势，所以采购费用会支付得比较慢。"

仲间同学：应收账款和应收票据等采购相关的债务金额应该会很庞大吧？

大　　津：具体多少算庞大呢？

仲间同学：假设每个月的采购费用在月底结算，然后大概3个月后付款，那么从原材料采购到支付的周期大约为90天。 假设8 。

大　　津：这个思路没错，但是3个月是哪来的数值呢？　"WHY？"

仲间同学：在我们这个行业，我们企业算是比较强势的，集团的所有企业都按照惯例在月底结算，在第3个月的月末向原材料供应商付款。丰田更加有实力，估计付款期限再短也不会少于3个月吧。

大　　津：很好。拿自己所在的企业当作例子来参考是非常棒的方法，毕竟这是你最熟悉的企业。

（8）"丰田多年来持续赢利，不过这要从财务报告的哪里看呢？"

大　　津：事实上，在截至2019年3月的财政年度里，丰田母公司的最终净利润高达18 968亿日元，这么庞大的利润到了第二年会去哪里呢？

仲间同学：支付完股利分红后，剩余部分会转入留存收益。哦，我明白了，也就是说利润不断转入留存收益积攒起来，留存收益的金额会非常大 假设9 。我们只需要确认留存收益的金额大小就可以。

（9）"丰田盈利状况良好，也就是说几乎不需要银行或股东提供新的资金。"

大　　津：这个假设的含义是什么？　"SO WHAT？"

仲间同学：赚钱赚得多，并且同时没有耗费资金的大额投资，企业就会积攒下很多现金。因此，银行或股东不需要提供新的资金，企业可以用自己赚取的利润作为本钱开展业务，企业完全可以实现正常经营。

大　　津：丰田已经没有大额的投资了吗？为什么你会这么觉得呢？
"WHY？"

仲间同学：其实我也很纠结这一点。到底是赚钱赚得太多，用来投资也花不完，还是投资规模太大，钱赚得再多也不够用呢？但是我想起了刚才说的话，即丰田被戏称为"丰田银行"，我想应该是赚钱赚得太多，花也花不完，才会持有大量的现金，所以选择了前一种可能性。这也就意味着丰田的借款会非常少 假设10，并且不需要发行新股筹集资金，即与留存收益相比，实收资本的金额会非常少 假设11。

（10）"汽车行业正经历着翻天覆地的变化，快速地向CASE，即Connected（互联）、Autonomous（自动驾驶）、Shared & Services（共享及服务）和Electric（电动）转型。董事长丰田章男也表达了自己的危机感：'这不是在单纯地争输赢，（丰田）是死是活全看这场关键决战。'从报表的哪一部分能看出他的危机感呢？"

大　　津：优秀的管理者在危机感不断增强时会采取怎样的行动呢？
"SO WHAT？"

仲间同学：居安思危，业绩良好时才要为将来做好打算。现在行业内向CASE转型的风气正盛，所以丰田在相关领域的投资会很多。哦，我懂了，研发费用非常多。

大　　津：你的意思是研发费用很多，并且在不断增加？
"SO WHAT？"

仲间同学：对的，我是这么想的。虽然设备方面的投资应该很多，但研发耗费的金额也不容忽视……也许营业收入中的10%都用在了研发上 假设12？

大　　津：研发费用增加，利润率也会相应地下降吧？那大概会是多少呢？
"SO WHAT？"

仲间同学：我记得日本国内的优良制造企业的衡量基准是营业利润率或经

常性利润率达到10%。

大　　津：各个行业不能一概而论，但这的确是国内的一个目标数值。不过，欧美的一些大型优良企业甚至可以达到20%，这并不稀奇。

仲间同学：汽车行业竞争激烈，而且研发费用数额巨大，营业利润率估计只有5%吧《假设13》？

（11）"我想起来了，前些天的《日本经济新闻》上写着德国大众、雷诺日产联盟和丰田集团三足鼎立，它们的汽车一年的全球销量均超过了1 000万辆。"

大　　津：这能说明什么呢？　　　　　　　"SO WHAT？"

仲间同学：我正在决定今后是否应该继续持有丰田的股份，所以我想了解丰田的发展潜力。销售业绩超过1 000万辆，是不是说明丰田发展得十分顺利呢？我想彻底调查清楚。我提出的假设是：丰田的营业收入和利润水平都顺利恢复，并且还在不断增加《假设14》。

　　仲间同学根据自己对丰田的印象展开思考，并提出了14个假设。如果这些印象都准确无误，那么财务报表上也会呈现出一致的数值。也许你目前虽然有感兴趣的企业，但还无法轻松地提出14个有关财务报表的假设，但是，首先我们要尝试去思考，然后做出现阶段的最佳结论（即假设）。停滞不前就永远无法进步。希望你能学习仲间同学，推测企业的业务情况，提出有关财务报表的假设，不要害怕犯错。

　　也许你已经注意到了，到第二步为止，我们连财务报表的一鳞半爪都没看到。即便如此，丰田财务报表的轮廓还是一点点地浮现在你眼前。在分析财务报表的过程中，我们只在后半阶段才能实际

第一部分　会计能力　　45

拿到财务报表并阅读。在阅读财务报表之前，能在多大程度上描绘财务报表决定了我们分析的深度。希望各位读者在看完仲间同学提出的14个假设后能萌生出强烈的解读丰田财务报表的想法。

接下来我们要将财务报表的数据和仲间同学的14个假设进行对比，在这一过程中要再次推测企业的情况，这时你的脑海中便会浮现出图3-1（有关利润表）和图3-2（有关资产负债表）。无论我们分析的是哪个企业，至少都要把14个事项（见第48页）考虑在内。在熟练掌握分析技巧前，可以把这14个问题作为建立假设的提问框架，完成第一步和第二步的练习。

Ⅰ 营业收入 Ⅱ 减：营业成本 　　毛利润 Ⅲ 减：销售管理费用 　　营业利润 Ⅳ 营业外收入 Ⅴ 减：营业外支出 　　经常性利润 Ⅵ 非经常性收入 Ⅶ 减：非经常性支出 　　当期税前净利润 减：法人税、住民税及事业税 　　当期净利润	①营业收入及利润是否保持恢复或增长态势？ 《假设14》 ➡ 营业收入及利润恢复，并且在不断增加。 ②毛利率是否很高？ 《假设1》 ➡ 低营业成本、规模经济、高端车型等帮助实现了 30% 毛利率。 ③销售管理费用是否很多？ 《假设3》 ➡ 得益于规模经济，这一费用相对较低。 ④研发费用是否很多？ 《假设12》 ➡ 10% 的营业收入用于投资 CASE 等。 ⑤营业利润率是否很高？ 《假设13》 ➡ 竞争激烈，且企业承担着巨额的研发费用，营业利润率仅有 5%。

图3-1　仲间同学提出的有关丰田利润表的假设
（注：仲间同学提出的假设中存在错误。）

流动资产	⑥是否持有大量现金？**假设4** ➡ 被戏称为"丰田银行"，拥有大量现金。 ⑦应收账款的回款周期是否很短？**假设5** ➡ 顾客贷款买车，企业拥有相当于3年营业收入的应收账款。 ⑧库存是否很多？**假设6** ➡ 实行"看板管理"，从制造到销售仅需1个月。	负债	⑪应付账款的付款周期是否很短？**假设8** ➡ 丰田十分强势，从原材料采购到支付的周期是3个月。 ⑫借款是否很多？**假设10** ➡ 凭借企业赚取的利润足以正常开展业务，因此借款很少。
非流动资产	⑨是否持有大量设备？**假设7** ➡ 制造业企业，持有大量设备。 ⑩是否持有大量股份及债券？**假设2** ➡ 持有大量集团企业的股份。	所有者权益	⑬实收资本是否很多？**假设11** ➡ 凭借企业赚取的利润足以正常开展业务，因此实收资本很少。 ⑭留存收益是否很多？**假设9** ➡ 企业长期赢利良好，累积的留存收益金额非常高。

图3-2 仲间同学提出的有关丰田资产负债表的假设

（注：仲间同学提出的假设中存在错误。）

建立假设的14个问题框架

① 营业收入及利润是否保持增长态势?

② 毛利润是否很高?

③ 销售管理费用是否很高?

④ 研发费用是否很高?

⑤ 利润率是否很高?

⑥ 是否持有大量现金?

⑦ 应收账款的回款周期是否很短?

⑧ 库存是否很多?

⑨ 是否持有大量设备?

⑩ 是否持有大量股份及债券?

⑪ 应付账款的付款周期是否很短?

⑫ 借款是否很多?

⑬ 实收资本是否很多?

⑭ 留存收益是否很多?

| 第一步 推测企业的情况 | 第二步 提出假设（描绘财务报表） | **第三步 检验假设（看财务报表）** |

第三步　检验假设（看财务报表）

从现在开始，我们终于要实际开始阅读丰田的财务报表（见表3-1和表3-2）了。仲间同学提出了14个假设，你能凭借自己的能力验证其中的多少个假设呢？仔细一看，仲间同学提出的一部分假设非常棒，另一部分则离事实相去甚远。现在假设你就是仲间同学，然后去做一下验证吧！

> **测试2**　请验证仲间同学提出的14个有关丰田财务报表的假设。如果假设有误，请思考仲间同学的逻辑在哪里出错了。（思考每点假设限时2分钟，共28分钟。）

接下来我们要正式对14个假设进行验证了，但在此之前我们需要进行3项准备工作。这就像吃饭一样，我们要先洗手，坐到餐桌旁，铺好餐巾，拿起筷子叉子，说"我开动了"（日本习惯），然后才能开始品尝美食。接下来这3项是你在分析财务报表前必须完成的基本步骤。

（1）确认日期。利润表记有结算周期，资产负债表记有结算日。开始时要确认日期，以免兴冲冲地分析完后发现自己看的其实是5年前的财务报表。记得检查自己看的到底是年度财务报表、半年度财务报表，还是季度财务报表。

第一部分　会计能力　49

表3-1 丰田2019年3月会计年度的母公司资产负债表[①]

项目（资产部分）	金额（百万日元）（2019年3月31日）	百分比（%）	项目（负债部分）	金额（百万日元）（2019年3月31日）	百分比（%）
Ⅰ 流动资产			Ⅰ 流动负债		
库存现金及银行存款	1 532 026		应付票据	37	
应收账款	1 169 395		电子记录债务	309 929	
有价证券	2 067 947		应付账款	905 859	
商品及完工产品	187 526		短期借款	20 000	
在产品	86 559		短期应付债券	70 000	
原材料及贮藏品	155 428		其他应付款	445 550	
短期借款	1 089 951		应付法人税等	140 322	
其他	790 425		预提费用	683 695	
坏账准备	−1 000		保管款项	872 006	
流动资产合计	7 078 259	40.0	产品质量保证	824 960	
			董事奖金准备	1 200	
Ⅱ 固定资产			其他	38 213	
（1）有形固定资产			流动负债合计	4 311 774	24.3
建筑物及构筑物	434 151				
机器设备	308 483		Ⅱ 固定负债		
车辆及搬运工具	21 101		应付债券	441 980	
工具、器具及办公用品	88 878		退职金准备	348 540	
土地	412 736		其他	164 423	
在建工程	157 334		固定负债合计	954 944	5.4
有形固定资产合计	1 422 686	8.0	负债合计	5 266 718	29.7
（2）投资及其他资产					
投资有价证券	6 181 091		（所有者权益部分）		
对关联企业的股权投资及出资	2 317 559		股东资本		
长期借款	219 445		实收资本	635 401	3.6
递延税金资产	344 728		资本公积	657 217	3.7
其他	197 823		留存收益	12 668 370	71.5
坏账准备	−44 600		减：库存股	−2 612 230	−14.7
投资及其他资产合计	9 216 047	52.0	股东资本合计	11 348 759	64.1
固定资产合计	10 638 734	60.0	估值及折算差额等	1 101 515	6.2
资产合计	17 716 993	100.0	所有者权益合计	12 450 274	70.3
			负债与所有者权益合计	17 716 993	100.0

[①] 本表为日本资产负债表，和中国用的会计项目有所不同，仅供参考。——编者注

表3-2 丰田2019年3月会计年度的母公司利润表[1]

（2018年4月1日—2019年3月31日）

项目	金额（百万日元）	百分比（%）
Ⅰ 营业收入	12 634 439	100.0
Ⅱ 营业成本	9 991 345	79.1
毛利润	2 643 093	20.9
Ⅲ 销售管理费用	1 316 956	10.4
配送费用	242 111	
职工薪酬	210 952	
无偿修理费用	381 051	
营业利润	1 326 137	10.5
Ⅳ 营业外收入		
利息收入	97 595	
股息收入	796 372	
其他	152 073	
营业外收入合计	1 046 041	8.3
Ⅴ 营业外支出		
利息支出	9 320	
其他	39 735	
营业外支出合计	49 056	0.4
经常性利润	2 323 121	18.4
当期税前利润	2 323 121	18.4
法人税、住民税及事业税	444 000	
减：法人税等调整额	−17 702	
法人税等合计	426 297	3.4
当期净利润	1 896 824	15.0

[1] 本表为日本利润表，和中国用的会计项目有所不同，仅供参考。——编者注

（2）确认是母公司财务报表还是合并财务报表。母公司财务报表仅代表母公司的状况，合并财务报表则代表了丰田内所有企业的状况。合并的规则如表3-3所示。实际上，有关规定更加详细，并且有许多例外情况，感兴趣的读者可以参考有关图书或上网检索。

我们应该基于整个集团的情况去评价一个企业，报纸报道的营业收入和利润也大都是合并报表中的数值。股票市场也是根据合并财务报表去评价企业的。

本章的分析焦点是丰田的汽车业务，所以特别使用了母公司财务报表。丰田的合并财务报表和我们这里分析的母公司报表大相径庭，因为车贷、汽车租赁、为经销商提供贷款的金融业务等大都相互抵销。第十二章是合并财务报表的内容，希望大家读完本章后能够尝试去比较母公司财务报表和合并财务报表的差异。当然，记住要"先思考，再读表"，不要"先读表，再思考"。

（3）单位是什么。要注意财务报表的单位可以是千日元、百万日元、亿日元等。一般来说，商务人士只要听到几亿日元、几百亿日元这样的单位大概就心里有底了。可以运用商业人士的直觉去感受企业的规模。如果是其他国家的财务报表，单位就会变为美元、欧元、人民币等。

接下来就让我们来验证一下仲间同学提出的14个假设吧。这里依旧通过我和仲间同学的互动来展示验证假设的过程。请各位读者将自己代入仲间同学，适度地回看丰田的资产负债表和利润表，领会每一个论点，一个个地往下推进。图3-3、图3-4、图3-5指出了验证假设①至假设⑭时应该参考的数值。

表3-3　母公司的股权投资模式大致分为3种模式

持有标的公司的股份比例及相应表决权	标的公司名称	合并处理	处理概要	丰田的主要标的公司（括号内为截至2020年3月底的表决权比例）
（1）50%＜持有股份 （2）40%≤持有股份≤50%，基于一定的事实基础认定其掌控企业的财务和经营决策	子公司	成本法	抵销母公司与子公司之间的交易，合并利润表、资产负债表及现金流量表	• 日野汽车（50.28%） • 大发工业株式会社（100%） • 丰田金融（100%） • 丰田车体（100%）
（1）20%≤持有股份≤50% （2）15%≤持有股份＜20%，基于一定的事实认定其对企业的财务和经营决策有重大影响	关联公司	权益法	按企业在关联公司权益资本中所占比例计算利润（损失），记为营业外收入—投资收益（投资损失）"单行合并"	• 电装（24.57%） • 爱信精机株式会社（24.96%） • 丰田自动织机株式会社（24.92%） • 丰田通商株式会社（22.05%） • 斯巴鲁（20.04%）
（1）持有股份＜20% （2）对企业的财务及经营决策无重大影响	—	—	年度末按市值估算并填报资产负债表	• KDDI[①]（12.95%） • 马自达（5.07%） • 铃木（4.94%） • 瑞萨电子（2.92%）

[①] 日本电信运营商。——编者注

丰田母公司资产负债表

（2019年3月31日）

项目	金额（百万日元）	百分比（%）
（资产部分）		
Ⅰ 流动资产		
库存现金及银行存款	1 532 026	
应收账款	1 169 395	
有价证券	2 067 947	
商品及完工产品	187 526	
在产品	86 559	
原材料及贮藏品	155 428	
短期借款	1 089 951	
其他	790 425	
减：坏账准备	−1 000	
流动资产合计	7 078 259	40.0
Ⅱ 固定资产		
（1）有形固定资产		
建筑物及构筑物	434 151	
机器设备	308 483	
车辆及搬运工具	21 101	
工具、器具及办公用品	88 878	
土地	412 736	
在建工程	157 334	
有形固定资产合计	1 422 686	8.0
（2）投资及其他资产		
投资有价证券	6 181 091	
对关联企业的股权投资及出资	2 317 559	13.1
长期借款	219 445	
递延税金资产	344 728	
其他	197 823	
坏账准备	44 600	
投资及其他资产合计	9 216 047	52.0
固定资产合计	10 638 734	60.0
资产合计	17 716 993	100.0

⑤应收账款接近营业收入的9%

⑥总库存占营业收入 3.4%

④实际上现金接近 100 000 亿日元

⑦有形固定资产超过营业收入10%

②对集团企业的投资超过 20 000 亿日元

图3-3　验证假设时的阅读内容（丰田母公司资产负债表①）

项目	（2019年3月31日）金额（百万日元）	百分比（%）
（负债部分）		
Ⅰ 流动负债		
应付票据	37	
电子记录债务	309 929	
应付账款	905 859	
短期借款	20 000	
一年内到期的应付债券	70 000	
其他应付款	445 550	
应付法人税等	140 322	
预提费用	683 695	
保管款项	872 006	
产品质量保证	824 960	
董事奖金准备	1 200	
其他	38 213	
流动负债合计	4 311 774	24.3
Ⅱ 固定负债		
应付债券	441 980	
退职金准备	348 540	
其他	164 423	
固定负债合计	954 944	5.4
负债合计	5 266 718	29.7
（所有者权益部分）		
股东资本		
实收资本	635 401	3.6
资本公积	657 217	3.7
留存收益	12 668 370	71.5
库存股	−2 612 230	−14.7
股东资本合计	11 348 759	64.1
估值及折算差额等	1 101 515	6.2
所有者权益合计	12 450 274	70.3
负债与所有者权益合计	17 716 993	100.0

⑧应付账款占营业收入的7.2%

⑩借款合计超过5 300亿日元

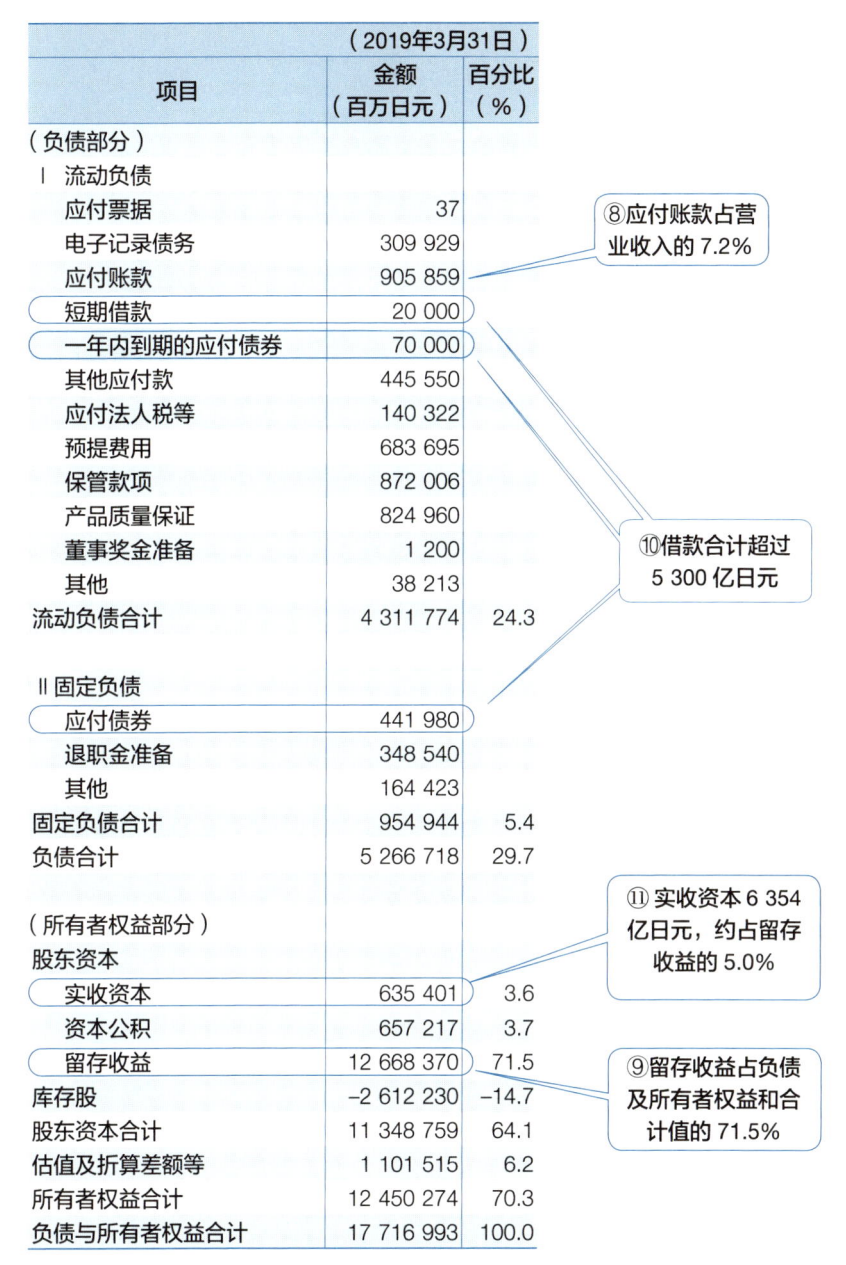

⑪实收资本6 354亿日元，约占留存收益的5.0%

⑨留存收益占负债及所有者权益和合计值的71.5%

图3-4　验证假设时的阅读内容（丰田母公司资产负债表②）

第一部分　会计能力　55

丰田利润表

（2018年4月1日—2019年3月31日）

项目	金额（百万日元）	百分比（%）
Ⅰ 营业收入	12 634 439	100.0
Ⅱ 营业成本	9 991 345	79.1
毛利润	2 643 093	20.9
Ⅲ 销售管理费用	1 316 956	10.4
运费	242 111	
工资及补贴	210 952	
无偿修理费用	381 051	
营业利润	1 326 137	10.5
Ⅳ 营业外收入		
利息收入	97 595	
股息红利收入	796 372	
其他	152 073	
营业外收入合计	1 046 041	8.3
Ⅴ 营业外支出		
利息支出	9 320	
其他	39 735	
营业外支出合计	49 056	0.4
经常性利润	2 323 121	18.4
当期税前利润	2 323 121	18.4
法人税、住民税及事业税	444 000	
法人税等调整额	−17 702	
法人税等合计	426 297	3.4
当期净利润	1 896 824	15.0

①毛利率为20.9%

③销售管理费用占10.4%

⑬营业利润率为10.5%，经常性利润为18.4%

图3-5　检验假设时的阅读内容（丰田利润表）

56　财报预言：用会计数据预测企业发展

假设1：毛利率为30%

大　　津：丰田的毛利率是20.9%，第一个假设就错了。到底是什么地方没有考虑到呢？

仲间同学：对不起，我的假设出错了。

大　　津：不，你不需要道歉。我说过"不要害怕犯错"。你说到的几个提高利润率的要素，例如集团采购、低营业成本、规模经济、高端车型，这些都理应带来很高的毛利率，逻辑上是通顺的。

仲间同学：那要怎么解释20.9%的毛利率呢？ "WHY？" 制造业的平均毛利率为20%~30%，相比之下，丰田的毛利率较低。

大　　津：其实相当于，汽车的销售价格是在制造成本的基础上加了20.9%的利润。简单来说，是因为汽车行业竞争过于激烈。即使是在日本国内，也有本田、日产、斯巴鲁、铃木、马自达、三菱等知名企业，在日本国外还有来自欧美地区和亚洲其他国家的企业，竞争十分激烈。丰田汽车的出口比例较高，容易受到汇率变动的影响。

仲间同学：的确，日元升值时，在货币价格较高的日本进行生产，在货币价格较低的其他地区用当地货币进行销售，毛利率自然容易被压低。

大　　津：没错，就是这样。尽管如此，丰田的毛利润金额还是高达约26 430亿日元，说白了，就是很能赚钱！虽然百分比很重要，但绝对不要忘了确认金额本身。除了这一点之外，还有其他原因导致丰田的毛利率出人意料地低，接下来，我将一边验证假说，一边予以解释。

假设2：持有大量集团企业的股份

仲间同学：这个猜对了。对关联企业的股权投资及出资额约为23 176亿日元，超过20 000亿日元，数额巨大。关联企业包括子公司和其他关联企业。对关联企业的股权投资及出资额占总资产的13.1%，的确持有非常大量的相关投资。

大　　津：没错。持有的股份原则上应根据市场价格进行评估，但是集团企业的股份并不适用于这一原则。因为持有的目的不是出售，所以没有必要按市场价格来评估。也就是说，丰田持有的集团企业的股份的实际价值非常惊人。

仲间同学：丰田持有电装约25%的股份，如果按市场价格进行评估，恐怕仅是电装这一部分的金额就足以令人瞠目结舌了。

假设3：销售管理费用所占的比例较低

大　　津：这个假设对应的结果又怎样呢？　　　"SO WHAT?"

仲间同学：销售管理费用仅占营业收入的10.4%，可以说是比较低了。

大　　津：对的。制造业的毛利率水平一般介于20%～30%，如果想符合优良企业标准，即营业利润率超过10%，那么销售管理费用就要控制在10%～20%。丰田作为一家以大众消费者为目标销售对象的企业，这一比例能控制在10.4%，的确是占比较低的。

仲间同学：是的。不过，如果细看销售管理费用的详细内容，还是会感到惊讶。运费约2 421亿日元，向制造及研究以外的员工支付的工资及补贴约2 110亿日元，无偿修理费用约3 811亿日元，每一项的数值都非常高。居然花了超过2 000多亿日元在运输上，恐怕日本国内也只此一家了吧。

大　　津：在讨论比例时，金额大小同样是一个非常好的着眼点。如果只关注比例，就无法感受到实际规模，容易产生规模较小的印象，这一点需要注意。运费超过2 000亿日元，这自然是日本国内最高的水平。但是，对于营业收入高达120 000亿日元的丰田而言，运费只不过占营业收入的约2%，完全不在话下。由此的确可以看出丰田规模经济的力量。

假设4：持有大量现金

仲间同学：库存现金及银行存款为15 320亿日元，占营业收入比例超过10%，的确是现金较多的企业。

大　　津：之前也说过了吧？看现金的时候，不能只看库存现金及银行存款项目。

仲间同学：哦，对了。流动资产里的有价证券实际上也可以看作现金。有价证券约有20 679亿日元，库存现金及银行存款和有价证券合计约36 000亿日元。

大　　津：没错。短期持有的有价证券大都是低风险的政府债券、应付债券或商业票据，都是短期投资的债券，一般可以看作现金。

仲间同学：36 000亿日元真是巨大的金额。

大　　津：不止这些，丰田还有借给集团企业等的短期借款约10 900亿日元，以及固定资产中的投资有价证券约61 811亿日元。后者除了集团外企业的股份之外，也包含了大量的到期日在1年以上的日本国债。这些债券也可以看作是丰田持有的现金，只是投资到期时间更长。丰田持有大量的日本国债，是屈指可数的支撑起日本这个国家的企业。

仲间同学：如果把以上全部项目相加，丰田实际持有的相当于现金的资产将超过100 000亿日元，足以匹敌约120 000亿日元的营业收入，"丰田银行"这一称号真是当之无愧啊。

假设5：应收账款的金额相当于"3年营业收入"

大　　津：应收账款的金额真的那么庞大吗？　　　　　"SO WHAT？"

仲间同学：11 694亿日元难道还不算巨额吗？

大　　津：是的。但是和丰田的营业收入相比，大概相当于多少天的收入额呢？

仲间同学：营业收入约为126 344亿日元，应收账款占比约为9%。如果是3年内的营业收入的话，这一比例应该为300%，差距非常大。

大　　津：是的，占营业收入的比例为9%。1年有365天，365天的9%是33天，也就是说应收账款的金额只相当于33天的营业收入额。丰田的应收账款似乎一直保持在这一水平，也就是说它从销售到回收现金平均只需要33天。应该是"月底结账，次月底收款"。

仲间同学：的确如此。这样一来，车贷到底去了哪里呢？ "WHY?"

大　　津：在讨论应收账款时，最重要的是要思考谁才是销售对象。你好像说过去年买了丰田汽车，把车子卖给你的是丰田这家企业吗？此外，还有一点需要注意的是，我们现在看的是丰田的母公司财务报表。

仲间同学：我是在附近的经销商那里购车的。啊，谜团解开了！丰田直接销售汽车的主要对象不是我这样的个人消费者，而是经销商。并且，我的6年期的车贷源于金融企业，而不是丰田。我们现在看的是母公司财务报表，所以丰田集团内的金融企业所持有的贷款债权也没有体现出来。话说回来，即使是这样，丰田月底结账，次月底收款，意味着经销商需要在1个月内支付账款，这不是很苛刻吗？

"WHY?"

大　　津：经销商做的是现金买卖，所以这个条件其实并不苛刻。

仲间同学：现金买卖？

大　　津：是的。你支付的首期付款是预付的，剩下的金额由金融企业代为支付。金融企业很快就会以现金方式将剩下的货款全部支付给经销商。金融企业包括丰田集团内的丰田金融，也包括普通的银行和商业信用企业等。图3-6为示意图。

仲间同学：又解开了一个谜团。刚才我们说丰田的毛利率只有20.9%，比我们的预期要低很多，但是丰田的销售价格其实是提供给经销商的批发价。假设我花了200万日元购入丰田汽车，如果丰田把20%的毛利让给经销商，那么丰田的批发价就应该是160万日元。这160万日元才是算入丰田营业收入的金额，所以毛利率看起来比较低。

大　　津：答得漂亮！在分析过程中发现不同数值之间的有机联系，这正是分析财务报表的要点所在。毕竟我们看的是同一家企业的财务报表，如果数值之间毫无联系，那才叫奇怪。丰田把面向终端消费者的销售任务交给了经销商，所以自身拥有的销售店铺和销售人员也并不多。丰田的销售管理费用出人意料地低，占比只有10.4%，这和丰田的销售模式也有关系。

仲间同学：我好像一点点体会到了读财务报表的乐趣。

大　　津：保持这种状态继续往下进行吧。对了，如果你是丰田的员工，

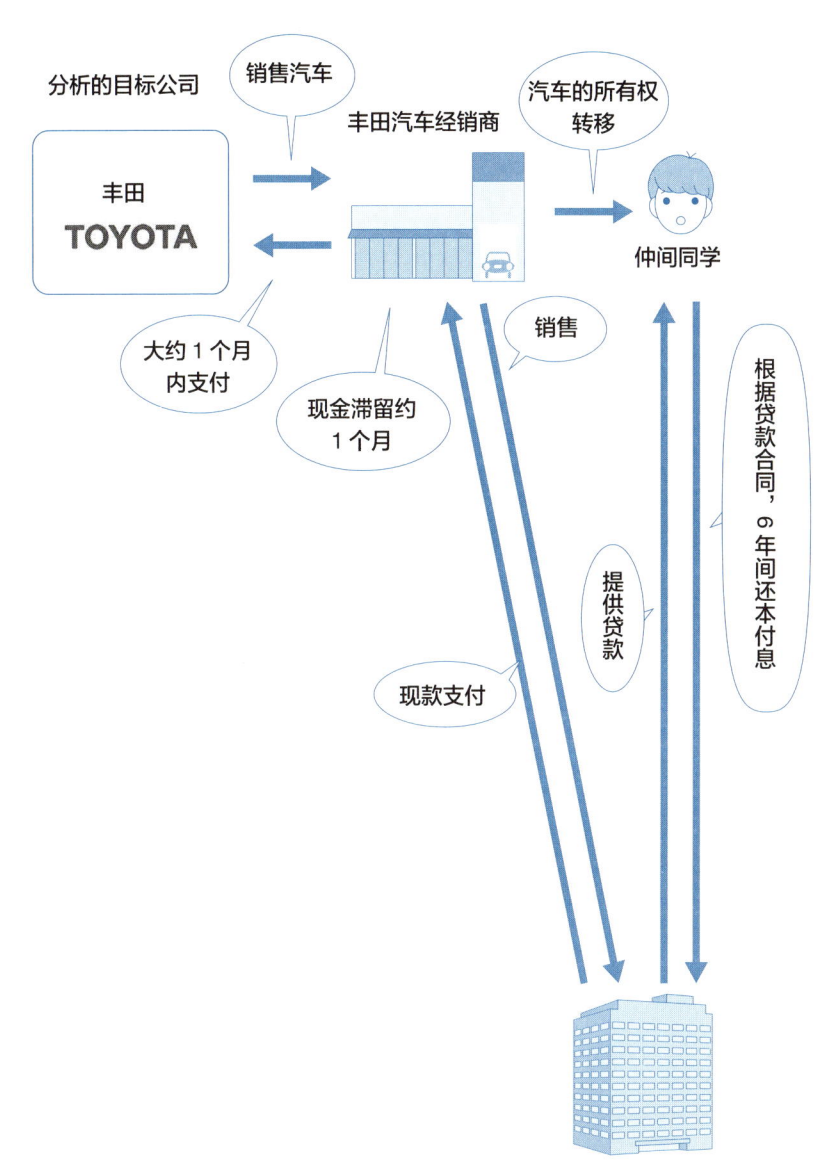

图3-6 丰田、经销商、金融企业和仲间同学的关系

就要进一步去思考这种借助经销商和金融企业进行交易的模式的优缺点——今后是否应该继续保持这一模式？丰田集团和交易方的组织体系是否需要改善？不过仲间同学，你并不是丰田员工，所以你可以尝试去发问，如何把丰田的结构和你所在的企业的商业模式结合起来？要想改善你所在的企业的商业流程和现金状况，应该从哪里着手，丰田的哪些做法可以借鉴？往下深挖，继续发问，这一点很重要，一定不能忘记。

"SO WHAT?"

假设6：从制造到销售的周期小于1个月

仲间同学：丰田的库存比想象的还要少。库存包含商品及完工产品、在产品、原材料及储藏品，合计约为4 295亿日元，占营业收入比例只有3.4%。365天×3.4%约等于12天，即库存的金额相当于12天的营业收入。不愧是"看板管理"。

大　　津："看板管理"的确卓有成效，但即便如此，从制造到销售的周期也未免太快了吧？生产汽车居然只需要12天，实在难以置信。"WHY？"不要囫囵吞枣，急于得出结论，要结合现实情况分析报表上的数字，思考这样的数值是否合理。

仲间同学：库存中的原材料、在产品、商品及完工产品都很少。会不会是因为我们现在看的是母公司财务报表？也就是说，丰田汽车的原材料等大部分汽车零部件是由集团企业等丰田以外的企业制造的。因此，丰田持有的原材料很少，制造也多由其他企业承担，这样一来，丰田的在产品自然也就维持在较低水平。

大　　津：你找到了关键！所以我一直在强调，在最开始时就要确认好这是母公司报表还是合并报表。我们现在知道为什么原材料和在产品这么少了，但是为什么商品及完工产品也很少呢？"WHY？"

仲间同学：那就是销售方的原因了。制造完成后，汽车会被迅速搬运到销售方企业，其中也有丰田集团内的企业。丰田从制造到销售都贯彻了准时制（Just In Time），所以库存水平较低，无论是原材料，还是在产品、商品及完工产品，库存都很少。

大　　津：图3-7是示意图。

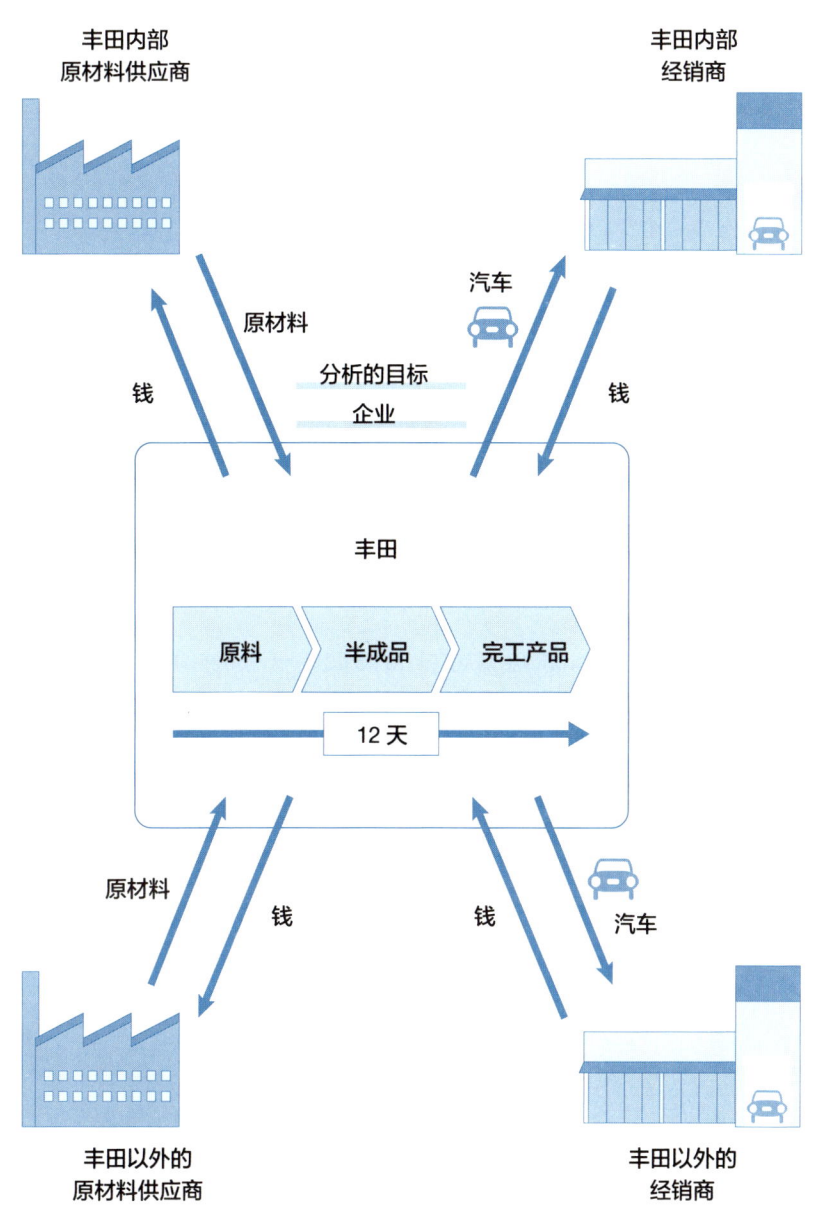

图3-7 丰田和原材料供应商及经销商的关系

假设7：持有大量的有形固定资产

大　　津：这个假设对应的实际情况是怎样的呢？　　"SO WHAT？"

仲间同学：建筑物及构筑物约为4 342亿日元，机器设备约为3 085亿日元，土地约为4 127亿日元，每一项的金额都很大，可以说明假设是正确的。

大　　津：的确。但是包含这3项的有形固定资产的合计金额约为14 227亿日元，占营业收入的比例约为8%。前面的假设认为应收账款很少，而有形固定资产的占比和应收账款相差不大。事实上，制造业的有形固定资产平均占营业收入的五分之一到三分之一。丰田的固定资产占比却少于十分之一，在制造业中可以说是处于非常低的水平了吧？

"SO WHAT？"

仲间同学：这种观点也言之有理。或许是受益于丰田的规模经济。此外，我们看的是母公司财务报表，整个集团的有形固定资产并没有算进来，这一点也会有影响。

假设8：从原材料采购到支付的周期大约为90天

大　　津：这一点比较复杂，要怎样去判断呢？　　"SO WHAT？"

仲间同学：应付票据和应付账款的合计金额约为9 059亿日元，约占营业收入的7.2%。365天×7.2%是26天，比应收账款的回收周期还要短。

大　　津：嗯，这个方法是很好，但是要注意两个地方。一是要一并考虑电子记录债务，约有3 099亿日元，是电子化采购交易处理的金额。二是应付票据和应付账款的支付对象是原材料供应商及委托制造企业，最好是计算这两者占营业成本的比例，而不是占营业收入的比例。

仲间同学：这样啊，确实很复杂。应付票据和应付账款的合计金额约为9 059亿日元，电子记录债务为3 099亿日元，3项的合计金额约为12 158亿日元，占营业成本比例为12.16%。但是这样算下来，365天×12.16%=44（天），还是接近月底结账，次月底付款。

64　　财报预言：用会计数据预测企业发展

大　　津：这样来看，丰田向供应商付款较慢的假设就不成立了。为什么这个假设不正确呢？
"WHY?"

仲间同学：经过刚才的一番训练，我已经想通了。因为汽车行业的买卖是通过贷款进行的，我就以为行业里的现金流动非常缓慢，犯了先入为主的错误。实际上，金融企业也参与其中，汽车行业是一个典型的现金买卖的行业。丰田的应收账款的回款周期大概是1个月，向供应商的付款也基本相同，即原材料的采购是"月底结账，次月底支付"。

大　　津：的确有很多企业在应收账款和应付账款的账务处理上采取基本相同的条件，包括金额、收款周期、付款周期等。但是，丰田规模如此之大，是一家很有实力的企业，为什么不延长一点向原材料供应商付款的时间呢？
"WHY?"

仲间同学：刚才我们也看到了，丰田的资金非常丰厚，没有必要拖延付款时间。并且，一些零部件企业的资金情况并不理想。

大　　津：零部件企业自然乐意，但是这对丰田能有什么好处呢？
"SO WHAT?"

仲间同学：丰田可以以付款很快为理由让供应商接受更低的价格，从而进一步减少营业成本。

大　　津：好的，回答到这里就可以了。最后补充一点，应付票据及应付账款对应的是原材料采购费用和委托生产制造的费用，严格来说，应该用应付票据及应付账款和一年内的总费用进行对比，但是这些信息是不对外公开的。为方便计算，我们这里采用的是营业成本的金额。

仲间同学：原来是这样啊。我们企业的营业成本中大约有七成是原材料采购费用和委托生产制造的费用。按我们企业的情况来算的话，只要把刚才的45天除以0.7就行了，也就是说64天后支付。平均付款周期是2个月，收款周期是1个月，付款比收款要慢一些。

大　　津：对的。这也是丰田拥有丰厚资金的原因之一。

假设9：留存收益金额非常大

仲间同学：留存收益的金额约为126 684亿日元，即使是在丰田的资产负债表里，这个数字也大得突兀。留存收益占负债与所有者权益合计值的71.5%。资产负债表右边的七成数值都集中在一行文字里，多么惊人！我现在切实感受到，看财务报表的时候一定要先看大的数值。

大　　津：截至2019年3月的会计年度，丰田的净利润约为18 968亿日元，相当于留存收益积攒了约7年的净利润。丰田的留存收益已经减去了支付给股东的丰厚股利分红，居然还能剩这么多，不得不佩服丰田长期以来的赢利能力。

假设10：借款非常少

大　　津：丰田是无负债企业吗？

仲间同学：不是。流动负债中，短期借款有200亿日元，一年内到期的应付债券有700亿日元；固定负债中，应付债券约有4 420亿日元，合计超过5 300亿日元，并不能称为无负债企业。不过我刚才看到丰田实际持有约100 000亿日元的相当于现金的资产，所以这点借款对丰田来说不痛不痒，随时都能偿清。这种情形，也许可以称为"实质无负债企业"。

大　　津：的确。也许是在某些场合，出于某些原因借款，但只要丰田想偿还，随时都能把债务一笔勾销。利润表的营业外支出里，利息支出为93亿日元。借款约为5 300亿日元，利息是93亿日元，那么利率就大约是1.8%。

仲间同学：听完您说利息支出高达93亿日元后，我更加不解了，这简直就是白白浪费钱。资金丰厚的丰田到底出于什么原因要借款呢？

"WHY？"

大　　津：企业的目的到底是什么呢？是尽早偿清债务吗？不是。企业的目的简单来说就是持续经营。企业要持续经营，实现经营理念，为员工、社会、股东、债权人等所有利益相关方做出贡献。为此，企业需要与金融机构保持良好关系，成功发行债券，准备好下一次投资的资金，留有充裕的资金以应对突发事件……我们现在看的是母公司财务报表,也有可能是丰田暂时从集团内的金融机构借钱通融。

仲间同学:原来如此。也就是说,即使企业能成为无负债企业,也会特意借钱,在手头上留有一定现金,因为这样益处多多。

大　　津:对于营业利润高达约13 261亿日元的丰田来说,93亿日元的利息仅约为营业利润的0.7%。不赢利的企业,即使借款只有1亿日元也是大问题。但像丰田这样赢利状况良好的企业,就应该趁现在利率水平低的时候有效利用借款。

假设11:实收资本非常少

大　　津:丰田的实收资本是6 354亿日元,这算多还是少呢?

"SO WHAT?"

仲间同学:如果是一般的企业,这肯定算多,但是我们刚才也反复提到丰田本就实力强。丰田积攒的利润约有126 684亿日元,相比之下,实收资本的金额不到5%,所以应该看作非常低的水平。和股东们的出资相比,丰田赚取的利润不可同日而语。

大　　津:是的。不过要注意的是,优良企业的留存收益虽多,但实收资本未必就少。即使赢利能力很强,如果投资需求更大,就不得不反复增资,实收资本就会不断膨胀。我们刚刚看到,丰田和主业相关的应收账款、库存和机器设备都出乎意料地少。最多的资产是股份、债券和相当于现金的资产。手头上保留有如此丰厚的相当于现金的资产,可以看出丰田的投资需求没有超过留存收益的规模。从结果上来看,实收资本就维持在较低的水平。

假设12:研发费用占营业收入的10%

大　　津:很不巧,丰田并没有对外公开母公司的研发费用,丰田集团的合并财务报表显示研发费用是10 488亿日元,合并的营业收入是302 256亿日元,粗略计算,研发费用约占合并的营业收入的3.5%。

仲间同学：并没有达到10%的水平，真是出人意料，这算很少了吧？

"WHY？"

大　　津：10 000亿日元的研发预算实在是难以想象……制造业的研发费用一般都是1%~3%。医药行业需要巨额的研发预算，另外，像半导体或者电子零件这样的行业的技术变革十分迅速，研发预算占比达到两位数也不奇怪。

仲间同学：汽车行业耗费资金的领域包括机器设备投资、研发、物流、广告宣传等，除此之外还有很多其他费用，所以不能光在研发上就花费占比达到两位数的钱。

大　　津：是这样的。只是，之前我们说这是汽车行业的进入壁垒，但现在美国的互联网行业开始采用轻资产模式开展汽车业务，丰田也许要从根本上重新思考这样的费用结构是否需要改进。

假设13：营业利润率只有5%

仲间同学：营业利润率是10.5%，经常性利润率是18.4%。经常性利润率比营业利润率还要高出一截，是因为丰田持有集团内优良企业以及交易方企业的股份，获得了大量的股利分红。

大　　津：光是领取的股息红利收入就有约7 964亿日元。超过营业收入的6%，这个金额规模也非常大。

仲间同学：粗略一看，毛利率比例20.9%，销售管理费用比例10.4%，营业利润率10.5%，加上大量的股利分红后，经常性利润率达到18.4%，丰田的利润表构造十分简单易懂呢。

大　　津：很多企业的营业利润率目标就是10%，这样看来，丰田可以说是这些企业追求的理想状态。由于外汇市场有所变动，一度高涨的日元价格逐渐回落至正常水平，此外汽车销量也稳定上升，因此，毛利率的上升直接拉高了营业利润率。

假设14：营业收入和利润水平均保持恢复或增长态势

大　　津：验证这一假设需要回溯过去年度的发展情况。图3-8和表3-4展示的是从2012年到2019年这7年里丰田母公司的营业收入和各项利润。

仲间同学：从图中可以看出，2011年东日本大地震发生后，营业收入在截至2012年3月的会计年度跌至谷底，在那之后就保持稳定的上升趋势。

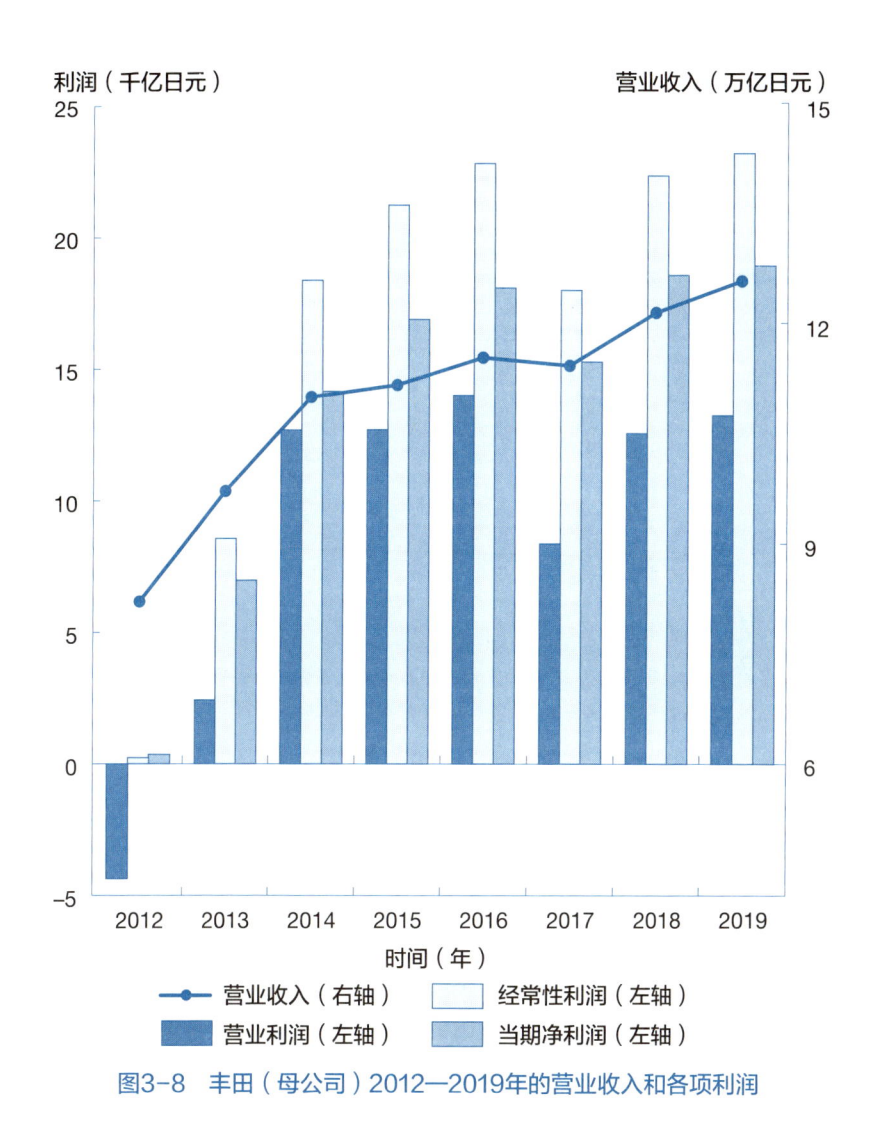

图3-8 丰田（母公司）2012—2019年的营业收入和各项利润

表3-4　丰田（母公司）2012—2019年的营业收入和各项利润

（截至3月的会计年度，单位：百万日元）

项目	2012年	2013年	2014年	2015年	2016年	2017年	2018年	2019年
营业收入	8 241 176	9 755 964	11 042 163	11 209 414	11 585 822	11 476 343	12 201 443	12 634 439
营业利润	-439 805	242 133	1 269 004	1 270 664	1 402 126	837 204	1 257 543	1 326 137
经常性利润	23 098	856 185	1 838 450	2 125 104	2 284 091	1 801 736	2 238 140	2 323 121
当期净利润	35 844	697 760	1 416 810	1 690 679	1 810 370	1 529 911	1 859 312	1 896 824

大　　津：从合并财务报表的数值来看，丰田在此期间的全球汽车销量从2011年会计年度的833万辆上升到2018年的1 060万辆，增加了227万辆，按比例计算是增长了27%。同一时期，丰田母公司的营业收入增加了53%。受到销售车型的结构转变和日元贬值的积极影响，营业收入和利润的增长情况十分可观，这并不难理解。

仲间同学：在此期间，丰田的营业利润从超过4 000亿日元的亏损扭转为超过13 000亿日元的盈利，经常性利润也超过了23 000亿日元，利润水平非常高。受新冠病毒疫情影响，丰田的营业收入下降，利润也急剧减少，这是很难避免的，但我相信疫情后又会迎来良好增长，期待丰田未来的发展。

　　我和仲间同学的对话中出现了很多数值计算，这就是所谓的会计指标分析。为了让语言看起来简单易懂，本章特意没有使用指标名。在第十一章中我将汇总丰田的有关评价和指标，希望大家灵活使用这些材料，继续拓展学习。

通过仲间同学从假设到检验的经历，我们加深了对丰田财务报表的理解，现在试着重新用图表来进行总结吧（见图3-9、图3-10）。

Ⅰ 营业收入
Ⅱ 减：营业成本
　　毛利润
Ⅲ 减：销售管理费用
　　营业利润
Ⅳ 营业外收入
Ⅴ 减：营业外支出
　　经常性利润
Ⅵ 非经常性收入
Ⅶ 减：非经常性支出
　　当期税前净利润
　　减：法人税、住民税
　　　　及事业税
　　当期净利润

营业收入及利润是否保持恢复或增长态势？
➡ 2011年东日本大地震后，丰田业务实现了快速的恢复和增长，营业收入增长53%，经常性利润超过23 000亿日元。

毛利率是否很高？
➡ 存在集团采购、低营业成本、规模经济、高端车型等有利因素，但经销商销售模式和激烈的竞争抑制了毛利的增长，毛利率为20.9%，不高。

销售管理费用是否很多？
➡ 得益于规模经济和经销商销售模式，这一费用占比为10.4%，相对较低。

营业利润率是否很高？
➡ 营业利润率为10.5%，母公司经常性利润率为18.4%，利润水平良好。

图3-9　丰田利润表（母公司）要点

流动资产	是否持有大量现金？ ➡ 相当于现金的资产超过100 000亿日元。 应收账款的回款周期是否很短？ ➡ 回款很快，经销商大约1个月内支付。 库存是否很多？ ➡ 母公司的库存很少，金额相当于12天的营业收入。	负债	应付账款的付款周期是否很短？ ➡ 付款周期比应收账款的回款周期长，约2个月进行支付。 借款是否很多？ ➡ 凭借企业赚取的利润足以正常开展业务，因此借款很少。
非流动资产	是否持有大量设备？ ➡ 母公司的有形固定资产很少，相当于营业收入的8%，高度效率化。 是否持有大量股份及债券？ ➡ 持有大量集团企业的股份。	所有者权益	实收资本是否很多？ ➡ 凭借企业赚取的利润足以正常开展业务，因此实收资本很少。 留存收益是否很多？ ➡ 企业长期赢利良好，累积的利润金额非常高（负债和所有者权益合计值的七成）。

图3-10 丰田资产负债表（母公司）要点

要想更加清晰地展示丰田资产负债表的情况,可以尝试画比例图。比例图中资产合计为100,用面积来表示各个项目的金额大小。如图3-11所示,丰田积累了巨额的利润,而其中超过一半被用于投资集团企业及交易方企业的股份或债券等有价证券。同时,库存现金及银行存款、有价证券及短期借款的合计金额,即相当于现金的资产的金额约占总资产的26.5%。

从资产负债表来看,丰田实际上很接近控股公司的形态。控股公司是指通过持有股份把多个企业控制在集团内的企业,是一个发挥着核心枢纽作用的组织。纯粹的控股公司不开展业务,但丰田自

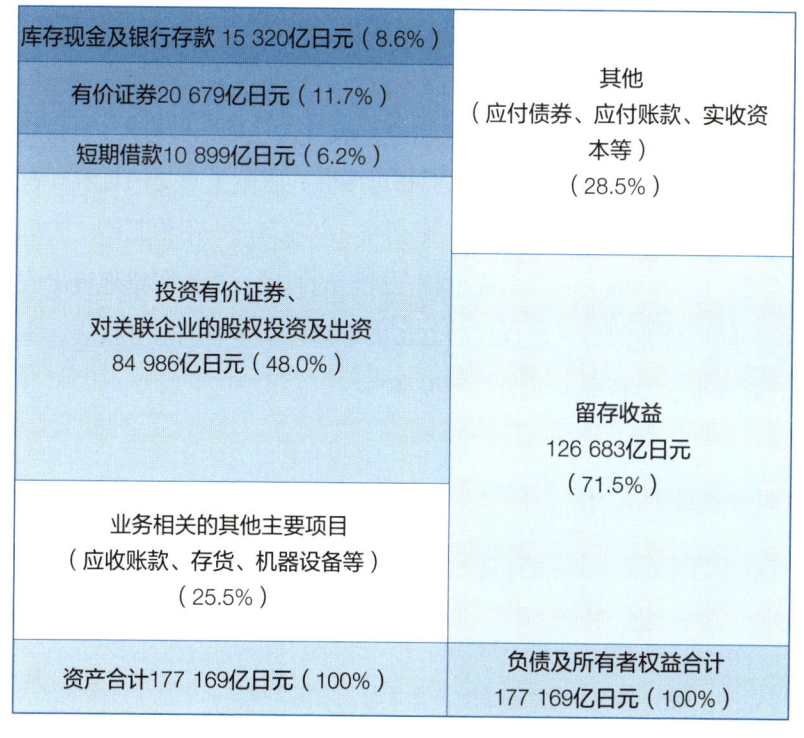

资产	负债及所有者权益
库存现金及银行存款 15 320亿日元(8.6%)	其他 (应付债券、应付账款、实收资本等) (28.5%)
有价证券20 679亿日元(11.7%)	
短期借款10 899亿日元(6.2%)	
投资有价证券、 对关联企业的股权投资及出资 84 986亿日元(48.0%)	留存收益 126 683亿日元 (71.5%)
业务相关的其他主要项目 (应收账款、存货、机器设备等) (25.5%)	
资产合计177 169亿日元(100%)	负债及所有者权益合计 177 169亿日元(100%)

图3-11 丰田资产负债表比例图

身也有业务，所以是业务控股公司。因此，虽然丰田也有应收账款、存货、机器设备等业务相关的资产，但全部相关资产的合计规模不到企业总资产的三成。

第一步	第二步	第三步
推测企业的情况	提出假设（描绘财务报表）	检验假设（看财务报表）

我们按照从"推测企业的情况"到"提出假设（描绘财务报表）"，再到"检验假设（看财务报表）"这样的顺序，从丰田这一企业出发，对其财务报表进行了假设和检验。

大家是否很享受"从假设到检验"的这一训练过程呢？思考是一件乐事。作为商学院的教师和企业内部会计培训的讲师，我和5万多名商务人士接触过，当他们在思考时，眼睛里总是闪烁着好奇的光芒，这些闪耀的光芒都在展示同一个心态——不怕犯错。去思考吧。尽自己最大的努力提出符合逻辑的假设，不怕犯错地提出假设并随后检验假设，用这样的方法去解读各个企业的财务报表，你的财务报表分析能力就会有所提高！

> **小　结**
>
> ❑ 结合目标企业，通过利用从假设到检验的方法来解读财务报表。具体步骤及顺序分别是：（1）推测企业的情况；（2）提出假设（描绘财务报表）；（3）检验假设（看财务报表）。
>
> ❑ 不要立刻从上到下阅读资产负债表，要先用语言表达出你对这个企

业和其所处行业的了解。我们说"不要先读表,再思考。而是要先思考,再读表。",思考就是我们第一步要做的事情。

❑ 为什么提出假设如此重要？在提出假设后,你在阅读财务报表时,脑子里就已经有了对财务报表的推测。检验假设是通过阅读财务报表这一行为实现的。起跑线不同,终点也会大不相同。提出假设后,你的分析能到达的终点要比没有假设的人远得多。

❑ 提出假设时有14个要点,总结如下。所有提问都要思考"WHY?"（为什么会这么想？）和"SO WHAT?"（这对于企业经营意味着什么？）。在熟练掌握这一分析方法之前,可以把这14个要点当成提出假设的问题框架。

（1）营业收入及利润是否保持增长态势？
（2）毛利润是否很高？
（3）销售管理费用是否很高？
（4）研发费用是否很高？
（5）利润率是否很高？
（6）是否持有大量现金？
（7）应收账款的回款周期是否很短？
（8）库存是否很多？
（9）是否持有大量设备？
（10）是否持有大量股份及债券？
（11）应付账款的付款周期是否很短？
（12）借款是否很多？
（13）实收资本是否很多？
（14）留存收益是否很多？

❑ 分析财务报表前的基本操作是确认3个要点：（1）时期和日期；（2）是合并财务报表还是母公司财务报表；（3）单位是什么。

❑ 为了更加清晰地掌握企业的资产负债表情况,可以尝试画比例图。

第四章

假设及检验：从财务报表数值出发解读企业活动

第一步	第二步	第三步
推测企业的情况	提出假设（描绘财务报表）	检验假设（看财务报表）

在第三章当中，我们以丰田母公司的财务报表为例，分3个步骤，从目标企业出发，提出假设，做出检验，实际尝试了解读财务报表。

现在要反过来，从财务报表的数值出发，提出假设，再进行检验，最后推测出目标企业。在实际工作中，估计没有人会不看目标企业是什么，特意从会计数值出发去进行推测吧。财务报表是企业活动最生动的表达，通过这样的训练，你可以感受到本书开头所讲的会计数值和企业活动（经营）的联系。

在重复进行训练后，你在制订新的业务计划时，就能明白应该追求怎样的收益和收益结构，开展怎样的投资，需要多少费用，融资需求是多少。

测试3 X企业截至2019年3月会计年度的财务报表如表4-1、表4-2所示，请据此推测出该企业的名字。虽然猜出企业名很困难，但是我们可以根据财务报告中各个数值的特征提出有关企业业务的假设。请大家仿照示例，尽可能多地提出假设。一般来说，资产负债表的资产部分会体现出企业业务的特征，之于X企业也是如此。（限时15分钟。）

示例 事实：○○很多/很少。→假设：X企业属于制造业/零售业/服务业；目标客户是△△；投资重点是××。

表4-1 X企业截至2019年3月会计年度的合并利润表[①]

（2018年4月1日—2019年3月31日）

	项目	金额（百万日元）	百分比（%）
Ⅰ	营业收入	525 622	100.0
Ⅱ	营业成本	326 283	62.1
	毛利润	199 339	37.9
Ⅲ	销售管理费用	70 061	13.3
	营业利润	129 278	24.6
Ⅳ	营业外收入	2 198	0.4
Ⅴ	营业外支出	2 037	0.4
	利息支出	222	0.0
	经常性利润	129 439	24.6
Ⅵ	非经常性收入	—	—
Ⅶ	非经常性支出	—	—
	税前当期净利润	129 439	24.6
	法人税、住民税及事业税	39 193	7.5
	应付税款	-40	—
	当期净利润	90 286	17.2
	母公司当期净利润	90 286	17.2

[①] 本表为日本利润表，和中国用的会计项目有所不同，仅供参考。——编者注

表4-2　X企业截至2019年3月会计年度的资产负债表[①]

项目	金额（百万日元）（2019年3月31日）	百分比（%）	项目	金额（百万日元）（2019年3月31日）	百分比（%）
（资产部分）			（负债部分）		
Ⅰ　流动资产			Ⅰ　流动负债		
库存现金及银行存款	377 551		应付票据及应付账款	19 907	
应收票据及应收账款	22 083		一年内到期的应付债券	20 000	
有价证券	20 999		一年内到期的短期借款	6 119	
存货	17 323		流动负债合计	154 652	14.7
流动资产合计	441 835	42.0	Ⅱ　固定负债		
Ⅱ　固定资产			应付债券	80 000	
建筑物及构筑物	686 623		长期借款	2 304	
累计折旧	−415 651		固定负债合计	93 601	8.9
建筑物及构筑物（净额）	270 901		负债合计	248 253	23.6
机器设备及搬运工具	270 947		（所有者权益部分）		
累计折旧	−242 821		Ⅰ　股东资本		
机器设备及搬运工具（净额）	28 125		实收资本	63 201	
土地	117 653		资本公积	111 938	
有形固定资产合计	514 322	48.9	留存收益	696 718	
无形固定资产合计	13 770	1.3	库存股	−89 183	
投资有价证券	60 810		股东资本合计	782 674	74.4
投资及其他资产合计	81 527	7.8	Ⅱ　累积其他综合收益合计	20 526	2.0
固定资产合计	609 619	58.0	所有者权益合计	803 201	76.3
资产合计	1 051 455	100.0	负债及所有者权益合计	1 051 455	100.0

（注：仅记载主要项目，因此项目的金额与各子项目的合计金额不一致。）

[①] 本表为日本资产负债表，和中国用的会计项目有所不同，仅供参考。——编者注

情景再现：通过小组讨论解读资产负债表

我每年都会在约40家企业内做内部培训。参加培训的人来自各个岗位，既有熟悉财务报表的会计、财务人员和企业战略策划人员，也有不擅长会计的销售、市场、生产、研发、人力资源和行政人员。这种情况是不可避免的，因为他们都是由企业选拔出来的人才，又或者是在企业公开报名中自告奋勇参加培训的员工。

在听他们的小组讨论时，我发现了一个很有趣的现象，那就是即使大家都在同一个企业，在不同岗位的人看问题的切入点和思维方式也各不相同。为了让各位读者感受到企业内部培训的氛围，我将再现课上情景，展示一家化学企业中3个不同岗位的员工就测试3中的问题进行小组讨论的过程。

三人发言中提及的有关信息及正确的数字将在本书末予以总结，给各位读者作为参考。

出场人物介绍

卖野同学	（男）进入所在企业12年以来一直做销售工作。曾在名古屋、福冈、琦玉三地的分店工作。在福冈分店时，创下了门店最高月度销售记录，获得分店店长大奖，经直属上司推荐，获得参加本次选拔培训的机会。
巧田同学	（女）在所在企业旗下规模最大的大阪工厂工作，负责生产项目的品质管理和其他管理工作。大学时所学专业为化学，希望能利用新一代技术研发出新产品。
数山同学	（男）大学所学专业是工科，但进入企业后做的是销售工作。5年前又被分配到财务部门，没能充分发挥自己的专业优势，现在还觉得遗憾可惜。但是被选来参加选拔培训后，他的想法一点点发生了改变，认为企业对自己的期望很高。

大　　津：限时15分钟，请大家试着推测出X企业的名字。当然，这是一家大家都非常熟悉的企业。请各位不要害怕犯错，把自己的想法清晰地表达出来。但是，不能瞎猜，要在逻辑思考的基础上提出假设。因此，这里的关键词组是"SO WHAT"，也就是说，"这个数值能说明什么？"。请大家从财务报表数字出发，多多提出假设吧。

卖野同学：啊？今天才刚学财务报表，这么快就要推测企业名了？

巧田同学：我们按照刚才学的"资产负债表的正确读法"来分析吧。首先看数值大的项目。

资产负债表要从数值大的项目开始读

数山同学：总资产的金额真是大得让我吓一跳。营业收入只有约5 256亿日元，总资产却高达约10 515亿日元，是营业收入的两倍多。我去找了金额特别大的资产类项目，然后发现有形固定资产金额特别大，尤其是建筑物及构筑物（净额），达到了约2 709亿日元。建筑物及构筑物类资产的价值接近3 000亿日元，几乎能赶上前面所说的丰田的相应类别资产的规模了。 "SO WHAT？"

卖野同学：哦，我知道了。这肯定是制造业企业。制造业企业都有多个工厂，这应该是工厂的建筑吧？

巧田同学：有道理。但是，建筑金额超过营业收入的一半，这似乎有些夸张？我在化学企业工作，我们企业的营业收入好像是建筑物及构筑物金额的10倍左右。

数山同学：就是啊。制造业企业的建筑物及构筑物金额怎么可能超过营业收入的一半呢？建筑物及构筑物的金额这么大，会不会是电力企业？

巧田同学：如果是电力企业的话，营业收入只有约5 256亿日元，也太少了吧？更何况，电力企业的资产大头不应该是建筑物及构筑物，而是电力机器设备。

卖野同学：有道理。那会不会是房地产企业呢？比如森大厦株式会社不是拥有六本木新城（日本建筑综合体）吗？对啊！房地产企业的建筑物及构筑物肯定多啊！准没错！

数山同学：如果是像森大厦株式会社一样，自己持有大厦，做房产租借业务的话，固定资产里的建筑物及构筑物的金额的确会很大，这说得通。嗯，我们肯定猜对了。

巧田同学：等一下。森大厦株式会社不是拥有大量的中心城区的土地吗？例如六本木新城。但是财务报表里的土地金额只有约1 177亿日元，比起建筑的金额也太少了。

卖野同学：也是。土地的金额应该再大点才对。 "SO WHAT？"

数山同学：土地没有折旧，也不按市价计算，可能是很久以前用比较便宜的价格买的。

巧田同学：原来是这样。但也不是没有别的可能。往简单了想，也有可能是在土地价格便宜的地方建了一些特别豪华的建筑。

数山同学：我刚才觉得可能是铁路。但是铺设铁轨需要的土地很少啊。啊！会不会是酒店？酒店的建筑规模也比较大。

巧田同学：也有可能。虽然各个酒店的情况不一样，但如果是建在中心城区的酒店，这里的土地金额就太少了吧？可能土地是从别处租借的。话说回来，我还是觉得超过营业收入金额一半的建筑物及构筑物很不寻常啊。建筑物及构筑物的净额约为2 709亿日元，但其实最初买回来时的价格约为6 866亿日元，后来发生了约4 157亿日元的折旧费用，然后才变为约2 709亿日元。就算是酒店，在建筑上花了这么多钱，还能正常经营下去吗？

查应收账款，了解销售对象

数山同学：有形固定资产的金额巨大。与固定资产相比起来，流动资产很不起眼，但我们还是来看一下吧。这家企业的应收账款真少啊。 "SO WHAT？"

巧田同学：应收账款是什么来着？我现在脑子里一团乱。

卖野同学：你没卖过东西，不理解很正常。已经卖出货物，但还没收到货款，这部分货款就是应收账款。在我所在的企业，给客户交货的时候就可以确认营业收入，但一般要3个月后才能收到付款。我们的基本交易条件是月末结账，3个月后的月末收款。"

数山同学：应收票据及应收账款约为221亿日元，营业收入约为5 256亿日元，应收票据及应收账款约占营业收入的4%。365天×4%=15（天），也就是说这家企业只需要15天就能回收账款。那就是月末结账……唉，都没有合适的说法来形容。

卖野同学：我懂了。销售对象应该是个人消费者。个人消费者就不会用月末结账这种付款方式了。

巧田同学：哦，原来是这样。卖野同学真厉害，不愧是拿了分店店长大奖的人。

数山同学：这样的话，电力企业这个方向就不用考虑了。电力企业的销售对象虽然是个人消费者，但电费都是先消费，后支付的。这个月用电，下个月付钱，所以电力企业的应收票据及应收账款金额会很大。

查存货，了解业界形态

卖野同学：既然是面对个人消费者，那会不会是在零售业或者餐饮业？

巧田同学：的确，饭店的厨房里有很多机器设备——等一下，不对！有形固定资产合计约有5 143亿日元，直逼营业收入了！如果是零售业或者餐饮业，固定资产金额怎么可能和营业收入不相上下，更何况是超过5 000亿日元这样巨大的数值？再说，店铺一般都是租赁的吧？刚才说宜得利控股公司在郊外拥有很多房地产，即使是那样，有形固定资产不也只相当于营业收入的一半吗？

卖野同学：哎呀，是啊。

巧田同学：另外，这家企业的存货太少了。存货仅约173亿日元，和约5 256亿日元的营业收入相比才约为3%。按照刚才数山同学的公式，365天×3%=11（天），也太少了。 "SO WHAT？"

卖野同学：还是没错啊。饭店的食材会腐烂，所以只有一个星期的储备，这不是很正常吗？啊，不过，饭店不可能拥有价值约2 709亿日元的豪华建筑。

数山同学：库存少，会不会是因为这家企业原本就没有货物买卖？又或者，货物买卖不是主要业务？这样一说，制造业和零售业就不对了，因为制造业和零售业都是做货物买卖的。没有存货，不就成了纸上谈兵吗！

综合几个假设，得出结论

巧田同学：要不我们先把讨论的内容整理一下吧？首先，建筑多、土地少，所以公司在土地价格低廉的地方建了非常豪华的建筑。

卖野同学：没错。其次，应收账款非常少，所以主要的顾客不是企业，而是个人消费者。

数山同学：然后，库存很少，所以主要业务不是销售货物。

"SO WHAT？"

卖野同学：这到底是一家怎样的企业啊？对了，这家企业的利润很高呢。

巧田同学：没有生产制造，也不做零售，那会不会是服务业企业？并且，巨额的建筑是企业生意的起点。

数山同学：在价格便宜的地方建有非常豪华的建筑，面向个人消费者，处于服务业，而且赢利能力还非常强……

三人（异口同声）：东京迪士尼乐园！

情景再现：集体讨论，深入分析利润表和资金来源

大　　津：读财务报表数值、提出假设、得出结论，各位的表现非常棒。这家企业就是经营东京迪士尼乐园的东方乐园株式会社，刚才看的是它的合并财务报表。

巧田同学：我好像有点明白了什么叫从数值出发推测业务状况。

大　　津：重要的是有逻辑地去思考，自己提出假设。你们一起合作，不

断解答"SO WHAT?"这个问题，最终获得了成功。这个过程中你们提到了许多行业——制造业、电力行业、房地产业、铁路业、酒店业、零售业和餐饮业，但也通过集体讨论将它们一一排除掉了。

卖野同学：老师，说起来东方乐园株式会社也是有铁路和酒店的呢。园区里还有单轨列车，哈哈。

大　　津：是的。我们现在看的是合并财务报表，集团里的所有业务都包含在内，包括伊克斯皮儿莉（Ikspiari，东京迪士尼乐园内的大型购物中心）这样的综合商业区，以及单轨列车（在迪士尼度假区中）这样的铁路业务。但是，总的来说，集团的主要业务是经营主题乐园。因此，财务报表上到处透露着主题乐园的气息。

数山同学：刚才我没说，但有一瞬间我猜的就是主题乐园。但是，我瞄了一眼利润表，发现营业成本约占营业收入的62.1%，这不合逻辑。明明是服务业，为什么营业成本这么高呢？

大　　津：你这个着眼点非常好。制造业的营业成本是制造费用，零售业的营业成本是进货费用，而服务业的营业成本是提供服务的成本（服务成本）。服务成本就是直接与服务相关的成本。你们可以理解为主题乐园里看到的所有东西都算入营业成本。那么，成本最大的项目是什么呢？

卖野同学：是职工薪酬吧。毕竟请那么多角色的扮演者……

大　　津：停，再说下去就要破坏乐园美好的童话氛围了。总之就是包括和游乐设施相关的员工、餐厅员工、清洁员工……无论少了谁，都无法提供完美的服务，所以巨额的职工薪酬就是服务成本。还有哪个项目的金额很大呢？

数山同学：我认为是折旧费用。因为建筑和机器设备的金额巨大，且都要计提折旧。主题乐园和酒店的折旧费用全部都要算入营业成本。

大　　津：没错，就是这样。售价里有接近六成都来自服务成本，所以门票略贵也是可以理解的。

巧田同学：培训中也提到过，优秀企业的营业利润率何止10%，即使超过20%也不是不可能。

大　　津：东方乐园株式会社的毛利率是37.9%，营业利润率是24.6%，销售管理费用比例大概是13%。企业追求高质量的服务，重视回头客，削减不必要的销售成本，实现了良性循环。

卖野同学：这正是我们对这家企业的印象啊。

大　　津：营业外支出中有2.22亿日元的利息支出，可能有人觉得这是一个问题，但营业利润高达1 293亿日元，是利息支出的约582倍，所以利息支出根本谈不上什么问题。

数山同学：资产负债表的负债部分里，应付债券和借款合计约为1 084亿日元。利息支出是2.22亿日元，也就是说利率约为0.2%。

大　　津：你这个着眼点非常好。但是，1 084亿日元是年度末的借款余额，在和1年内支付的利息费用进行比较的时候，应该使用本年度和上一年度的平均借款余额，最好能留意这一点。这家企业一直积极投资园区、酒店和机器设备，但也有高达6 967亿日元的留存收益和超过5 143亿日元的有形固定资产。如果只考虑这一点，根本没必要借1 084亿日元的款项。而且它的库存现金及银行存款约为3 776亿日元，和宜得利控股公司一样是"实质无负债"企业。乍一看，借款似乎毫无意义，但东方乐园株式会社曾公布要大规模开发主题乐园，因此，有一段时间内每年的投资金额都在1 000亿~1 500亿日元范围内，可以看作是企业在利息低的时期确保了大规模设备投资的资金来源。

卖野同学：老师，我看过一则新闻，说是受新冠病毒疫情影响，连东方乐园株式会社都在2020年度陷入了亏损状态。都这样了，还要继续开展乐园的大型投资项目吗？

大　　津：这是当然，我们不知道新冠病毒疫情将会怎样发展，就算疫情彻底结束，未来也有可能出现别的传染病。东方乐园株式会社毫无动摇，继续投资游乐设备、员工和充满魅力的角色，让外界都看到了企业的决心。东方乐园株式会社是一家赢利情况良好的企业，期待它将来的复活之战。

我们再用比例图来展示一下东方乐园株式会社的资产负债表（图4-1）。

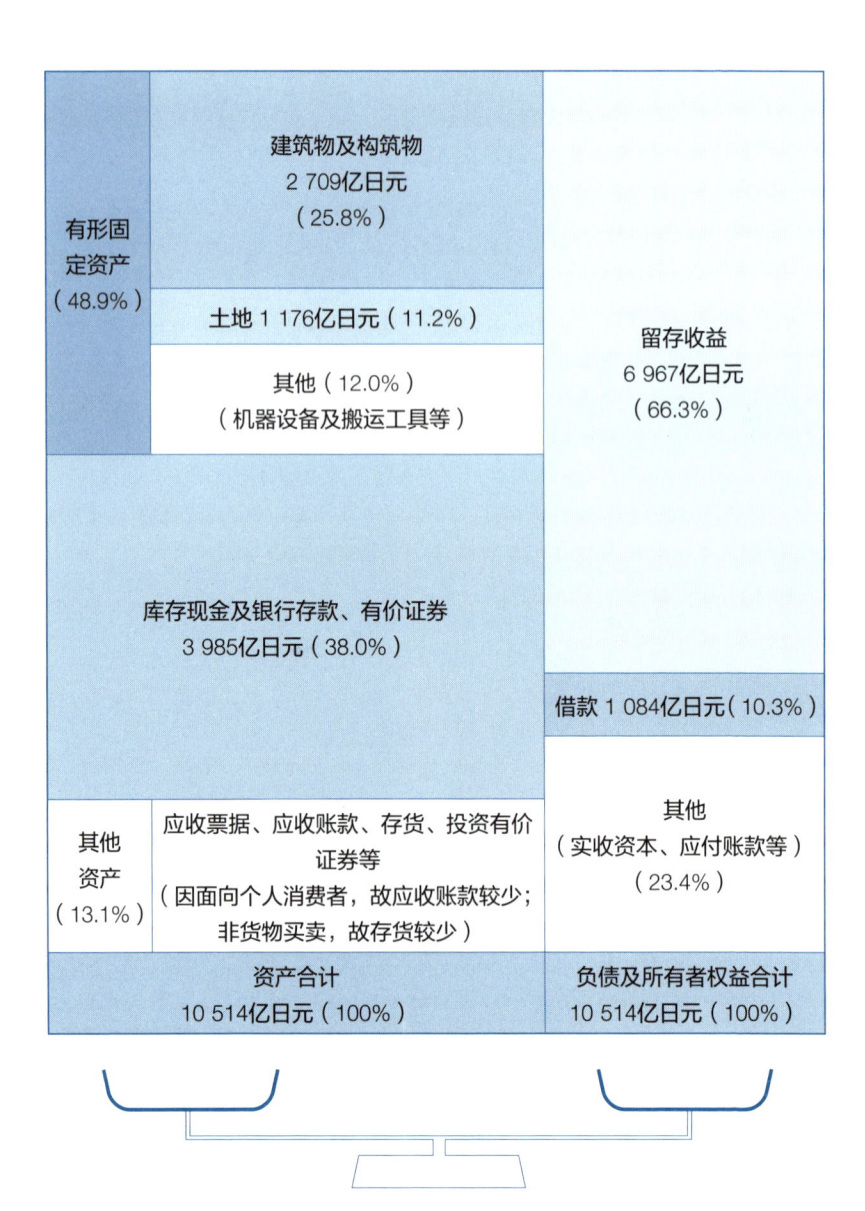

有形固定资产（48.9%）	建筑物及构筑物 2 709亿日元（25.8%）	留存收益 6 967亿日元（66.3%）
	土地 1 176亿日元（11.2%）	
	其他（12.0%）（机器设备及搬运工具等）	
	库存现金及银行存款、有价证券 3 985亿日元（38.0%）	
		借款 1 084亿日元（10.3%）
其他资产（13.1%）	应收票据、应收账款、存货、投资有价证券等（因面向个人消费者，故应收账款较少；非货物买卖，故存货较少）	其他（实收资本、应付账款等）（23.4%）
资产合计 10 514亿日元（100%）		负债及所有者权益合计 10 514亿日元（100%）

总览左右两侧，体会资产负债表如何实现平衡。

图4-1　东方乐园株式会社的资产负债表比例图
（截至2019年3月的会计年度）

从财务报表出发，提出假设并进行检验，通过这些步骤解读企业的经营环境，从而推测出企业的名字。各位读者掌握得怎样了呢？我在商学院教学和会计培训中经常用东方乐园株式会社做案例，让学生们推测企业名。它的财务报表应该能很好地促进各位读者的理解。

为了让我的3位学生的对话看起来更加流畅，我做了一些调整，但在实际的培训中，4个小组中大概率会有1个小组能最终猜出企业名。

掌握了用数值解读企业经营环境的方法后，看财务报表的着眼点就会不同，同时也能够从数值出发提出有关经营环境的假设。在能力更上一层楼后，应用方向也会更多，既能对顾客和战略伙伴的财务报表做出评价，也能在进行企业并购和开展新业务时推测出财务报表的变化。我在培训时还试过一天用10份财务报表来进行课堂互动，包括丰田的"从看目标企业财务报表到提出假设"和东方乐园株式会社的"从看未知企业财务报表到推理出该企业所在行业及企业名"。这种方式很像在玩游戏。在实践中我深深领会到一个道理，那就是边玩边学是最有效的学习方式。

小　结

- 企业的业务特征一般会在资产负债表的资产部分（左侧）体现出来。看资产负债表时，要记住3个基本法则：要有全局观、排好先后顺序、贯彻假设思维。

- 通过进行隐藏企业名推测企业业务的训练，我们可以培养自己根据数值解读经营环境的能力。掌握这种能力后，我们就知道应该关注财务报表的哪些内容，懂得如何从数值出发，提出有关经营环境的假设。在能力更上一层楼后，应用方向也会更多，既能对顾客和战略伙伴的财务报表做出评价，也能在进行企业并购和开展新业务时推测出财务报表的变化。

第二部分

战略思维能力

第五章

通过波特五力理解行业竞争环境

要点提示：做生意首先要考虑内部与外部的经营环境

商学院里，有些课程采用案例分析的方式进行授课。如果一节课有3个小时，课上最多只会花1个小时来讨论数值。准确来说，课堂上不会只让学生去做运算，也不会只让他们去确认数值的大小。因为实际做决策时很少，需要这种能力。会计信息是做决策时不可或缺的重要参考，但单纯的会计数值的运算与确认并不是目的。我一直见缝插针地强调，会计数值是企业活动的结果的体现。我们通过会计数值来反映已有的企业活动的结果，或是基于未来的企业活动的计划，对会计数值做出预测，绝不是先有数值，后有企业活动。因此，做生意首先应该考虑的不是会计数值，而是内部与外部的经营环境。简单来说就是要先进行定性分析，而非定量分析。本书将这种理解企业活动的定性分析能力称为"战略思维能力"。

竞争激烈的行业有哪些特征

买原同学是仲间同学的同事,她进入电机制造企业后一直负责原材料采购的工作,我们来问问她如何看待这个问题吧。在商学院里,师生之间,或者同学之间经常会对类似的问题展开集体讨论,奈何书籍的表现形式有限,我在此将这种集体讨论改为师生一对一谈话记录。

大　　津:竞争激烈的行业有什么共同点呢?这个问题有很多种答法,例如消耗战、红海……但我想问的是原因,即引发不同激烈竞争的共同要素究竟是什么? 〔同业竞争者的威胁〕

买原同学:因为企业数量很多吧。

大　　津:很多是多少呢?

买原同学:具体数目可不太好说。要是市场比较大的话,可以容纳下10家企业。要是市场在不断扩大,不管有多少家企业,大家都能乐得其成。就算只有10家企业,仔细一看就能发现每一家企业都有其独特之处……

大　　津:嗯,你的观点很好。也就是说,在供大于求,市场成熟或萎缩,产品同质化的行业中,竞争十分激烈。

买原同学:原来是这样。还有,如果一个行业不断有新的企业加入,恐怕该行业内企业的日子也不会好过。 〔新进入者的威胁〕

大　　津:是的,不断扩大的市场会吸引许多新企业,但一旦市场发展停滞,这些企业马上就会陷入消耗战。

买原同学:在消耗战中,企业与客户的力量对比关系是个很重要的因素。客户越强势,行业越容易陷入消耗战。 〔购买者的威胁〕

第二部分　战略思维能力

大　　津：客户什么时候会表现得比较强势？还是说，客户一直都很强势？

买原同学：简单来说，这取决于产品对客户的重要程度。重要程度低，客户就会要求降价，或投入业界其他企业的怀抱，又或者直接不购买。

大　　津：客户还有可能进军上游行业，亲自生产产品。例如便利店进军上游制造业，开发自有品牌的产品。反过来想，这个道理是不是也同样适用于供应商呢？ **供应商的威胁**

买原同学：也就是说，得看供应商生产的产品能给客户所处的行业带来多大的价值。如果供应商提供的产品是无可替代的，客户就无计可施，只能乖乖购买，由供应商导致的其客户所处行业的竞争就会很激烈。

大　　津：说起来，你会看漫画杂志吗？

买原同学：不看。为什么会突然提到漫画杂志呢？

大　　津：2000年以后，以漫画杂志《YOUNG SUNDAY》《Comic Buanch》以及《漫画SUNDAY》为首，大量的漫画杂志接连停刊，原因就是漫画杂志行业的竞争过于激烈。你可以用刚刚说的4个威胁来进行说明吗？

买原同学：这么多漫画杂志都决定停刊了，估计不会有新进入者。然后，也不是因为供应商的纸张费用和印刷费用上涨。此外，现存的杂志实在太多了，应该有企业在更早之前意识到这一点并停刊了。所以，最终还是要从顾客的角度入手。

大　　津：是的。如果我告诉你是因为顾客减少了看漫画的时间，那你觉得他们空闲时在做什么？闲钱又花在了哪里？

买原同学：是在玩手机吧。以前坐电车时大家都会看看漫画，但是现在大家都在玩手机。不过也有人在手机上看漫画，哈哈。

大　　津：是啊，这就是第五个威胁——来自替代品的威胁。对于顾客来说，看漫画不过是打发时间的方式之一。也就是说，它只是娱乐方式的一种。客户会更乐意将时间和金钱花在那些比漫画更有价值的替代品上。 **替代品的威胁**

买原同学：从这一点来说，企业不能把自己视作"漫画杂志行业"，而应当把自己放在更广阔的娱乐行业中，并思考什么样的漫画杂志才能比手机更有趣。

大　　津：是的。在思考这5个威胁时，最重要的是要搞清楚自己所在的行业究竟该如何定义。不能局限于漫画杂志这一个商品类别，而要将眼光放在娱乐方式这一更大的功能类别上，否则，就会被意想不到的替代品打个措手不及。

制定"屡战屡胜之策"

所谓战略，简单来说就是"屡战屡胜之策"。在竞争激烈的当下，无论在哪个行业，都能听到这些说法："受少子老龄化影响，国内市场饱和""供给过剩导致竞争激烈""客户偏好由单一走向多样""产品生命周期缩短""外资进入导致竞争加剧""到发展中的海外市场寻求出路"……竞争环境变化如此之大，企业要如何才能做到屡战屡胜呢？

企业应当下功夫拟定取胜之道，并与时俱进地做出灵活的调整。产品生命周期缩短意味着战略调整周期也在缩短。客户的需求随时代而变。客户需求一旦变化，企业取胜的条件也会发生改变，制胜之策自然也需要做出调整。

制定"屡战屡胜之策"，首先要把握行业的竞争环境。因为思考的是自己企业的战略，所以思路总是会不自觉地回到自己企业身上。然而，我们必须了解企业所在行业的特点、所处的竞争环境、可供选择的战略类型，才能制定出正确的"制胜之策"。在制定"屡战屡胜之策"时，必须考虑到竞争环境中所有可能发生变化的因素，包括竞争对手、社会环境、技术革新、行业新成员等。

需要事先考虑的5个因素

接下来我将详细介绍这5个因素。在对企业所在的行业进行分析时，我们往往容易围着自己所在的企业与其他竞争对手的强弱比较打转。 `同业竞争者的威胁`

万一大企业或外资企业带着雄厚的资本和强大的品牌加入呢？若仅针对自己所在的企业和现有的竞争对手进行分析，一旦行业内有新成员突然加入，企业就会陷于被动的应对之中。需要提防的不只有大型企业，初创企业少有条条框框的束缚，也能够凭借轻量化运营的独特商业模式迅速进军行业。 `新进入者的威胁`

还有一种情况是，我们在分析行业时考虑了新进入者的影响，却不承想技术革新带来了新产品，功能与自己所在的企业的产品相同，但价格更加低廉。如果事先没有考虑到来自替代品的威胁，自己所在的企业的产品有可能会风评骤降，毫无招架之力。 `替代品的威胁`

又或者，我们分析行业时对同业竞争者、新进入者以及替代品都进行了考察，不承想几家原材料供应商（供方制造商）突然合并，议价能力顺势上升。没有新进入的企业，也没有出现替代品，表面上业界风平浪静，实际上供应成本快速飙升，企业利润持续下滑。这种情况下，行业可能会加速"合纵连横"。 `供应商的威胁`

最后，对同业竞争者、新进入者、替代品、供应商这些因素进行了充分的分析后，不要忘了给企业带来收入与利润的终究是客户（购买者）。如果购买者力量膨胀，剥夺了企业的定价支配权，就算货品再畅销，利润也是寥寥无几。 `购买者的威胁`

因此，企业要了解哪些因素会影响企业和购买者的力量对比关系，尽早做好周全准备。

在分析行业竞争环境时，至少要仔细研究这5个威胁。也就是说，要想制定"屡战屡胜之策"，就要深入考察这5个威胁因素。这就是哈佛大学教授迈克尔·波特（Michael Porter）所提出的波特五力模型（Porter's Five Force）（见图5-1）。

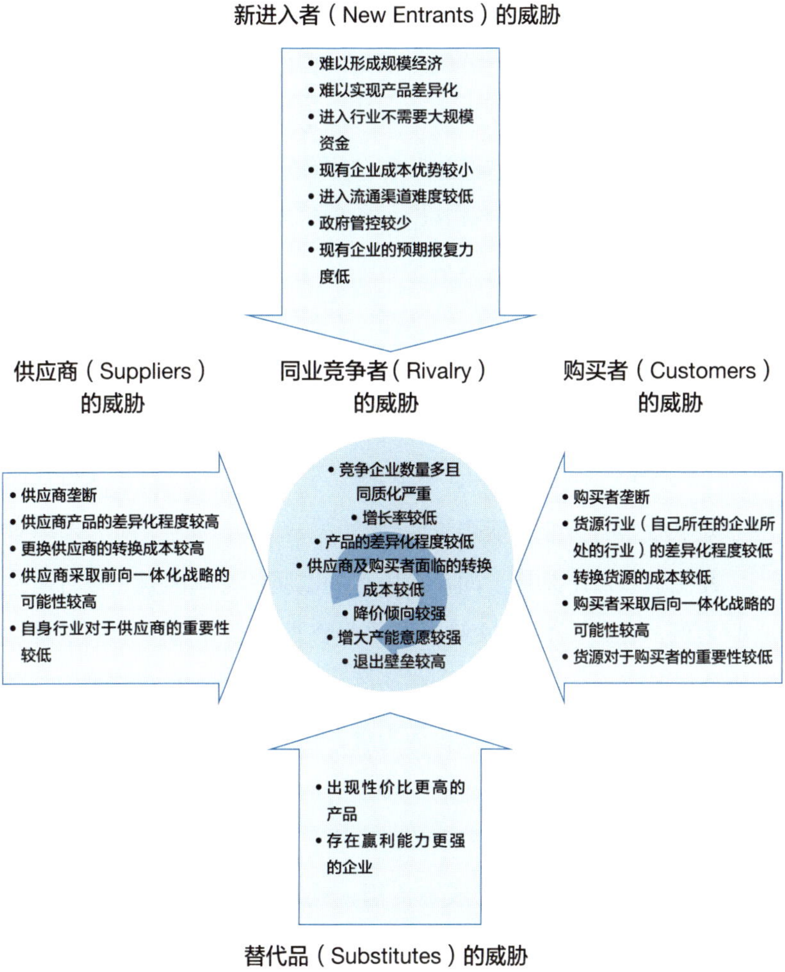

新进入者（New Entrants）的威胁
- 难以形成规模经济
- 难以实现产品差异化
- 进入行业不需要大规模资金
- 现有企业成本优势较小
- 进入流通渠道难度较低
- 政府管控较少
- 现有企业的预期报复力度低

供应商（Suppliers）的威胁
- 供应商垄断
- 供应商产品的差异化程度较高
- 更换供应商的转换成本较高
- 供应商采取前向一体化战略的可能性较高
- 自身行业对于供应商的重要性较低

同业竞争者（Rivalry）的威胁
- 竞争企业数量多且同质化严重
- 增长率较低
- 产品的差异化程度较低
- 供应商及购买者面临的转换成本较低
- 降价倾向较强
- 增大产能意愿较强
- 退出壁垒较高

购买者（Customers）的威胁
- 购买者垄断
- 货源行业（自己所在的企业所处的行业）的差异化程度较低
- 转换货源的成本较低
- 购买者采取后向一体化战略的可能性较高
- 货源对于购买者的重要性较低

替代品（Substitutes）的威胁
- 出现性价比更高的产品
- 存在赢利能力更强的企业

图5-1　波特五力模型

波特五力模型包含5种威胁，每种威胁又受到各种因素的影响。在梳理各种威胁的影响因素的同时，也要思考它们分别会对会计数值产生什么影响。

行业形态大致可分为制造业、批发零售业、服务业这3种类别，本章所说的"产品"指的是制造业的产品。无论是零售业销售"商品"，服务业提供"服务"，还是制造业生产与销售"产品"，在运用波特五力模型进行分析时都是一样的。本章统一用"产品"进行分析，各位读者朋友在阅读时可以根据自己所处的行业的形态类别，自行将其替换成"商品"和"服务"进行理解。本节对五力进行了整体介绍。从下一节开始，我们将实际运用这五力来对国际竞争激烈的钢铁行业进行分析。

同业竞争者的威胁

竞争激烈的行业会使购买者受益。

我在本节末尾总结了同业竞争者的威胁的影响因素（以日本造船业为例，见表5-1）。这些因素将最终导致企业销售价格下降。销售价格下降后，毛利率也会随之降低，这将体现在利润表中。激烈的竞争下，企业还会加大投入力度，例如扩大促销活动，导致销售费用占比和管理费用占比进一步上升。此外，激烈的竞争还会让企业失去销售机会，积压不良库存，工厂也无法提升设备运转率，进而无法减轻机器设备的成本负担，这些则会体现在资产负债报表中。

表5-1 日本造船业波特五力模型分析（同业竞争者的威胁）

同业竞争者的威胁 威胁增加的原因	概要
竞争企业数量多且同质化严重	业内规模与水平类似的企业越多，业内竞争就越激烈
增长率较低	行业增长率较低时，如果有企业想要扩大规模，很可能采取降价的方式来吞食其他企业的市场份额
产品的差异化程度较低	产品的差异化程度较低将诱发价格竞争
供应商及购买者面临的转换成本较低	购买者或供应商面临着较低的转换成本（更换交易方时产生的有形或无形的成本）时，会以价格为主要依据选择交易对象。这将导致企业支付给供货商的进货价格上涨，又或者需要顾客支付的售价下跌，业内竞争进一步加剧
降价倾向较强	在固定成本较高的行业，企业为了提高设备运转率，回收固定费用，容易采取降价策略。同样的，在产品容易磨损的行业，企业也倾向于通过降价来避免产品报废。如果整个行业都只顾利润，持续降价，竞争只会越发激烈
增大产能意愿较强	外部环境鼓励企业大规模提高产能时，业内很容易出现供需失衡，导致产能过剩，产品价格降低，竞争越发激烈
退出壁垒较高	企业的业务受政府管控程度或公共性较高时，即使是笔亏本买卖，企业也得做下去，不能轻易抽身离开，即退出壁垒较高。并且，资产的特殊性与聘用限制等也会抬高退出壁垒。企业为了持续经营，情愿做亏本买卖，这样的情况越普遍，业内越容易产生消耗战，导致利润率下滑

造船业可以说是业内竞争激烈的代表行业之一。造船企业从接受订单到完成订单需要一定的时间，在这一过程中可能会产生预期之外的追加费用。企业还要承担原材料价格与汇率等不确定因素变动的风险，往往难以实现预期的利润。除此之外，造船业的顾客多是国际客户，因此订单竞争也是"国际化"的。如果我们去关注业内企业的竞争情况，就会发现造船企业有时会接受带有政府背景的低价招标与订单。换句话说，造船企业就算是接受委托制造新船，也不一定能赢利。因此，哪怕是上市企业，也有可能在计算毛利润的阶段就出现赤字。实际上，对于部分上市的造船企业而言，赤字早已见怪不怪。

为了回收花在船坞和员工身上的巨额固定费用，也为了维持技术水平，即使制造新船是笔亏本买卖，企业也会继续做下去，因为之后通过承包船舶的定期维修保养业务，多少能获得些利润。这正是日本造船业所面临的严峻情况。

新进入者的威胁

新进入者的增加并不会马上对利润率造成直接的消极影响，反而侧面印证了一个行业具有很大的发展潜力与造富能力。新进入者的增加虽然会使同业竞争者增加，但也将倒逼行业内的现有企业努力成长，站在行业整体的角度上看，还能促进市场的培育与发展。

但是，新进入者的数量超过市场规模和发展空间所能容纳的水平后，行业内竞争环境就会逐渐恶化。过度竞争使得产品供大于求，客户会倾向于依据价格来进行选择，从而使得价格战愈演愈烈。销售价格下降后，毛利率也会随之降低，这将体现在利润表中。激烈的竞争下，企业还会加大销售和管理方面的投入力度，例如扩大促销活动，导致销售费用占比和管理费用占比进一步上升。此外，激烈的竞争还会让企业失去销售机会，积压不良存货，工厂也无法提升设备运转率，进而无法减轻机器设备的成本负担，这些则会体现在资产负债表中。

服装零售业正是不断有新进入者涌入的代表行业之一。传统上，零售业根据价格、品牌、质量大致划分为奢侈品专卖店、百货商店、综合购物广场、超市、区域密集型的夫妻店等。无论是哪个类别，只要是行业领头羊就可能创造出一定的利润。但是，讯销公司（日本零售控股公司）、飒拉（ZARA）等却曾异军突起，他们提供的服装不仅价格低廉，同时产品质量好，也有一定的品牌影响力，这些制造零售业企业曾是十分强势的新进入者。当然，永旺、啦啦宝都（LaLaPort，日本超级商场）等服装零售品牌较为集中的大型商业中心与奥特莱斯的扩张带来的影响也不可忽视，这也是促使竞争愈发激烈的因素之一。除此之外，以赞族（ZOZO，日本时尚购物网站）为代表的服装电商和以摩卡立（Mercari，日本二手交易网站）为代表的C2C（Consumer to Customer，指个人与个人之间的电子商务）企业也可以视为服装零售业的新进入者。这一切都预示着物美价廉时代的到来。

日本国内的服装零售市场已经成熟，从业者数量众多，价格竞争避无可避。其实这是暴发新冠病毒疫情之前就存在的问题，但减少外出就意味着可以不用有太多外出穿的衣服，这种趋势如果长期持续下去，对服装零售业无疑是雪上加霜。

服装零售企业的代表性的差异化要素是质量、设计、价格、品牌，在现今环境下，企业不仅需要在这些差异化要素上下功夫，还要在追加新店和撤退部分旧店之间权衡利弊，还要决定是否采取电商销售策略。至于摩卡立这样的C2C企业，我们或许可以将其看作推动自己所在的企业的品牌发展的合作伙伴，而非竞争对手。新进入者的到来使得行业竞争更加激烈，在这样的行业中存活下去不可谓不艰难。但若能认识到这是一个产生新商业模式的绝好机会，前路便有不同的风景。

表5-2总结了新进入者的威胁的影响因素（以日本零售业为例）。

表5-2 日本零售业波特五力模型分析（新进入者的威胁）

新进入者的威胁 威胁增加的原因	概要
难以形成规模经济	所谓规模经济，指的是随着企业规模扩大，每单位产品负担的固定成本降低，进而使得利润率升高。规模经济优势越大，新进入者与行业内现有企业之间的竞争地位就越难对等，因此新进入者的威胁将越小。反过来说，规模经济优势越小，新进入者的威胁就越大。除制造部门外，研发、物流、市场营销、销售、辅助部门等都可能实现规模经济
难以实现产品差异化	行业内现有企业的产品质量与品牌差异化程度越高，新进入者就会认为此时进入行业将难以吸引客户，从而对进入行业持观望态度。反过来说，行业内现有企业的产品差异化程度越低，新进入者就会认为此时进入行业更能够与现有企业站在同一起跑线进行竞争，新进入者的威胁就会增强

续表

新进入者的威胁 威胁增加的原因	概要
进入行业不需要大规模资金	在新加入一个行业时可能需要投入巨额的资金，例如机器设备投资、准备阶段投资、产品研发支出、客户授信和存货维持支出、刚刚开始发展业务时产生的损失等，这种情况下，其他企业进入行业的意愿将会降低。反过来说，如果新进入一个行业时不需要投入大量的资金，那么小规模的企业也能没有什么负担地进入行业
现有企业成本优势（指规模经济以外的优势）较小	成本优势包括经验曲线效应（多年的业务经验带来的成本削减）、独有技术、获取高质量原材料的渠道、涨价前购置的资产、政府补贴、地理优势、专利等。行业内现有企业拥有以上成本优势，就意味着行业壁垒较高，此时新进入者的威胁就会较低。反过来说，如果现有企业尚未拥有上述优势，那么新企业进入的门槛就将降低
进入流通渠道难度较低	如果流通渠道有限或者行业内现有企业对流通渠道把控较为严格，那么新进入者将难以确保销售路径，新进入者的威胁就将较低。反过来说，如果新进入者能够轻易进入流通渠道，那么新进入者的威胁就将较高
政府管控较少	如果政府限制或者禁止新企业进入特定行业，那么进入该行业本身就是一件非常困难的事。反过来说，如果这种限制较少，那么新进入者的威胁就会较高
现有企业的预期报复力度低	如果现有企业很可能通过降价与限制流通渠道等方式对新进入者进行反击，那么企业进入该行业的意愿较低。反过来说，如果预计现有企业不会采取上述报复措施，那么新进入行业的壁垒较低，新进入者的威胁较高

替代品的威胁

柯尼卡美能达投资有限公司（Konica Minolta Holdings，Inc.）由柯尼卡公司与美能达公司两家企业合并组成。柯尼卡公司与美能达公司的起家业务是胶卷与相机。2003年，柯尼卡与美能达合并。2006年，柯尼卡美能达投资有限公司宣布停止相机和影像业务。

奥林巴斯公司（Olympus Corporation）以显微镜业务起家，在企业成立后又进军相机行业，并很快将其发展为企业的主要业务。但在2020年，奥林巴斯公司却宣布将退出相机行业。时代变迁，传统胶片相机早已被数码相机所替代。在这一过程中，奥林巴斯公司没能对数码相机的发展空间与竞争力做出正确的判断，也没能妥善应对索尼有限公司、松下电器有限公司等当时的新进入者带来的生产与技术上的冲击。

在思考替代品这一因素时，企业所处行业的定义变得尤其重要。如果将其定义为"胶片相机与胶片相片行业"，对数码相机这一运用了全新技术的替代品就会掉以轻心，疏于应对。因为对于"胶片相机与胶片相片行业"来说，数码相机这类产品属于其他领域，不会对行业内的产品形成直接的竞争。越是成功的企业就越容易掉进这样的陷阱之中。索尼有限公司推出平面显像管电视机大获成功，但没赶上液晶电视的潮流；朝日啤酒株式会社推出爆款朝日超爽快（Asahi Super Dry）啤酒，但在发泡酒的开发上慢人一步。几乎所有行业都如出一辙。

如果将自己所在的企业所处的行业定义为"满足人们希望用媒介记录宝贵瞬间的需求的行业"，而非"胶片相机与胶片相片行业"，又会是怎样一番情形呢？这时我们将不再局限于胶片相机，而是能够将眼光放在更广阔的领域，去把握行业内发生的变化，准确地采取必要的行动。

讯销公司董事长柳井正是一位用功能而非产品或服务来定义企业业务的企业家，以下是他在《一天放下成功》书中的话：

> "我的想法与其他服装零售业从业者的最大不同就在于，我认为机会并不在现在这个行业之中。业内人士的思维往往局限于一个有限的市场，认为既然对服装的需求是一定的，那么只要考虑如何在这个有限的行业内进行竞争就好。提到服装的竞品，他们只能想到服装。这样一来就只能在一个狭小的市场里瓜分同一块蛋糕。我的看法与他们不同。如果我将手机当作服装的竞品，那么我就会去思考究竟什么样的服装才能比手机更加有魅力。我与他们的不同就在于我能看到一个更加广阔的市场。"

读者朋友们怎么想呢？我们消费者总是说："这个月在手机游戏上花了太多钱，就不买衣服了吧。""有件想买的衣服，所以这个月在手机上可得省着点花钱。"我们有这种想法是稀松平常的，所以各个企业有必要去思考"我司比手机还要有魅力的产品究竟是什么？"

这也说明在思考替代品这一因素时，用功能而非产品和服务来定义自己所在的企业所处的行业是十分重要的。

如果无法让消费者认识到产品功能的优势，那么在替代品出现时，就只能降低产品价格，提高消费者眼中的性价比。销售价格下降后，毛利率也会随之降低，这将体现在利润表中。激烈的竞争下，企业还会加大对销售和管理的投入力度，例如扩大促销活动，导致销售用占比和管理费用占比进一步上升。此外，激烈的竞争还会让企业失去销售机会，积压不良存货，工厂也无法提升设备运转率，进而无法减轻机器设备的成本负担，这些则会体现在资产负债报表中。

在数码相机与胶片相机的例子中，后者已经几乎被前者所取代，前者已经不能算是一个单纯的"替代品"了。如果旧的产品将完全消失，让其消失的产品称得上是"取代品"。这时可就不只是利润或利润率减少的问题了。企业退出旧产品的行业后，不仅会失去营业收入与利润，还将承担巨额的裁员费。如果下一个主力产品尚未发展成熟，企业还有可能破产。2012年1月申请破产保护的美国柯达公司可以说是一个典型例子。柯达公司与银盐胶卷一同走向灭亡，在2013年重组。

表5-3总结了替代品的威胁的影响因素（以日本相机行业为例）。

表5-3　日本相机行业波特五力模型分析（替代品的威胁）

替代品的威胁 威胁增加的原因	概要
出现性价比更高的产品	能够以更低廉的价格和更便利的方式提供具有相同或相近功能（顾客眼中性价比较高）的替代品，不但会导致已有产品价格暴跌，还可能导致已有产品走向灭亡
存在赢利能力更强的企业	赢利能力较强的企业（行业）很可能会以低廉的价格向消费者提供具有类似功能的产品，或者投入经费提高产品性能，并以同样的价格进行销售。这些企业（行业）或许无法保证眼下的业务利润，但其整体赢利能力足以承受这部分损失

供应商的威胁

本节的内容围绕制造业的主要供应商展开，即原材料供应企业。根据需要，也考察了企业与其他供应商的关系，包括承接制造委托的外部厂商、提供工厂所需机器设备的制造商等。只是，不管是哪个供应商，威胁的决定因素都相差无几。

我在本节末尾总结了供应商的威胁的影响因素（以日本批发业为例，见表5-4），这些影响因素越强烈，供应商在谈条件时的主导权就越大。对于买卖双方而言，价格不是全部，但掌握主导权的一方必定会在价格谈判中有所动作。采购成本增加将导致制造成本增加，毛利率也将随之下降。

同样的，我们也应当考察一下影响销售管理费用的供应商，例如与广告费用挂钩的媒体与广告企业，与运输费用挂钩的物流企业等，这些都自有其重要性。来自上述类型的供应商的威胁越大，销售管理费用就越高，销售管理费用占营业收入的比例也就越高。

我们就以批发业为例，研究买卖双方的力量对比关系吧。批发商介于医药品、日用杂货、化妆品等制造厂商（批发商购买商品的对象，即供应商）与药妆店、超市等零售商店（批发商销售商品的对象，即购买者）之间，且批发业内企业正在加速统合。麦迪普控股公司（Medipal）为日本批发业的大企业，旗下企业包括麦迪西（Mediceo，日本药品批发商）、百陆达（PALTAC，日本药品批发商）等，业务涵盖医药品、化妆品、日用杂货等多个领域。在截至2020年3月的会计年度，该企业营业收入超过32 000亿日元，仅从营业收入来看，其规模就已经远超其他日本医药品、日用品制造商。

日本国内的医药品行业成熟已久，而日用杂货和化妆品市场则受少子老龄化影响，发展后劲不足。在如此严峻的形势下，供应商（即制造厂商）非常重视削减成本。这促使他们开始考虑通过跳过批发商，直接与零售商进行交易，来削减中间成本。制造商有了这个筹码，与批发商谈判就轻松得多了，而谈判的主要内容就是价格。批发商也不得不采取相应的应对措施，例如提供顾客动向信息或进行相关的提案，进一步削减物流成本等。另外，批发商也可以扩大企业规模或增加商品种类，从而强化成本削减的效果，提高应对价格变动的能力。这样一来，制造商的交易对象范围缩小，批发商也就能够维持价格谈判能力。

表5-4　日本批发业波特五力模型分析（供应商的威胁）

供应商的威胁 威胁增加的原因	概要
供应商垄断	供应商行业的垄断程度高于本行业时，供应商将掌握制订价格等条件的主导权，最终使得原材料等供应成本高涨，利润空间遭到挤压
供应商产品的差异化程度较高	供应商产品的差异化程度较高时，只要这个产品对购买者行业而言是必需品，购买者就不得不从这个供应商处购买。这将导致购买者行业无法以价格为基准选择供应商，从而使供应成本增加，利润减少
更换供应商的转换成本较高	如果因供应商的产品规格与企业所求一致导致难以更换其他产品，或者由于地理原因难以更换供应商，那么供应商的谈判能力将进一步加强，威胁也将变大
供应商采取前向一体化战略的可能性较高	如果供应商拥有采取前向一体化战略吞食本行业的动机和实力，那么本行业就很难采取会过度刺激供应商的行动。这最终会使供应商主导权加强，威胁变大

续表

供应商的威胁 威胁增加的原因	概要
自身行业对供应商的重要性较低	如果对供应商而言，某企业及某行业不是重要购买者，那么价格谈判中，供应商的态度很可能会十分强硬。这样一来，本行业的赢利能力很可能遭到打压

购买者的威胁

上一节介绍了供应商会形成威胁的原因，购买者恰好与其相反。购买者形成威胁的原因有很多，威胁越大，谈判主导权就越容易被购买者掌握。对于买卖双方而言，价格不是全部，但掌握主导权的一方必定会在价格谈判中有所动作。销售价格下降后，毛利率也会随之降低，这将体现在利润表中。激烈的竞争下，企业还会加大销售和管理方面投入的力度，例如扩大促销活动，导致销售费用占比和管理费用占比进一步上升。此外，激烈的竞争还会让企业失去销售机会，积压不良存货，工厂也无法提升设备运转率，进而无法减轻机器设备的成本负担，这些则会体现在资产负债报表中。

制造商很少直接向终端用户销售产品，它通过批发商、零售商、销售代理等销售自己的产品（见图5-2）。除终端用户外，销售渠道中的企业也是一个重要的购买者，因此必须对其进行考察。一个行业的销售渠道越强大，就越需要投入高额的促销费用。这样一来，销售费用占比和管理费用占比也将上升。

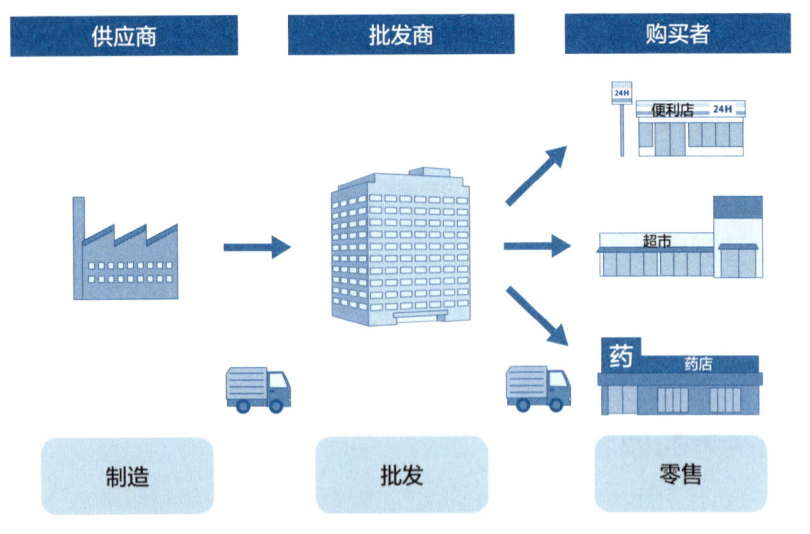

图5-2　批发业的供应商与购买者

如今，药妆店与超市等主要的购买者规模正在不断扩大。在这种情况下，如果批发业不扩大规模，确保自己能够保持一定的体量，那么提供的产品功能与价格将很难满足购买者的期待。如果是小微批发商，那么除了制造商之外，在谈判时甚至还要考虑到零售商的弱点。

在日本，除了医药品，药妆店同时也是日用杂货与化妆品、食品等的主要销售渠道。如果批发商能从多家制造商处综合采购这些商品，并将其统一供给买主零售商，那么对于零售商来说，这样的批发商将十分具有吸引力。因为这样能够提高零售商的业务效率，降低物流成本。

最后，让我们来看看医药品、日用杂货、化妆品等的制造商（批发商购买商品的对象，即供应商）与药妆店、超市等零售店（批发商销售商品的对象，即购买者）的"中间人"，即批发商的财务报表吧。在截至2020年3月的会计年度，食品批发业的龙头企业三菱食品公司的合并营业收入为26 500亿日元。面对成熟的日本国内市场，三菱食品更追求规模效益，因此在2011年宣布将旗下的菱食公司、明治屋公司、三艾斯（SAN-ESU）、食品服务网公司（Food Service Network）等公司合并为三菱食品公司，其也是三菱商事有限公司的子公司。然而三菱食品公司身处批发业，在截至2020年3月的会计年度，毛利率仅为6.7%，经常性利润率仅有0.6%，从利润表来看，可以说是薄利多销。但从资产负债表来看则是另一番景象。应收票据与应收账款总计3 175亿日元，存货总计653亿日元，二者合计3 828亿日元。但应付票据与应付账款的数额却更大，总计4 067亿日元。这说明，加上未变现的存货，在应收账款（即客户应支付但尚未支付的账款）转化为资金之前，三菱食品公司仍未向供应商偿还应付账款。也就是说，"从客户那里收到货款之前不向供应商支付货款"。这可以说是一种好的资金周转模式。这样一来，三菱食品公司这个合并营业收入达26 500亿日元的庞大企业虽然利润微薄，经常性利润率仅有0.6%，却依旧基本实现了无负债经营（见图5-3）。

应收票据与应收账款 3 175亿日元 ＋ 存货 653亿日元 ＜ 应付票据与应付账款 4 067亿日元

"从客户那里收到货款之前不向供应商支付货款"

↓

实现无负债经营

图5-3 三菱食品公司的负周转资金模式

如果仅关注利润表，三菱食品公司看上去就是个利润微薄的批发企业，但分析资产负债表就会发现，三菱食品公司把握好了五力当中的两力，也就是把握好了供应商和购买者之间的平衡，能够高效周转资金，是一家投资效率极高的企业。三菱食品公司为供应商和购买者提供了具有吸引力的价值，从而实现了无负债经营，创造了极高的投资效率。

表5-5总结了购买者的威胁的影响因素（以日本批发业为例）。

表5-5　日本批发业波特五力模型分析（购买者的威胁）

购买者的威胁 威胁增加的原因	概要
购买者垄断	购买者行业的垄断程度比本行业高时，购买者将掌握制订价格等条件的主导权。最终将使销售价格下跌，利润空间遭到挤压
货源行业的差异化程度较低	供货方的差异化程度较低时，购买者会以价格为依据选择供货方。这将使得销售价格降低，企业利润减少
转换货源的成本较低	如果更换供货方也不会产生什么转换成本，那么购买者的谈判能力就会加强，购买者威胁也将变大
购买者采取后向一体化战略的可能性较高	如果购买者拥有采取后向一体化战略吞食自己企业所在行业的动机和实力，那么本行业就很难采取会过度刺激购买者的行动。这最终会使购买者主导权加强，威胁变大
货源对于购买者的重要性较低	如果供应商或者供应商所在的行业对于购买者的重要性并不高，那么购买者很可能在价格谈判中采取十分强硬的态度。这样一来，本行业的赢利能力很可能遭到打压

在第六章中，我将以钢铁行业为例，用波特五力模型对其进行详细的分析。我们要在准确把握钢铁行业的结构与变化的基础上，了解实际的会计数值。

小　结

- 做生意首先应该考虑的不是会计数值，而是内部与外部的经营环境。
- 所谓战略，指的是"屡战屡胜之策"。客户的需求随时代而变，客户需求一旦变化，企业取胜的条件也会发生改变，"制胜之策"自然也需要做出调整。
- 制定"屡战屡胜之策"，首先要把握行业的竞争环境。我们必须要了解所在行业的特点、企业所处的竞争环境、可供选择的战略类型，才能制定出正确的"制胜之策"。
- 要想制定"屡战屡胜之策"，就要深入考察五个可能的威胁（新进入者的威胁、同业竞争者的威胁、替代品的威胁、供应商的威胁、购买者的威胁）。这就是哈佛大学教授迈克尔·波特所提出的波特五力模型。

第六章

用波特五力把握行业竞争环境并解读会计数值

背景提要：两家大企业的合并

  2012年10月，两个日本钢铁行业巨头，新日本制铁公司与住友金属工业株式会社（以下简称"住金"）合并为新日铁住金株式会社（2019年4月更名为日本制铁株式会社，以下简称"日本制铁"）。2008年秋天，金融危机席卷全球。在此之前，日本的钢铁行业营业利润率维持在10%以上，业绩喜人。在日本，不同于电机行业，钢铁行业进行过多次企业重组，产业集中程度较高。这样的一个行业里的两家大企业，为什么要进行合并呢？

  这个问题与行业本身息息相关。在思考这个问题时，我们往往倾向于分别从日本制铁和住金入手进行分析。但是企业选择合并，其实很大程度上受行业特点与行业结构变化的影响。因此，我们要在充分把握行业整体结构的基础上去思考两家业内大企业进行合并的原因，而不是一上来就分别针对两家企业进行个别的分析。

这时我们在第五章中所学的波特五力模型就派上用场了。接下来我将对影响行业的五个因素进行全方位的考察，并结合考察结果来阐述两家业内大企业进行合并的原因。在对五个因素进行分析之前，我们先来看一下行业数值的整体变化趋势。

之所以本章使用钢铁行业作为例子，是因为该行业竞争激烈，读者能借此更好地理解波特五力。也希望各位在阅读的同时思考一个问题，即如果换作你所在的行业，你该怎么去分析这五个因素。

钢铁行业的波特五力分析——利润率持续下滑以及大规模合并的原因

图6-1为日本国内18家制造业企业的营业利润率变化图（来源：日经财务信息）。3个会计年度分别为金融危机前（2007年度）、金融危机时（2008年度）、金融危机后（2011年度）。结合图6-1可知，制造业的营业利润率整体走向一致，2008年度为低谷期，2011年度开始逐渐恢复。但钢铁行业和医疗用品行业是例外。医药行业内的新药开发商因专利到期，利润水平大幅下滑，从而影响了行业的营业利润率走向。

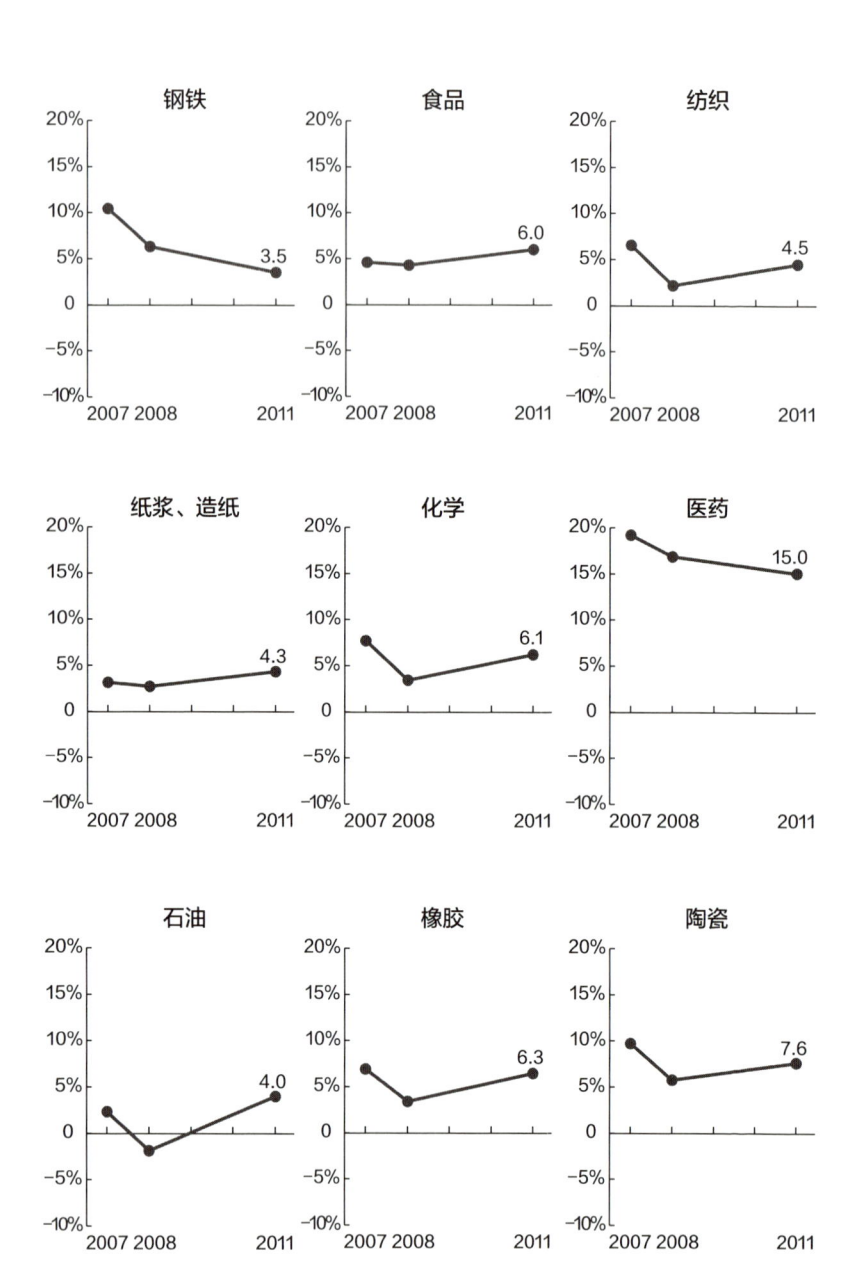

钢铁	食品	纺织
2007→2008→2011: 最终 3.5	最终 6.0	最终 4.5

纸浆、造纸	化学	医药
最终 4.3	最终 6.1	最终 15.0

石油	橡胶	陶瓷
最终 4.0	最终 6.3	最终 7.6

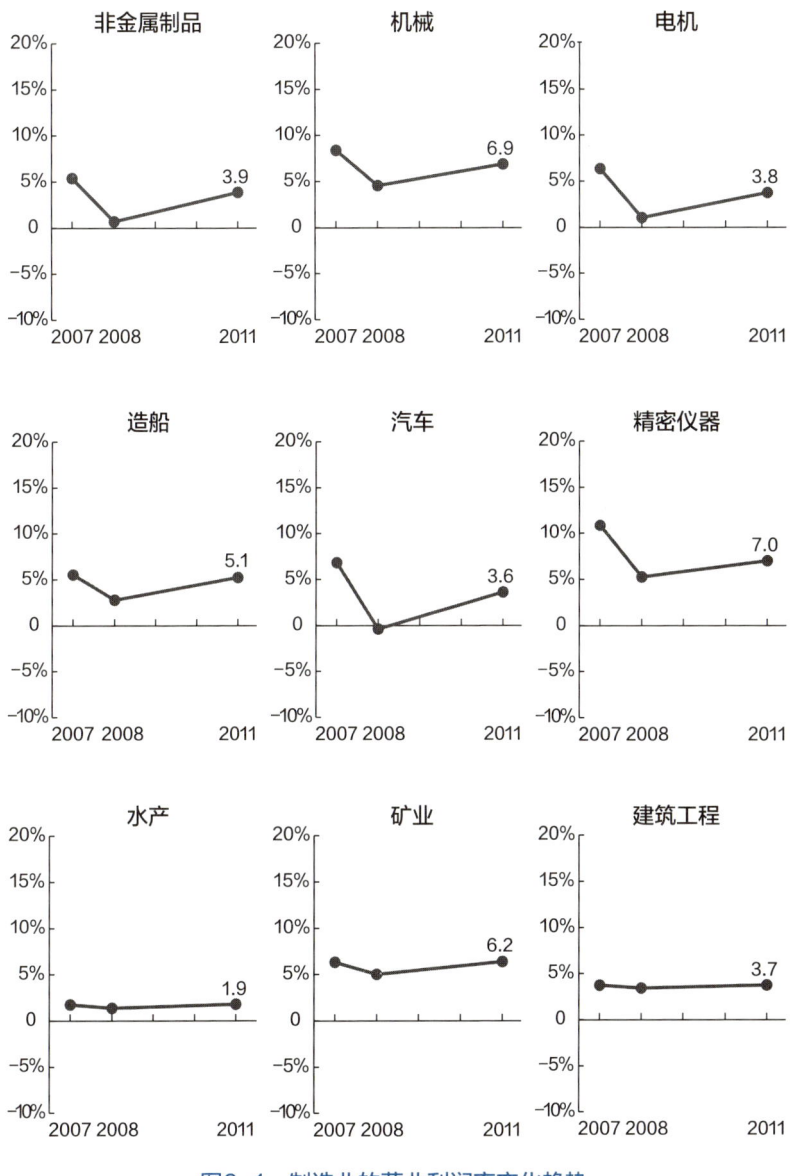

图6-1 制造业的营业利润率变化趋势
（横轴为财政年度，纵轴为营业利润率）

结合图6-2可知，日本全国粗钢产量（粗钢是钢铁制品的基础材料）在9 000万～12 000万吨范围内出现周期性的大幅度波动，这是史无前例的。2007年金融危机爆发前夕，粗钢产量达到最高的12 200万吨。2008年金融危机爆发时，这一数值直接降低了20%。生产量与销售量突然减少了20%，即使不是在钢铁行业的企业也会受到牵连，陷入赤字状态。

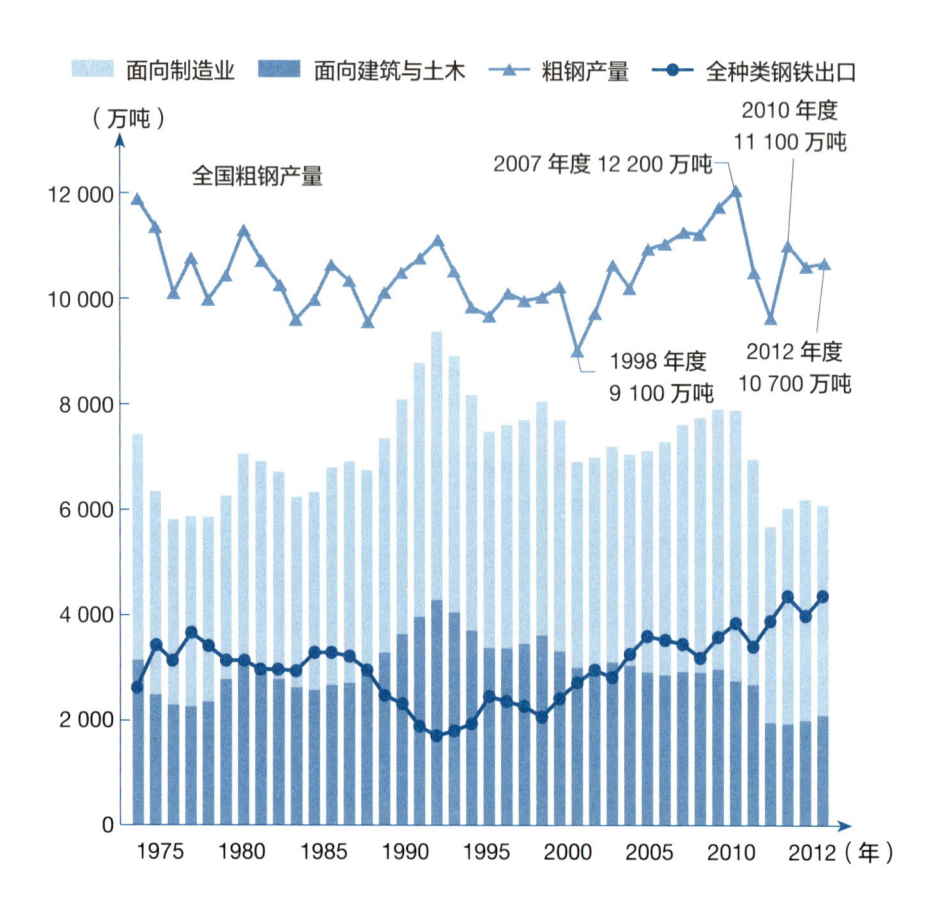

图6-2 日本全国粗钢产量与国内钢材消费变化
（来源：日本制铁2012年度结算说明会）

让人感到好奇的是，2010年粗钢产量已经恢复到了1.1亿吨，但在2011年又再次下跌，之后也没有明显的恢复迹象，产量十分低迷。受到2011年东日本大地震的影响是在所难免的，但在同一时期，大头客户汽车行业的业绩正持续好转，如此低迷的钢铁产量多少有点说不通。制造业、建筑与土木业的钢材消费走向也比较低迷，出口则逐步增长。

金融危机过后，经济逐渐复苏，2011年度制造业整体的利润率也有所改善。然而，钢铁行业的利润率却仍然持续走低。这是为什么呢？ "WHY？" 明明汽车销量和住宅工程施工数量在不断增加，面向制造业和建筑与土木业的粗钢产量却没有明显的增长，这又是为什么呢？ "WHY？" 在这样的形势下，钢铁行业的各个企业又是如何打破现状的呢？ "SO WHAT？"

日本国内两大巨头的业绩走向

接下来我们来分析一下个别企业的动向。日本国内的两大巨头日本制铁公司（截至2012年3月为止的会计年度及之前的数据为新日本制铁公司的结算数据）与日本钢铁工程控股公司（简称JFE）的7个会计年度的合并营业收入、毛利率以及营业利润率变化如图6-3与图6-4所示。结合两图可知，日本钢铁行业最具代表性的两大巨头的数值走向基本一致。毛利率与营业利润率的走向与变化幅度十分相似，由此可知，营业利润率的变化基本取决于毛利率的变化。换句话说，销售管理费用几乎没有影响。

图6-3 日本制铁的业绩变化

[注：2006年4月—2012年3月为原来的新日本制铁公司数据，2012年4月—2013年3月为合并公司的数据（仅合并住金半年的数据）。]

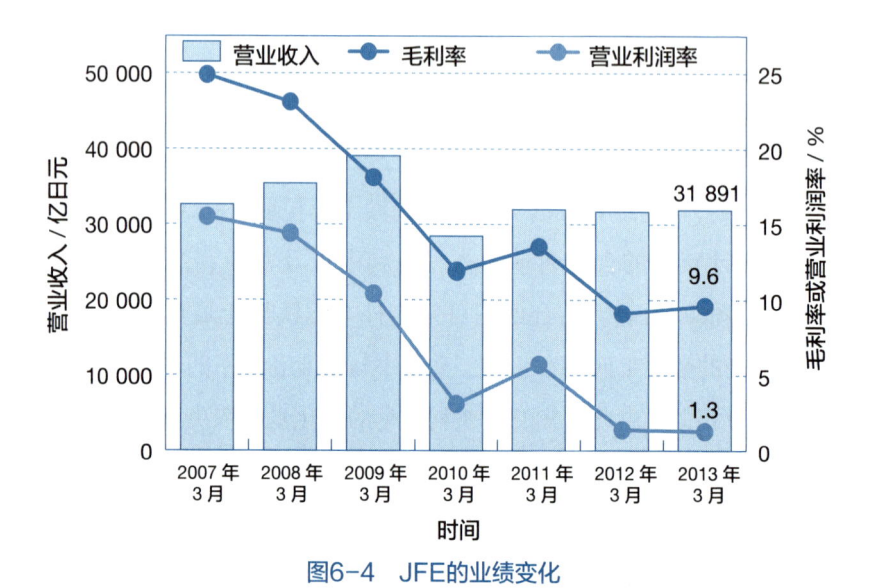

图6-4 JFE的业绩变化

118　财报预言：用会计数据预测企业发展

钢铁行业是代表性的B2B（Business to Business，一种企业与企业之间通过互联网进行产品、服务的交换的营销模式）行业，不需要花费巨额的广告费用。由于技术更新换代的速度较慢，投入的研发费用也不多，再加上产品主要通过贸易企业进行销售，在销售人员身上的花费也较小，因此，钢铁行业的销售管理费用比较少。

2011年和2012年这两年的毛利率为什么会呈现下降或持平的趋势？毛利率为什么会跌破10%？企业利润为什么那么微薄？

受欧洲债务危机等影响，钢铁制品的需求触顶，2011—2012年度的铁矿石与煤炭等原材料价格也因此呈现下落趋势。如果只看原材料价格的话，它理应是促进毛利率增长的因素。如图6-5所示，日本制铁的钢材平均价格一直都比较稳定。如果原材料价格下降后销

图6-5　日本制铁的钢材出货量及钢材平均价格的变化趋势

[注：2006年4月—2012年3月为原来的新日本制铁公司数据，2012年4月—2013年3月为合并公司的数据（仅合并住金半年的数据）。]

售价格仍然保持稳定，那么毛利率通常会上升，但实际上钢铁行业的毛利率却下降了，这是因为钢材出货量在持续减少。2012年4月至2013年3月的出货量上升是因为算上了住金半年份的出货量，如果只看原来的新日本制铁公司，出货量明显是下降的。由于钢铁行业的折旧费用等固定成本非常高，一旦产量减少，每单位产品承担的固定成本就会增加，销售成本率将会上升，导致毛利率迅速下跌。

这一时期的日元也经历了大幅度升值。如图6-2所示，日本的钢铁企业的出口比率不断上升。受日元升值影响，营业额从美元换算成日元时将有所减少。

客户企业将生产转移至海外，钢铁行业也只好把国内过剩的产品出口到亚洲市场进行消化，这便是出口率上升的原因，也侧面说明了日本国内市场已经成熟。但这并不是一件好事。

看到这样的数值和图时，我们要不断思考"WHY？"与"SO WHAT？"，也就是说要时刻问自己"为什么数值是这样的？""这意味着什么？"

接下来我将带着这2个问题，结合上文的会计数值，用波特五力来分析钢铁行业的国际竞争环境，从而理解为何两大日本钢铁巨头选择合并为日本制铁。

同业竞争者的威胁：处处是增加威胁的要素

钢铁行业的竞争舞台是整个国际社会，除同业竞争者之外，还存在着许多其他的威胁要素。例如，大量其他国家企业不断涌入；欧洲国家等国经济低迷，世界经济增长率较低；新兴技术、服务型企业抬头，产品差异化困难；供应商与购买者面临的转换成本降低；韩国企业增产，市场情况进一步恶化。这些因素结合起来，就引发了激烈的价格竞争，这在很大程度上导致了业界毛利率与营业利润率的持续走低。具体分析见表6-1。

表6-1　日本钢铁业波特五力模型分析（同业竞争者的威胁）

同业竞争者的威胁 威胁增加的原因	2013年3月前全球钢铁行业所处的状况
竞争企业数量多且同质化严重	• 在钢铁行业，世界排名前5的公司所占市场份额仅为18%，前10所占份额也仅为28%（2011年度，新日本制铁公司和住金算作一家企业），同业竞争十分激烈 • 韩国两大钢铁企业（浦项制铁公司与现代制铁投资有限公司）的粗钢产量远超国内需求，粗钢出口十分积极，导致竞争进一步加剧
增长率较低	• 2012年世界粗钢产量为15亿吨，与上一年持平。但由于新兴国家市场的需求扩大，如果需求按预期增长，供需环境将得到改善，竞争也会有所缓和 • 良好的市场发展能够削弱将来同业竞争者的威胁，但是如果预期出错，供给过剩反而会愈演愈烈
产品的差异化程度低	• 日本钢铁企业曾经在技术与产品质量上有着优势。但是，中国与韩国目前在许多技术领域都追上了日本 • 一向重视技术与质量的日本汽车制造企业也开始大批引进中国与韩国的产品。这说明相关的产品和服务已经很难体现出差异化
供应商及购买者面临的转换成本较低	• 这一点受到上一点的影响。每家钢铁企业的产品与服务都能保证一定的质量时，购买者面临的转换成本就会较低 • 钢铁行业的企业数量远远多于矿业企业（供应商），销售谈判时往往是供应商占主导地位（供需调节、定价、谈判次数）。据此可以认为供应商的转换成本较低

续表

同业竞争者的威胁 威胁增加的原因	2013年3月前全球钢铁行业所处的状况
降价倾向较强	• 由于固定成本较高,部分企业倾向于采用降低价格的方式来回收成本。这一现象常见于新兴中等规模钢铁企业中 • 当有地方政府与资金提供者的支持时,钢铁企业在业绩低迷时,更倾向于以下调价格来扩大销量,而不是调整产能
增大产能意愿较强	• 许多企业都显示出了在离客户更近、发展势头更好的市场增产的意愿,例如浦项制铁公司就在新兴市场印度尼西亚新建了炼钢厂 • 相反,在全球供给过剩的背景下,一些产能过剩的大企业更倾向于缩小生产规模,提高设备运转率。例如日本制铁关停了君津钢铁厂的一座高炉,安赛乐米塔尔集团(Arcelor Mittal)也关闭了位于欧洲的几家炼钢厂
退出壁垒较高	• 炼钢厂对周边地区的就业有着重要影响,即使业绩低迷,也不能轻易关停。这一点在日本尤其突出 • 重启高炉需要花费巨额的费用,因此,企业往往容易推迟关停高炉的决定

新进入者的威胁:外国的新进入者在过去十多年的影响

钢铁行业一直处于供大于求的状况,价格竞争也十分激烈,就连全球最优秀的钢铁企业之一,安赛乐米塔尔集团,也在2012年陷入了赤字状态。企业在进入行业时必须具备一定的规模,拥有较高的技术水平与雄厚的资金，才能回收沉重的固定成本。因此，行业的进入门槛比较高，新进入者的威胁比较小。

但在过去十多年里，外国钢铁行业的新进入者不断增多，各企业也相继提高了设备水平。如今已有太多的企业进入世界钢铁市场，行业已经进入优胜劣汰的阶段，不过钢铁行业的退出壁垒太高（对地区经济与就业有着重要影响），这一进程多数情况下不会顺利。具体分析见表6-2。

表6-2　日本钢铁业波特五力模型分析（新进入者的威胁）

新进入者的威胁威胁增加的原因	2013年3月前全球钢铁行业所处的状况
难以形成规模经济	• 炼钢厂机械作业的固定成本较高，必须采用规模化生产的方式。从这一点来看，日本与欧美市场的新进入者威胁较小 • 然而，在过去十多年里，外国钢铁市场出现了许多大中小规模的钢铁企业，产能翻了几番。外国钢铁市场的新进入者源源不断。一些国家的经营成本较低，规模不大的企业也能具有价格竞争力（另外，钢铁企业有政府和债权人等的支持，降价时也不用担心亏损的问题）
难以实现产品差异化	• 日本钢铁企业曾经在技术与产品质量上有着优势。但是，中国与韩国目前在许多技术领域都追上了日本。海外厂商在通用品与高端产品领域的实力突飞猛进，差异化越来越难实现
进入行业不需要大规模资金	• 企业需要进行一定的设备投资来实现规模化生产，还要具备一定的技术水平与研发能力才能开发出具有优势的产品，因此进入行业时必须拥有足够的资金。从这一点来说，钢铁行业的进入门槛较高

第二部分　战略思维能力

续表

新进入者的威胁 威胁增加的原因	2013年3月前全球钢铁行业所处的状况
现有企业成本优势较小	• 钢铁行业的竞争是全球化的,在汇率变动、税收政策、电费等方面具有优势的国家,产量越大就越能发挥成本优势。韩国就是一个典型的例子(2012年前韩元常在贬值)
进入流通渠道难度较低	• 钢铁企业多与大宗客户直接进行谈判与交易,销售活动不会轻易受到影响,威胁较小 • 钢铁企业通过贸易企业和批发商向中小客户进行销售,为此,需要打入各个国家的不同销售渠道,这是一个潜在的进入壁垒
政府管控较少	• 尽管亚洲各国管控严格,许多外资钢铁企业依旧成功地在当地建立了炼钢厂。由此可见,政府的管控一般不会是限制行业发展的最大瓶颈
现有企业的预期报复力度低	• 以低于正常价格的价格进口的钢材可能会被加征反倾销税。在钢铁行业,这种现象并不罕见,算是一种威胁

替代品的威胁:钢铁的便利性暂时不会有变化

在波特五力模型的框架中,威胁性最低的就是替代品。航空器材比较特别,倾向于用延展性更好的碳素纤维来替代钢铁,除此之外,大众市场上(例如汽车)尚未出现钢铁的替代品。因此,对钢铁行业来说,替代品的威胁较小。具体分析见表6–3。

表6-3 日本钢铁业波特五力模型分析（替代品的威胁）

替代品的威胁 威胁增加的原因	2013年3月前全球钢铁行业所处的状况
出现性价比更高的产品	• 波音787有一半的机体使用的是碳纤维。只有非常特别的最终产品才会像波音787一样使用其他产品来替代钢铁。碳纤维最大的优点就是重量小，而重量大恰恰是钢铁最大的缺点 • 对于面向大众市场的汽车行业来说，碳纤维最大的不足就是成本较高且较难成型。钢铁在这两方面则具有优势，因此在汽车行业中尚不存在钢铁的替代品，碳纤维对钢铁的威胁程度较低
存在赢利能力更强的企业	• 在钢铁行业，即使是全球顶尖企业，业绩也不容乐观，只有韩国的浦项制铁公司还保持着很高的赢利能力。这背后包含着许多原因：韩元贬值；浦项制铁公司配置了最新的生产设备，炼钢厂数量少但生产效率高；享受韩国的一些红利（人工成本、电费和税收较低等）。由于具有上述优势，浦项制铁公司得以增加研发投入，降低生产成本，从而提高价格竞争力 • 除设备因素（最新设备、少而精的炼钢厂）外，浦项制铁公司的高赢利能力很大程度上还得益于汇率。一旦韩元升值，浦项制铁公司的赢利能力很可能会降低

供应商的威胁：供应商持续主导销售谈判

全球钢铁行业业绩低迷有两大影响因素，一是一些国家的过剩产能，二是矿业巨头（供应商）的垄断。如图6-2所示，钢铁制品的需求呈现出周期性波动的特点。钢铁企业希望根据需求灵活采购原材料，但买卖双方市场垄断程度不同，谈判主导权往往掌握在供应商手中。具体分析见表6-4。

表6-4　日本钢铁业波特五力模型分析（供应商的威胁）

供应商的威胁 威胁增加的原因	2013年3月前全球钢铁行业所处的状况
供应商垄断	• 世界三大矿业巨头必和必拓公司（BHP）、力拓集团（Rio Tinto Group）、巴西淡水河谷公司（Companhia Vale do Rio Doce）占据了七成的市场份额，这与企业数量众多的钢铁行业形成了鲜明对比。这一差异导致供应商具有高度威胁，在谈判中也往往是由供应商掌握主导权
供应商产品的差异化程度较高	• 供应商所提供的铁矿石与煤炭等原材料并没有太明显的差别，但对于钢铁行业来说这些都是生产产品时必不可少的原材料，无可替代。这是在价格谈判中供应商掌握主导权的原因之一，也是增加供应商威胁的一大因素
更换供应商的转换成本较高	• 供应商提供的产品差异化程度较低时，若仅从产品质量层面考虑，更换供应商的转换成本并不高 • 但是，供应商的市场垄断程度较高，能够轻易调节供需关系。供应商可以限制产量，钢铁行业却不能停止采购。因此，不管需求如何变化，钢铁企业都要与供应商进行稳定的交易，以此构建双方之间的信赖关系
供应商采取前向一体化战略的可能性较高	• 目前来看，矿业巨头进军下游钢铁制造业的可能性较低，因此这一要素的威胁较低 • 有一部分大型钢铁企业采取了后向一体化战略，对矿山等上游行业资源进行了收购或投资。但这与世界三大矿业巨头的垄断规模相比，影响力有限
自身行业对于供应商的重要性较低	• 受供需关系影响，这一情况不能一概而论。但结合供应商行业与钢铁行业的垄断程度差异，可以认为供应商更倾向于与优质的大宗商品类企业客户进行交易

购买者的威胁：购买者持续主导销售谈判

汽车行业是钢铁行业的主要购买者之一。与钢铁行业相比，汽车行业的行业集中程度较高，在销售谈判中更容易掌握主导权。要想主导权掌握在自己手上，就要有好的技术、质量与服务。日本钢铁企业曾经拥有这些优势，但是中国与韩国企业已经迎头赶上。当下，全球钢铁行业产能过剩，企业应当孜孜不倦地追求技术与服务的差异化，与此同时，还要尝试着提高成本层面的竞争力。具体分析见表6-5。

表6-5　日本钢铁业波特五力模型分析（购买者的威胁）

购买者的威胁 威胁增加的原因	2013年3月前全球钢铁行业所处的状况
购买者垄断	• 汽车行业的企业是钢铁行业的企业的主要购买者之一。在汽车行业，全球前10的企业占据了七成的市场份额。与钢铁行业相比，汽车行业的垄断程度较高
货源行业的差异化程度较低	• 日本钢铁企业曾经在技术和质量上具有优势，但中国与韩国企业已经迎头赶上。外国企业在通用品与高端产品领域的实力突飞猛进，产品的差异化越来越难实现
转换货源的成本较低	• 一向重视技术与质量的日本汽车制造企业也开始大批引进中国与韩国制造的产品。这说明日本钢铁企业实现差异化的空间正在逐渐缩小 • 购买者（汽车、电机等行业的企业）认为日本外市场的发展潜力更大，正逐渐将生产基地向日本外转移。如果不能在当地以便宜的价格采购日本企业的产品，就只好购买非日本企业的产品。实际上这一趋势正在不断加速

续表

购买者的威胁 威胁增加的原因	2013年3月前全球钢铁行业所处的状况
购买者采取后向一体化战略的可能性较高	• 钢铁行业的企业经常进军汽车、造船、工程机械等下游行业，但购买者进军钢铁行业的案例却并不多见，因此这一因素的威胁较低
货源对于购买者的重要性较低	• 对购买者而言，技术、质量与服务上的差异是选择钢铁企业（货源）的重要依据，因此这一因素的威胁较低 • 如果在技术、质量与服务上难以实现差异化，那么购买者就越会倾向于根据价格来选择货源。这样一来，这一因素的威胁就会变大

在上文中，我们用波特五力模型分析了2013年3月前（2012年底两大日本钢铁巨头合并）全球钢铁行业的情况，具体总结见图6-6。

至此，我们运用波特五力模型对2012年10月新日本制铁公司与住金合并的背景原因进行了分析。不知道读者们是否发现了自己所处行业的共同点或者不同之处？如果有共同点，你所处的行业内的企业有没有像钢铁行业一样进行大规模的合并？如果有不同之处，又是因为什么才导致了差异？不同之处的来源是什么？（"WHY？"）它意味着什么？（"SO WHAT？"）今后企业该采取什么样的行动？（"HOW？"）希望大家能够参考钢铁行业，对自己所在行业目前与将来的竞争环境进行分析与思考。

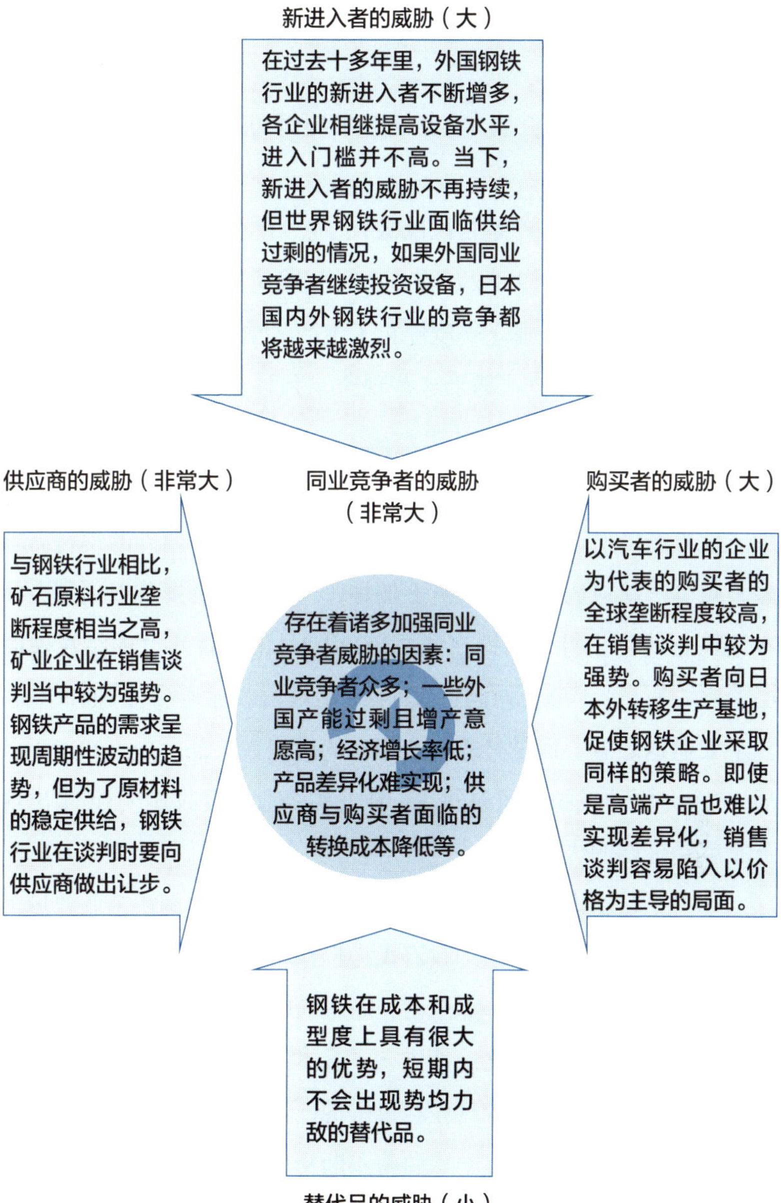

新进入者的威胁（大）

在过去十多年里，外国钢铁行业的新进入者不断增多，各企业相继提高设备水平，进入门槛并不高。当下，新进入者的威胁不再持续，但世界钢铁行业面临供给过剩的情况，如果外国同业竞争者继续投资设备，日本国内外钢铁行业的竞争都将越来越激烈。

供应商的威胁（非常大）

与钢铁行业相比，矿石原料行业垄断程度相当之高，矿业企业在销售谈判当中较为强势。钢铁产品的需求呈现周期性波动的趋势，但为了原材料的稳定供给，钢铁行业在谈判时要向供应商做出让步。

同业竞争者的威胁（非常大）

存在着诸多加强同业竞争者威胁的因素：同业竞争者众多；一些外国产能过剩且增产意愿高；经济增长率低；产品差异化难实现；供应商与购买者面临的转换成本降低等。

购买者的威胁（大）

以汽车行业的企业为代表的购买者的全球垄断程度较高，在销售谈判中较为强势。购买者向日本外转移生产基地，促使钢铁企业采取同样的策略。即使是高端产品也难以实现差异化，销售谈判容易陷入以价格为主导的局面。

钢铁在成本和成型度上具有很大的优势，短期内不会出现势均力敌的替代品。

替代品的威胁（小）

图6-6　全球钢铁行业波特五力模型分析（截至2013年3月的会计年度）

第二部分　战略思维能力　129

2020年的全球钢铁行业——威胁进一步增加

接下来我们就用波特五力模型来探讨2020年日本钢铁行业的情况。

日本国内的粗钢产量再次跌破1亿吨。在截至2020年3月的会计年度,粗钢产量仅有9 842万吨。由于新冠病毒疫情蔓延,主要购买者(汽车行业的企业)一度停止了生产活动。受此影响,钢铁企业也关停了部分高炉。基于这些现象,预计今后粗钢产量将跌破9 000亿吨。

第一个是同业竞争者的威胁。无可否认,这一威胁在不断增加。世界经济增速逐渐放缓,在此背景下,日本国内外的钢材需求显著减少。新冠病毒疫情又雪上加霜,行业前景越发难以预测。日本钢铁行业巨头日本制铁在截至2020年3月的会计年度的结算说明会资料中写道:"母公司已连续3年半出现营收赤字。"但是日本制铁毫无撤退之意,而是打算采取相应的措施去填补亏损。2013年以后,5个方面的威胁愈演愈烈,行业龙头企业的营收连续3年半出现赤字就是最好的佐证。

第二个是新进入者的威胁。近年来外国在日的钢铁企业数量增加减缓。相反,一些国家的政府大力推动了钢铁行业的企业重组与过剩设备的削减。从这一点来看,新进入者的威胁较低。只是,一些外国钢铁企业在较早之前就进入了日本的钢铁行业,它们所生产的粗钢仍然远超全球需求规模。过去的新进入者威胁如今已转变为了同业竞争者威胁,且这一威胁将不断膨胀。

第三个是替代品的威胁。只要不出现与钢铁具有同样或者更好功能,且能够低成本大量生产的产品,这一威胁就很小。但正是因为钢铁缺乏替代品，外国企业才会进行过度的设备投资。所以说，凡事都有两面性。随着电动汽车的普及，开发更加轻量、牢固的素材成为新的趋势，钢铁企业可以借此机会展现技术优势。

第四个是供应商的威胁。钢铁行业已是"多灾多难"，但仍然要承受原材料的供应方所带来的威胁。为了应对贸易困境和新冠病毒疫情所带来的影响，刺激经济走出低迷状态，一些国家的政府加大了对基础设施的投资。铁矿石等原材料价格因此居高不下，使得日本钢铁行业的利润进一步降低。日本制铁在截至2020年3月的会计年度结算说明会资料中写出了窘迫的现状："原材料价格走高，但钢材价格低迷。"原材料价格走高就意味着供应商变得强势，钢材价格低迷就意味着购买者变得强势，这和我们用波特五力模型进行分析的结果是一致的。

第五个是购买者的威胁。受新冠病毒疫情影响，以汽车企业为代表的购买者逐渐开始选择本地生产、本地消费的模式。这意味着日本钢铁企业失去了部分出口市场，导致生产设备过剩的情况愈发严重。

在这样的大环境下，日本钢铁行业巨头们毅然决定对经营方式进行彻底的改革。2020年2月，日本制铁宣布将"建立最合适的生产体制""增加高附加值产品与商品的比重""调整指定客户出厂价"，试图围绕这几个方面削减固定成本，最大化提高边际利润，进而提高收益能力。指定客户出厂价是钢铁企业与汽车制造商等客户进行个别谈判确定的价格，它不同于由市场供需关系决定的市场价格。目前日本制铁的指定客户出厂价并不能确保利润，这一战略体现出了它想要打破现状、直面购买者的威胁的决心。神户制钢所则在答投资者问时提道："连续出现赤字的业务、未来可期的业务……这些亏损业务当中，哪个是真正能赚钱的业务，哪个是不能赚钱的业务？我们会好好地思考这个问题，做出取舍。我们将迈入一个与以往完全不同的新阶段。"它还表示将建立以业务为单位的资本回报率管理体系来作为相应的评价指标。

有句话叫"铁即国家。"如今钢铁行业竞争已走上了国际舞台，这句话实际上应该叫"铁即国际。"环境总是瞬息万变，日本的钢铁企业也终于开始进行彻底的结构性改革。我希望有朝一日，日本钢铁企业能在国际上再次大放光彩。钢铁行业的这5个威胁今后会如何变化，各企业会如何应对这些变化，会计数值又会发生什么样的改变？我们要时刻注意这5个威胁，从定性与定量两个方面去关注未来世界钢铁行业的动向。

测试 4

参考钢铁行业，用波特五力模型来分析你所在行业的情况。

（1）某个威胁比较大或比较小的原因是什么？

（2）这些威胁具体是如何体现在会计数值上的？试着结合费用类、资产类、资本类等会计项目，从利润率与增长率的角度进行分析。

（3）5个威胁之中，哪个威胁最大？你认为你所在的企业要如何才能克服这一威胁，取得进一步的发展呢？

小　结

- 用波特五力模型对全球钢铁行业进行分析后发现，除替代品外，钢铁行业在每一个方面都面临着严峻的挑战。其中有2个突出的影响因素，一是外国的新进入者增加，导致同业竞争加剧；二是供应商市场垄断程度高，导致原材料价格高。此外，产品差异化越来越难实现，导致购买者的威胁越来越高。在2012年前，制造业的业绩整体回暖，钢铁行业的利润率却始终得不到改善。

- 钢铁行业可以采取2种方法，一是推出差异化的产品或服务，二是确立具有成本竞争力的生产体系。在规模化生产大行其道的钢铁行业，新日本制铁公司与住金完成了合并，可以说它们为了实现目标向前迈出了一大步。

- 业内竞争如此激烈，钢铁行业内的企业今后可能会出现跨国合并重组。

- 我们要时刻注意波特五力模型中的5个威胁，从定性与定量2个方面去关注未来世界钢铁行业的动向。

- 在第六章的最后，我为大家准备了一份小礼物——图6-7。这是2017年度、2018年度、2019年度制造业的营业利润率。在这3个会计年度期间，日元在不断升值。结合图可知，许多企业的利润率都呈下降趋势。

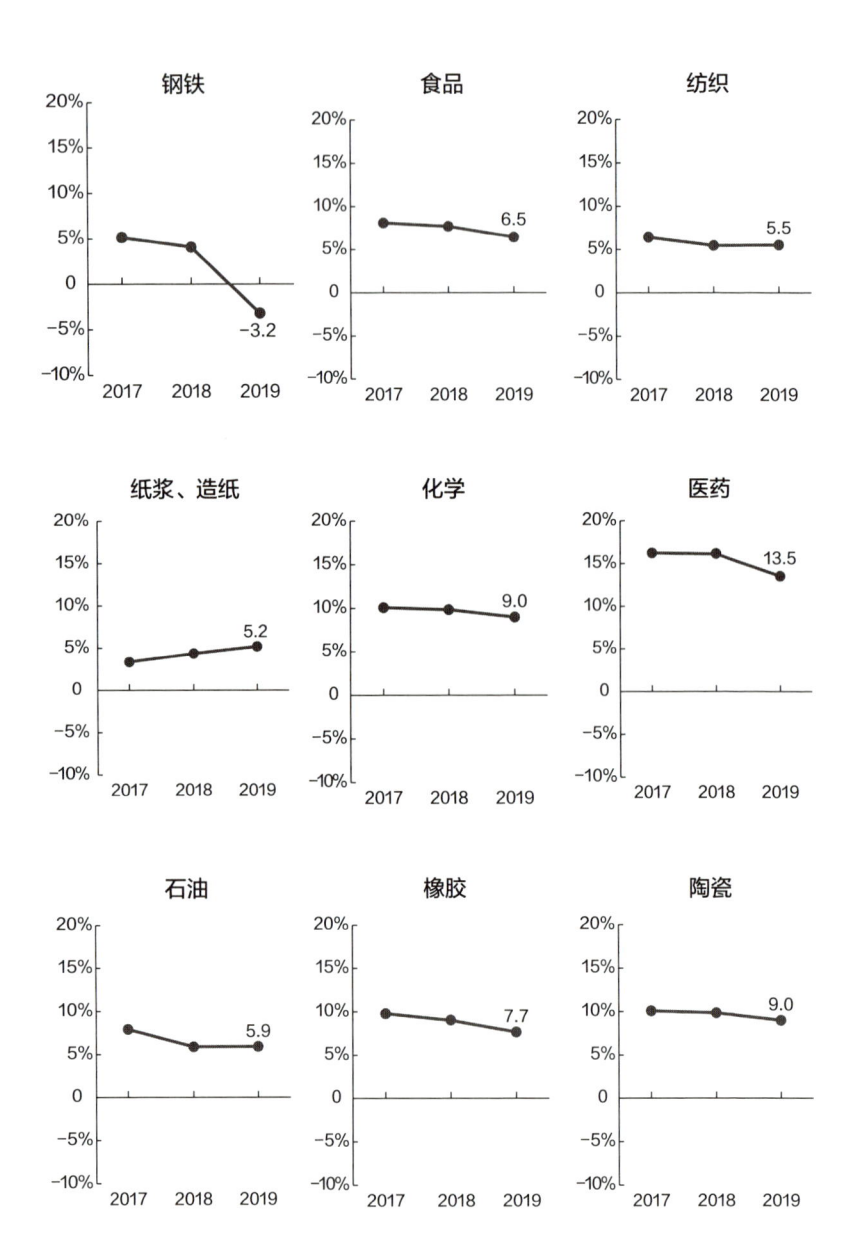

钢铁	食品	纺织
2017: ~5%, 2018: ~4%, 2019: −3.2	2017: ~8%, 2018: ~7.5%, 2019: 6.5	2017: ~6.5%, 2018: ~5.5%, 2019: 5.5

纸浆、造纸	化学	医药
2017: ~3.5%, 2018: ~4.3%, 2019: 5.2	2017: ~10%, 2018: ~10%, 2019: 9.0	2017: ~16%, 2018: ~16%, 2019: 13.5

石油	橡胶	陶瓷
2017: ~8%, 2018: ~5.8%, 2019: 5.9	2017: ~9.8%, 2018: ~9%, 2019: 7.7	2017: ~10%, 2018: ~10%, 2019: 9.0

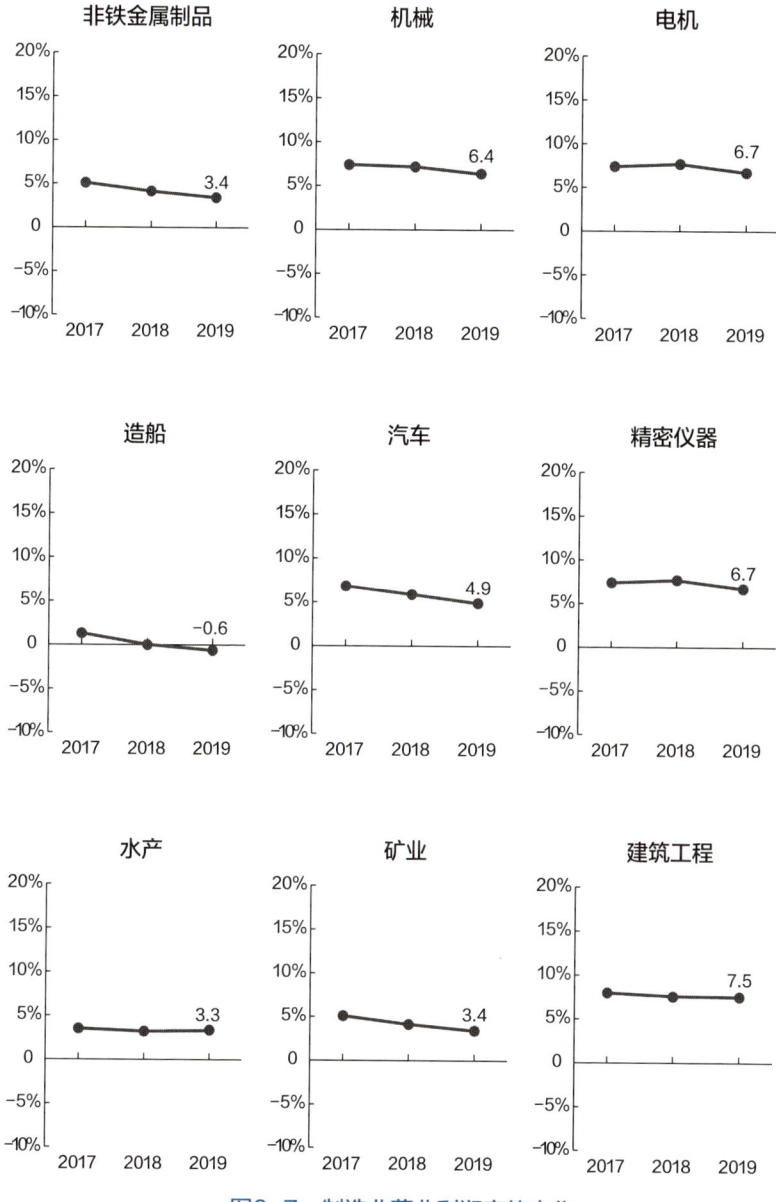

图6-7 制造业营业利润率的变化
（横轴为财政年度，纵轴为营业利润率）

第七章

用价值链理解企业的内部环境

不同的利润表体现不同的经营战略

测试5   X企业与Y企业是同一个行业内的2家企业。它们的营业利润率均为10%，但X企业的毛利率为60%，而Y企业的毛利率则为20%（参考表7-1）。这2家企业的利润率的不同之处体现在哪呢？这里我们可以从它们各自所采取的经营战略入手。各位读者不妨试试结合理论，尽可能简洁、全面地阐述一下2家企业经营战略之间的区别。（限时20分钟。）

因为企业内部培训开设的会计课程时间有限，我会让学员在一天之内（早上9点到下午5点）看完利润表、资产负债表、现金流量表这3份财务报表，并掌握这些财务报表中出现的会计指标。在此基础上，我会让学员们做案例分析，比如说做业内竞争对手的对比

表7-1　X企业与Y企业的利润表

项目	X企业	Y企业
营业收入	100%	100%
减：营业成本	40%	80%
毛利润	60%	20%
减：销售管理费用	50%	10%
营业利润	10%	10%

（注：表中数值为各项占营业收入的比率。）

分析等。培训成功与否很大程度上受学员们预习效果的影响，所以我一般会布置一些预习作业。上述问题就是预习作业之一。

我让学员们思考这个问题，并不是希望他们能给出一个完全正确的答案，因为在商业领域里很多问题并没有绝对的正确答案。最重要的还是要自己从理论上对问题进行分析，并得出自己的结论。各位读者就当上述问题是下周要参加的企业内部培训的预习作业，先花上20分钟思考一下这个问题吧。

接下来我将给出一些可能出现的答案，并针对这些答案进行追问。由于书的表现形式有限，这里通过我和卖野同学的一对一谈话记录来展现。

大　　津：卖野同学的答案是什么呢？请你尽量简洁地说明一下2家公司经营战略的区别。

卖野同学：好的。我对自己的答案还挺有信心的。首先，X企业与Y企业相比营业成本较低，这说明X企业在产品制造上的花费较少。但这却导致生产的产品质量不高，所以X企业只好在营销活动上多花钱，例如增加销售人员、进行广告宣传等。因此，X企业的销售管理费用要比Y企业多。

大　　津：原来你这么认为。那么Y企业呢？

卖野同学：Y企业与X企业相反，在产品制造上花了很多钱。可能是采购了优质的原材料或者引进了最新的生产设备来提高产品质量，所以营业成本才那么高。不过这样一来就可以减少销售管理费用。因为产品质量好，所以不用太在营销活动上下功夫，就能有好销量。

大　　　津：也就是说Y企业生产的产品质量相对较好？

卖野同学：是的。

大　　　津：其他同学认同卖野同学的看法吗？我倒是有个疑问。卖野同学刚刚说，比起X企业，Y企业在产品制造上花的钱更多，这可能是因为采购了优质的原材料或者引进了最新的生产设备来提高产品质量。如果最终Y企业生产的产品质量比较好，那么它的销售价格也会比X企业的高吧？说到底，提高产品质量也是为了能高价出售。要是这么说的话，产品质量比较好的反而应该是毛利率比较高的X企业吧？

卖野同学：啊，那换个说法吧。Y企业生产的产品质量的确很好。但因为Y企业事业刚刚起步，规模较小，没有什么和客户谈判的能力，所以产品优良的质量没办法体现在价格上。

大　　　津：嗯……虽然事业刚起步时确实会存在这种情况，不过一家尚且年轻的企业不怎么花钱做营销和管理就能打开产品销路，不太现实吧。

卖野同学：但是我对接的客户中确实存在这样的企业。

大　　　津：也是，现实世界中应该还有更多。但是我在预习作业中要求要找出"经营战略之间的区别"，阐述要"结合理论""尽可能简洁"。卖野同学只是笼统地说了一下"这个是这样的，那个是那样的……"，最终的依据也是"现实里有这种企业"。虽然涉及了产品质量的区别与企业规模的区别等等，但是经营战略之间的区别到底是什么却并不明确。严格来说，卖野同学所说的并非经营战略之间的区别，而是"这个企业是不是刚起步之类的"企业历史底蕴的区别。

卖野同学：是这样啊。

大　　　津：但是你通过自己的思考得出了结论，并将它在培训中展示了出来，这点做得非常好。而今天我的否定也会促使你更深入地去思考这个问题。这就是我布置这个预习作业的初衷，同时也是我教学的目的。在思考经营战略之间的区别时，从经营战略的框架入手是一个十分有效的方法。这样一来就能够提出多种假设，并做到能列尽所有假设，并且每个假设互相独立。接下来我们就来对预习作业进行解说。

通过分析价值链分析经营战略

哈佛大学教授迈克尔·波特提出的波特价值链模型是用于分析企业经营活动的模型之一。

该模型将产业流程分解为价值（Value）的链条（Chain），这一模型可以帮助企业找到自己具有竞争优势或者可以降低权重的环节。图7-1所示的产业流程只是一个个例，产业内容不同，流程也不同。接下来我将运用波特价值链模型对（测试5）中出现的可能影响

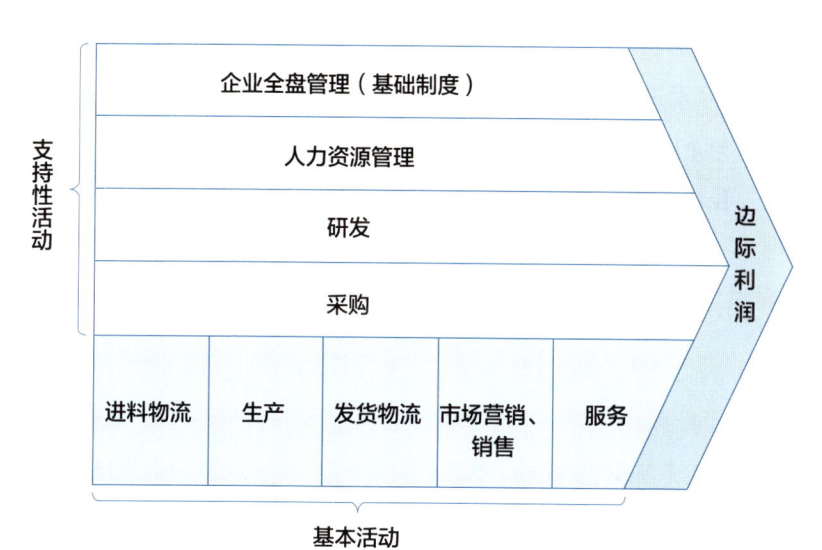

支持性活动	企业全盘管理（基础制度）	边
	人力资源管理	际
	研发	利
	采购	润
	进料物流 | 生产 | 发货物流 | 市场营销、销售 | 服务	
	基本活动	

来源：迈克尔·波特的《竞争战略》（Competitive Strategy）

图7-1 价值链

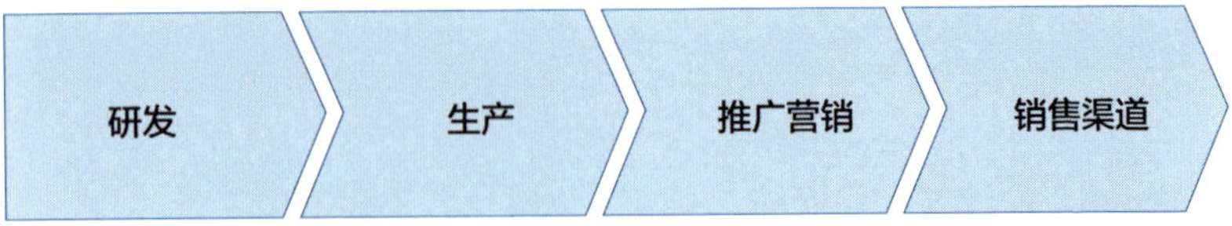

研发 ▶ 生产 ▶ 推广营销 ▶ 销售渠道

图7-2 影响营业成本比率、销售费用比率与管理费用比率的4个因素

营业成本比率、销售费用比率与管理费用比率的因素进行分析。

根据图7-1可知，和实物产品相关的流程活动为企业的主要活动，其他流程均为支持性活动。可能影响营业成本比率、销售费用比率与管理费用比率的因素主要是图7-2中的4个因素。具体来说，就是制造研发出的产品，再开展宣传促销活动打开知名度，最后通过销售渠道进行销售。

现在我想再试着回答一下测试5中的问题。假设图7-2中的4个因素都是各自独立的影响因素（假设除此之外的影响因素均相同），还有2家像X企业与Y企业那样的同行业内的企业。我将围绕这4个因素进行详细的说明，并结合分析内容举一些现实世界中的行业与企业的例子。

我将在第八章中针对这4个因素分别进行分析。

小 结

- 波特价值链模型可以帮助企业找到自己具有竞争优势或者可以降低权重的环节。
- 如果经营战略不同，即便是同一行业内的2家企业，它们的利润结构也会有所不同。因此，要始终在企业经营战略的框架内分析利润表。

第八章

用波特价值链模型解读同行业企业的经营战略与会计数据

不同研发战略下的利润率差异

测试 6   X企业与Y企业处于同一个行业，二者的利润率如表8-1所示。如果2家企业在利润率上的差异主要是由研发战略所导致的，那么我们能做出什么样的假设？（限时10分钟。）

| 研发 | 生产 | 推广营销 | 销售渠道 |

表8-1　X企业与Y企业的利润表

项目	X企业	Y企业
营业收入	100%	100%
减：营业成本	40%	80%
毛利润	60%	20%
减：销售管理费用	50%	10%
营业利润	10%	10%

（注：表中数值为各项占营业收入的比率。）

众所周知，在研发环节投资最多的日本企业是丰田。在截至2020年3月的会计年度，丰田集团及其下属企业的研发费用超过了110 000 000亿日元。然而，相对于300 000亿日元的营业收入而言，研发费用的投资仅占4%左右。在回答测试6的问题时，我们主要讨论的将会是占比，而不是金额。医药行业的研发费用在营业收入中的占比较高，那我们就以医药行业为例进行探讨吧！如果被问及"什么是医药行业竞争优势的源泉？"，各位读者们会如何回答呢？我们是药品消费者，并非业内人士，估计没有人曾经思考过这一问题。当然，如果你刚好在医药行业工作的话，那就另当别论。不过幸运的是，药品几乎与我们每一个人都息息相关，所以我们可以换成通俗易懂的表述方式。让我们试一下这样来提问吧：

（1）"我们为什么要吃药？"（"WHY？"）（关于市场）

（2）"药物的选择有何标准？"（"WHY？"）（关于具体的企业与产品）

（3）"医药行业是否赢利？为什么？"（"WHY？"）（关于收益性）

（4）"今后是否也会继续赢利（或不赢利）？为持续赢利或转亏为盈，需要采取何种措施？"（"SO WHAT？"）（关于持续性）

上述4个问题是最基础的问题，不仅适用于医药行业，也适用于其他行业。在提问时，可根据实际情况将关键词替换成相关行业的产品或服务。那么接下来，我就来问问巧田同学。

大　　津：巧田同学在化学厂商工作，对研究与制造应该感兴趣吧……我想问一问，你为什么要吃药呢？　"WHY?"

巧田同学：自然是为了治病。

大　　津：确实如此。我们之所以吃药，是因为期待药物能够治好我们的病，缓解我们的病症。既然药品如此重要，我们又要如何去选择呢？　"WHY?"

巧田同学：我去药妆店买感冒药时基本会选择同一个品牌的药，吃它一直很管用。如果去医院的话，药是医生开的，我们几乎无法自主地选择品牌。有时候想一想，我们是药品的消费者，却不能自主地进行选择，其实挺奇怪的。

大　　津：也不是说完全不能进行自主选择，只不过大部分情况下，我们都会遵从医嘱。那么，医生在开药时为什么选择那个品牌的药呢？　"WHY?"

巧田同学：因为医药企业的推销人员频繁拜访，起到了一定的营销效果。当然，如果是某种特定疾病的唯一治疗药物，又或者是效果出类拔萃的药物，那就是另一类原因了……

大　　津：按你说的情况，医药企业的推销人员会很多，销售管理费用当中的员工工资就相当高了。我们刚刚也谈到了在药妆店买药。药妆店几乎没有专业医生，那药妆店又如何对药物的品牌进行选择呢？　"WHY?"

巧田同学：药妆店肯定希望药品卖得好，所以会选择更容易出售的品牌的药品。比如比较畅销的、妇孺皆知的品牌的药品，或者是能在广告中经常看到的牌子的药品，这些品牌的药品在消费者群体中有较高的知名度。

大　　津：光是感冒药品类就有很多知名品牌了，药妆店如何择优选择呢？　"WHY?"

巧田同学：我觉得他们应该是依据厂家所提供的返款进行选择的。返款多的商品会放在比较显眼的位置，占货架空间更多，在广告宣传

第二部分　战略思维能力　143

单上所占的版面也会更大。

大　　津：是的。其实最近一些药妆店开始研发自主品牌的药品，原本属于零售合作关系的双方摇身一变，成为了竞争者，所以制药厂商不得不为零售商提供更多的好处。

巧田同学：果然每个行业都有本难念的经。

大　　津：一般来说，我们都能从客观的角度去看待其他行业。找出相似点，投射回自己所处的行业的话，也可以做出较为客观的评价。下一个问题，你觉得医药行业是否赢利呢？　"WHY？"

巧田同学：医药行业的赢利状况非常理想。

大　　津：为什么这么说呢？　"WHY？"

巧田同学：因为药品的销售价格远高于其生产成本，我们也经常能听到"医药行业是暴利行业"的言论。

大　　津：为什么销售价格这么贵，药品也不愁销呢？　"WHY？"

巧田同学：当然是因为其中的附加值啦！

大　　津：附加值又是什么呢？诸如此类的抽象表达是"停止思考用语"，即表明你已经停止了思考，所以一定注意不要使用。同样的，一些表达虽然听上去很"高大上"，但实际上并没有什么具体的内容。我们再来试一次吧。为什么销售价格这么贵，药品也不愁销呢？　"WHY？"

巧田同学：这是因为医药企业在研发方面投入了非常多的资金。而这一部分的成本也包含在药品的价格之中。

大　　津：原来是这样。那么，医药行业其实也并非暴利行业了。在本书的第一章中，我们了解到研发费用不列入成本，而是被列入销售管理费用之中。也就是说，虽然药品售价远高于成本，但算上销售管理费用中的研发费用后，其实也达不到暴利的程度。

巧田同学：确实是这样。

大　　津：按你的说法，研发费用高的话，售价就会跟着上涨，但其实有很多行业并非如此。比如说超薄液晶电视就是一个典型例子。企业明明在研发方面投入了很多资金，产品的价格却一直在下降。

巧田同学：可能是因为2个行业的竞争环境不同吧。超薄液晶电视行业内一流的厂商多如牛毛。

大　　津：那医药行业也是如此啊，二者又有什么区别呢？给你一个小提示。药品的价格是由谁决定的呢？

巧田同学：哦，对了，药价是由国家决定的。

大　　津：没错。除了药妆店的一般大众药品（非处方药）外，其他处方药的价格都是由国家决定的，而且有专利保护。所以在一定的时间内其他厂商无法生产相同的药物。

巧田同学：也就是说，医药行业内的价格竞争不会像超薄液晶电视行业那样激烈。

大　　津：即便如此，日本所制订的药品价格还是太高了。为什么日本对医药行业会如此"照顾"呢？　　　　　　　"WHY？"

巧田同学：我觉得这还是因为研发成本巨大。而且我听说研发一种新的药物并且使其量化生产的成功概率很小。

大　　津：确实。研制出一种新药并使其上市，所需要的研发费用将高达数百万亿日元。如果研发不出好的药物，那么全日本，甚至全人类的医药行业都不会有进步，还可能对我们的健康与生命造成威胁，可以说国家对药品行业的发展有着某种保护义务。那么，医药行业就能一直高枕无忧吗？他们目前的盈利状况会一直持续下去吗？

"SO WHAT？"

巧田同学：疗效大同小异的药物非常多，竞争肯定会越来越激烈。此外还有外资品牌流入日本国内市场，而且药品的专利也会过期。专利一旦过期，其他厂商就可以生产此类药品，这样就会形成价格竞争。所谓的"仿制药"所采用的商业模式就是这样的。

大　　津：在药品的专利失效后，其他厂商生产、制造的同种药品就被称为"仿制药"。因为无须研发成本，所以这类药品的售价相对便宜。据说，现在日本正在举全国之力大力普及此类药品。

巧田同学：为什么国家要大力发展此类药品呢？

大　　津：因为日本已经进入了老龄化社会，必须采取相关措施减轻国民的医疗负担，因此国家正在大力鼓励此类药品的发展。即

第二部分　战略思维能力　　145

使是处于专利保护期的药品，政府今后也会逐渐下调它们的价格。
巧田同学：我以前很羡慕医药行业的高利润率，但现在看来，他们也是越走越难。
大　　津：好的，现在让我们来整理一下这次讨论的要点（见表8-2）。

表8-2　医药行业研发战略分析

关于医药行业的提问	与巧田同学对话过程中做出的假设
我们为什么要吃药？	• 能治病 • 能缓解病症
药物的选择有何标准？	（药妆店等售卖的）一般大众药品（非处方药） • 对自己有效 • 店家推荐（货架、活动） • 广告宣传 医疗机构开具的处方药 • 遵从医嘱
医药行业是否赢利？为什么？	• 由于存在专利期保护，且国家设定的药价较高，所以总体来说是赢利的 • 售价高于成本，毛利润较高 • 销售管理费用中的研发费用投入较大
今后是否也会继续赢利（或不赢利）？为持续赢利或转亏为盈，需要采取何种措施？	• 专利过期后，仿制药的出现会导致价格竞争，且仿制药有国家的扶持 • 显著的外资品牌流入 • 来自国家层面下调药价的压力

好了，让我们再回到一开始提出的问题，即"什么是医药行业竞争优势的源泉？"为了获得、维持竞争优势，医药企业需要进行哪些必要的投资呢？图8-1为分析示例。请各位读者给出你自己的答案。

与巧田对话的过程中做出的假设	能治病 能缓解症病 对自己有效	• 店家推荐（货架、活动） • 广告宣传 • 遵从医嘱	• 专利过期后，仿制药的出现会导致价格竞争，且仿制药有国家的扶持 • 显著的外资品牌流入 • 来自国家层面下调药价的压力
医药行业竞争优势的源泉	能够治愈疾病、缓解病症的药品的开发与上市	市场营销	确保原本具有竞争优势的药品能够维持原有市场份额或者开拓新市场
为此所进行的投资（投入的费用）	研发费用	• 推广费用（回扣） • 广告费用 • 员工工资	除了自主研发，还需要：通过企业并购扩大企业规模；外购制药配方；延长产品生命周期

图8-1 医药行业的竞争优势与投资分析

第二部分 战略思维能力 147

通过上述分析，我们可以得知，在仿制药进入市场、外资品牌流入、药价下调的多重影响下，日本医药企业无法永远保持高利润状况，因此需要不断推出具有市场竞争力的药品。除了加大研发投资之外，也需要在其他方面进行长期投资，例如进行企业并购、延长产品生命周期等。

接下来让我们看一下日本药企巨头之一，盐野义制药株式会社的利润表。盐野义制药株式会社的利润表采用的是国际财务报告准则，为了保证上下文内容的统一性，本文按照日本会计准则对其中的部分内容进行了相应的替换（见表8-3）。关于国际财务报告准则的具体介绍请参照本书第十五章。

表8-3 盐野义制药株式会社的合并利润表
（截至2020年3月的会计年度）

项目	金额（百万日元）	百分比（%）
	自2019年4月1日至2020年3月31日	
营业收入	333 371	100.0
营业成本	56 782	17.0
毛利润	276 589	83.0
销售管理费用	145 961	43.8
职工薪酬	32 169	9.6
退休补贴	2 406	0.7
促销费用	15 406	4.6
知识产权使用费	9 352	2.8
业务委托费	7 657	2.3
折旧及摊销	3 292	1.0

续表

项目	自2019年4月1日至2020年3月31日	
	金额 （百万日元）	百分比 （%）
研发费用	47 949	14.4
其他	27 730	8.3
营业利润	130 628	39.2

（注：原表适用国际财务报告准则，此处根据日本会计准则对部分内容进行了替换。）

好的，让我们进入正题。虽然我们在前文中没有讨论到医药企业的财务报表，但想必大家脑海中对利润表已经有了一个大概的印象。在本章中，我们也将延续书中所强调的一个原则，即"'先思考，再读表'，而不是'先读表，再思考'"。

根据表8-3可知，盐野义制药株式会社的毛利率十分高，达到83.0%。在前文中，我们了解到制造业的平均毛利率为20%~30%，这差不多相当于盐野义制药株式会社的销售成本率。相反，制造业的平均销售成本率就差不多相当于盐野义制药株式会社的毛利率。

销售管理费用又有多少呢？盐野义制药株式会社的销售管理费用在营业收入中的占比达到了43.8%，处于较高水平。如果换成毛利率为20%~30%的企业，销售管理费用这么多的话，企业必定会长期处于赤字状态。反过来说，如果企业能够承担如此高额的销售管理费用，说明其毛利率一定很高。

从表8-3中销售管理费用的支出明细可以看出，盐野义制药株式会社所投资的领域正是前文所介绍的"医药行业竞争优势的源泉"。 其中，投入最大的当属研发费用，占营业收入的14.4%。其次是医药代表等员工的<u>职工薪酬和销售渠道的促销费用</u>，分别占营

第二部分　战略思维能力　149

业收入的9.6%和4.6%。

盐野义制药株式会社的营业利润也十分可观。毛利润减去巨额研发费用和其他的销售管理费用后,营业利润率仍然能保留39.2%的高水平。有一部分原因在于,专利授权带来的营业收入(即授权其他企业生产销售某种特定药品,并从中获得专利使用费)比例较大,虽然总体的营业收入难以提高,但营业利润率却非常可观。一般来说,医药企业的平均营业利润率在15%~20%。

让我们再回到测试6。在X企业与Y企业中,成本率低(毛利率高)、销售管理费用较高的X企业最接近以盐野义制药株式会社为代表的大型医药企业。那么,在医药行业内,像Y企业那样成本率高(毛利率低)、销售管理费用较低的企业又有着怎样的商业模式呢?

如表8-4所示,A企业的数据体现了盐野义制药株式会社的利润结构,而B企业的数据也是某企业的真实数据。B企业的成本率是A企业的3倍多,毛利率为45.9%,在医药企业中属于较低的水平,但由于成功地将销售管理费用率控制在31.3%,所以营业利润率还是达到了14.6%。这一数值大体上能与医药行业15%~20%的平均值相匹敌。如果说A企业相当于毛利率较高的X企业,那么B企业就相当于毛利率较低的Y企业。Y企业就是仿制药企业。

表8-4 A企业与B企业的利润表

项目	A企业	B企业
营业收入	100%	100%
减:营业成本	17.0%	54.1%
毛利润	83.0%	45.9%
减:销售管理费用	43.8%	31.3%
营业利润	39.2%	14.6%

东和制药株式会社是日本仿制药企业巨头之一，表8-5为其截至2020年3月的会计年度的利润表。从中我们可以得知，东和制药株式会社的毛利率为45.9%，比盐野义制药株式会社低约37个百分点。仿制药企业的商业模式就是生产那些专利过期的药品，并以低廉价格出售。其主要的竞争优势就是低廉的价格，因此毛利润处于较低水平也就无可厚非。

而销售管理费用率则为31.3%，相比一般的制造业企业处于较高水平，但与盐野义制药株式会社相比仍然低12.5个百分点。研发费用在营业收入中的占比为7.8%，仅为盐野义制药株式会社的一半左右；金额仅为85.7亿日元，从药品开发投资所需规模来看，尚未达到能够从零研发新药的程度。

表8-5　东和制药株式会社的利润表（2019年4月—2020年3月）

自2019年4月1日至2020年3月31日

项目	金额（百万日元）	百分比（%）
营业收入	110 384	100.0
营业成本	59 738	54.1
毛利润	50 646	45.9
销售管理费用	34 503	31.3
职工薪酬	10 072	9.1
退休补贴	388	0.4
计提董事奖金准备金	47	0.0
研发费用	8 566	7.8
其他	15 430	14.0
营业利润	16 143	14.6

东和制药株式会社的职工薪酬在营业收入中的占比为9.1%，超过了研发费用。这与盐野义制药株式会社的情况形成了鲜明对比，盐野义制药株式会社的研发费用是职工薪酬的1.5倍左右。

到这里为止，我们介绍了不同的研发战略给成本比率以及销售管理费用比率带来的影响。X企业通过自主研发投资获得高毛利润，Y企业则充分利用其他企业的研发成果，以低廉的价格一决胜负。上述分析将整理总结在图8-2中。

最后，我希望大家能够回顾一下第七章开头处我与卖野同学的对话。卖野同学认为，产品质量好的是Y企业，质量差的是X企业。通过与医药行业的真实案例进行对照，我们可以发现卖野同学完全遗漏了售价这一重要概念。

上文介绍了医药行业的两个真实案例。虽然没有涉及具体的质量差异，但我们至少知道X企业可以凭借自主研发能力研制出新品，且新品的毛利率很高。Y企业属于仿制药企业（毛利率低，销售管理费用也低），是在专利过期后才进入市场的，从零开始的研发能力较弱。

当然，这仅仅只是战略上的差异，并无优劣之分。不同战略下，企业的财务数据也是不同的。关键在于是否能够正确地理解市场，能否选择并实施合适的战略，从而发挥企业强项。

X企业

研发 → 生产 → 推广营销 → 销售渠道

- **毛利率高**：自主研发的产品售价高，因此毛利率也高
- **销售管理费用占比高**：巨额研发投资使得销售管理费用上升
- 将丰厚的毛利润继续投入研发领域

毛利率 与 **销售管理费用** 正相关

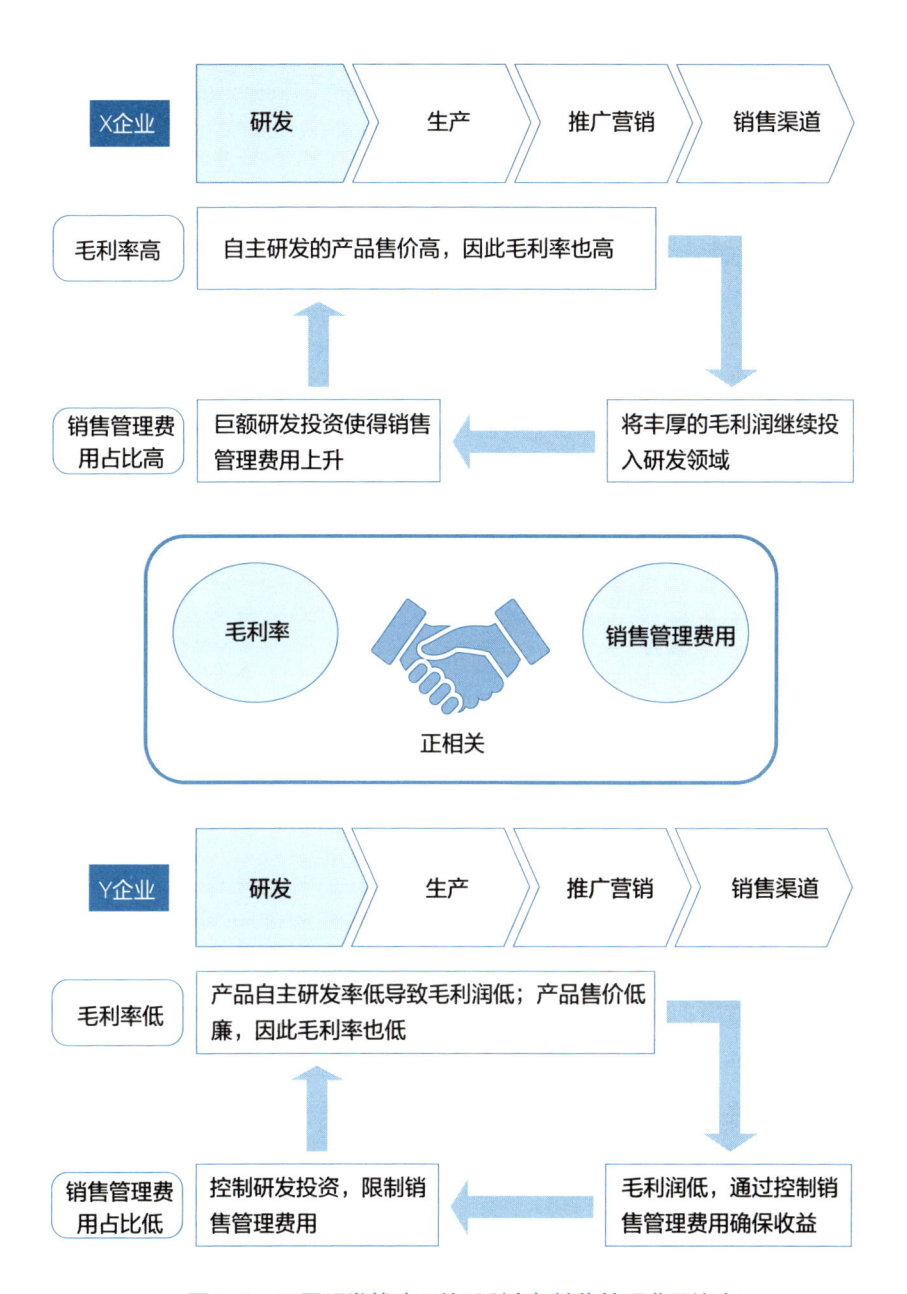

Y企业

研发 → 生产 → 推广营销 → 销售渠道

- **毛利率低**：产品自主研发率低导致毛利润低；产品售价低廉，因此毛利率也低
- **销售管理费用占比低**：控制研发投资，限制销售管理费用
- 毛利润低，通过控制销售管理费用确保收益

图8-2 不同研发战略下的毛利率与销售管理费用比率

不同生产战略下的利润率差异

测试7 X企业与Y企业属于同一行业，二者的利润表如表8-6所示。如果导致二者利润率差异的主要原因是生产战略（自主生产或外包生产），那么我们能做出什么假设？（限时10分钟。）

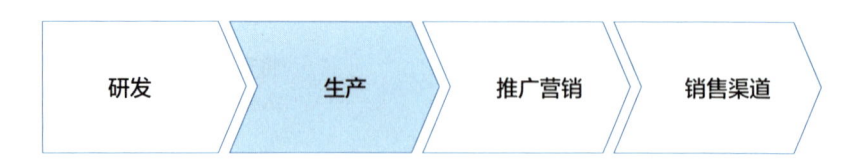

研发 → **生产** → 推广营销 → 销售渠道

表8-6　X企业与Y企业的利润表

项目	X企业	Y企业
营业收入	100%	100%
减：营业成本	40%	80%
毛利润	60%	20%
减：销售管理费用	50%	10%
营业利润	10%	10%

生产战略的差异需要从不同的切入点进行讨论，在本节中我们主要讨论自主生产与委托其他公司生产（外包生产）所带来的差异。接下来我将展示我和仲间同学的对话。

大津：你进入你所在的企业以来一直从事人事工作，想必也深度参与了生产部门的人事安排之中。那我就开门见山地问了，你觉得进行自主生产的是X企业还是Y企业呢？

"WHY？"

仲间同学：我认为是X企业。如果自己进行生产，毛利润还像Y企业那样低的话，这生意简直就没法做了。

大　　津：确实如此。一般来说，制造业的毛利润之所以比批发业高，是因为相比出售不是自己生产的商品的批发业企业，制造业企业自己生产商品能够获得更多的利润。

仲间同学：是的，如果制造业利润比较低的话，那就没有人愿意从事制造业了。

大　　津：那先不考虑批发业。如果制造业企业不自行生产所有产品，也就是说将某个特定的生产工序外包出去的话，又会怎样呢？

仲间同学：这也还是一样，只要生产工序不是全由自己完成的，那么毛利润就会降低。

大　　津：那企业为什么还会选择将生产环节外包呢？　　"WHY？"

仲间同学：比起所有的环节都由企业自主完成，将生产环节外包给其他企业相对来说成本更低，所以企业才会选择外包。

大　　津：如果是这样的话，选择外包的企业，毛利润不就变多了吗？

仲间同学：啊！对哦……

大　　津：也就是说，外包后毛利润究竟是上升还是下降，无法一概而论，它与委托方和受托方的地位，市场的需求关系，以及自身工厂的设备运转率息息相关。设备运转率较低时，难以形成规模经济，产品成本中来自固定成本的负担也会更重。

仲间同学：也就是说，我们无法判断X企业与Y企业中究竟谁才是自主生产的企业，是吗？

大　　津：是的。但是，企业之所以选择将生产环节外包，是因为这样能够削减成本。如果毛利率并没有提高，就说明外包的生产战略是失败的。我们一直在讨论毛利率，不妨看看销售管理费用的占比？

仲间同学：外包会节省下来一大笔费用，企业可以加大销售管理费用中某一项的投入……

大　　津：这是个不错的角度。企业想把资金集中投入到销售管理费用中的某一项上，所以才不想在生产方面花太多钱。并且，无论由谁生产，都不会产生本质上的差别，所以就将其外包出去，这样就能以极低的成本完成生产。当然，也有可能是这样做可以把售价定得更高，生产成本相对来说就不会成为很大的负担。

仲间同学：按使用途径来划分销售管理费用的话……研发费用刚刚已经讨论过了，接下来按顺序的话，就是职工薪酬和与销售相关的费用了吧？但是与销售相关的费用也分很多种。

大　　津：比如各种各样的促销费用，例如广告宣传和价格折扣等？

仲间同学：所谓促销就是花钱进行和产品相关的营销活动对吧。但这跟生产外包又有什么关系呢？我有点儿弄不明白。

大　　津：确实，这是需要具体问题具体分析的。我们先来看一个比较通俗易懂的案例吧（见表8-7）。

表8-7　A企业与B企业的利润表

项目	A企业	B企业
营业收入	100%	100%
减：营业成本	61.8%	94.1%
毛利润	38.2%	5.9%
减：销售管理费用	14.1%	3.7%
营业利润	24.1%	2.2%

生产方的收益结构

表8-7中的A企业与B企业的业务都涉及苹果手机（iPhone）、苹果平板电脑（iPad）、苹果播放器（iPod）。但其中一家（也就是苹果公司）选择将生产外包，另一家则是接受了其生产委托的代工厂。这两家企业要如何辨别呢？

在前文中我们讨论过，相比不从事生产的企业，自主生产的企业能够有更高的毛利率。根据这点可以推测出毛利率较高的A企业为代工厂。然而，从苹果公司的角度来说，与其自建工厂进行生产，不如将生产环节外包出去，扬长避短，更能够节省成本（即营业成本更低）。从这一点来看的话，A企业才是苹果公司。

刚才我与仲间同学对话时就说过，我们无法根据自主生产和外包生产来判断企业的毛利率高低。无论是自主生产还是外包生产，只要能发挥优势，企业的毛利率就会相应增加。

A企业的产品十分优秀，销售价格较高，并且它的采购规模大，平均采购成本较低，因此毛利率高达38.2%。即使销售管理费用很高，与很高的营业收入相比也只是九牛一毛，因此销售管理费用的占比控制在了14.1%。综上所述，营业利润率达到24.1%的A企业才是苹果公司（截至2020年9月的会计年度）。

B企业是鸿海精密工业股份有限公司（以下简称为鸿海），是一家提供电子制造服务的企业，它接受苹果公司的委托，代为生产iPhone、iPad、iPod等产品。鸿海负责的是最后的组装工作，主要是在苹果的指导下，从各个半导体及电子零件厂商处采购零件并组装。这属于劳动密集型工作，很难产生技术上的差别，所以鸿海的毛利率低于10%。

当然，最终成品的库存风险由苹果公司来承担，鸿海只负责组装，没有库存风险。并且，iPhone不是鸿海自己的产品，它无须开展价格促销活动或进行广告宣传。同时，委托订单都是高层人员签的，基层的销售人员非常少。另外，产品以及电子零件的研发都是由相应的企业分别完成的，鸿海不需要自主承担。促销费用、广告费用、销售人员工资，以及研发费用都缩减到了极致，因此鸿海的销售管理费用在营业收入中的占比仅为3.7%（截至2019年12月的会计年度）。

生产外包方的收益结构

苹果公司的情况又是怎样的呢？苹果的年报中有这么一条内容："所有硬件的生产工作主要由位于亚洲的外包商完成。"如果把"制造业企业"定义为拥有独立工厂的企业，那么苹果公司就不属于制造业企业。它属于销售业企业，没有自己的工厂。无论是物理意义上的制造工序，还是生产产品的零件，都并非由苹果公司自家的工厂完成。无论如何，苹果公司的毛利率非常高，达到了38.2%。除了优秀的产品设计带来的高单价以及一定的规模优势带来的来的低采购成本，生产外包也是实现高毛利率的重要因素。

销售管理费用又有多少呢？当听到销售管理费用的占比仅为14.1%时，大家可能会觉得这一比例很低，但其实际金额却高达386亿美元。生产外包带来了丰厚的利润，苹果公司可以在销售管理费用上投入大量资金，用于推广产品、提升品牌价值、加大研发力度等。苹果公司在电视广告和实体商店营销活动等市场营销活动中取得的成效是消费者有目共睹的。

一般来说，制造企业应当通过自主生产来提高设备运转率和生产效率，降低生产成本，这才是提高利润率的经典模式。并且，自主生产也能够防止优势技术被他人盗取。但是苹果公司是个例外，因为它能够以较为便宜的价格从外部采购到生产所需的电子零件。苹果公司的底气源于它庞大的市场份额。过去，市场份额与技术实力存在一定的正相关关系。在那时,"技术实力"等于"生产",自然而然,具有技术优势的企业就可以获得庞大的市场份额,随即通过自主生产以降低生产成本,最后提高利润率。实际上,一些材料厂商到现在还保持着这样的商业模式。

然而随着数字化技术的迅速发展,这一商业模式早已不再适应时下的电机行业了。也就是说,拥有一定市场份额的企业并不等同于拥有技术优势的企业。在这样的背景下,企业的经营模式开始发生转变。企业将早已产业化的生产环节外包出去,以此提高毛利率,获得的利润作为新一轮的原始资金,被大量投入到推广活动以及研发环节中,从而扩大市场份额。苹果公司就采取了这样的经营模式。其利润表所体现的企业战略如图8-3所示。

究竟是什么原因使得2家企业的利益结构产生了如此巨大的差异呢?这是一个非常难回答的问题,并不是用自主生产和外包生产就能解释清楚的,测试7算是小小地为难了一下仲间同学。软饮料行业中,可口可乐瓶装日本公司(Coca-Cola Bottlers Japan Holdings)进行自主生产,它的毛利率为48.2%(截至2019年12月的会计年度,适用国际财务报告准则);伊藤园有限公司(日本饮料制造公司)把生产环节外包,它的毛利率也是48.2%(截至2020年4月的会计年度,适用日本会计准则)。由此可知,在分析一个企业的利润结构时,除了看生产环节是否外包,还要一并考虑它的销售方式(零售、批发、外送售卖、自动贩卖机售卖)及对应的销售网络、产品结构,以及适用的会计准则等因素。

在日本电机厂商之中,佳能集团的自主生产率处于非常高的水平。它的毛利率达到了44.8%(截至2019年12月的会计年度),与选择生产外包的苹果公司接近。

第二部分 战略思维能力

A企业 → 研发 → 生产 → 推广营销 → 销售渠道

毛利率高：生产外包以实现高毛利率，以较高的价格出售兼具品质与品牌价值的产品

销售管理费用占比高：在推广营销、研发方面的大额投资使销售管理费用占比提升

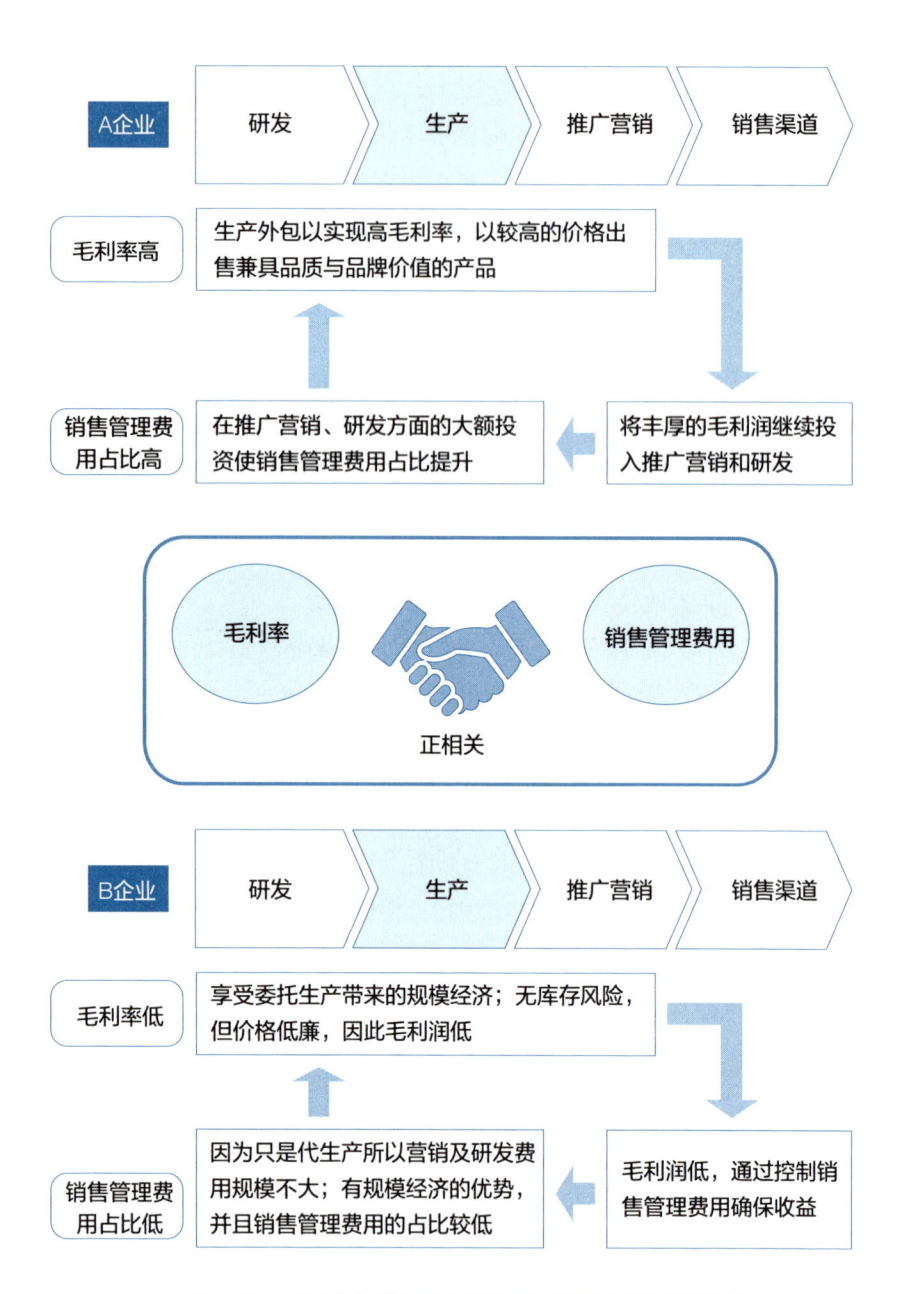

将丰厚的毛利润继续投入推广营销和研发

毛利率 🤝 销售管理费用

正相关

B企业 → 研发 → 生产 → 推广营销 → 销售渠道

毛利率低：享受委托生产带来的规模经济；无库存风险，但价格低廉，因此毛利润低

销售管理费用占比低：因为只是代生产所以营销及研发费用规模不大；有规模经济的优势，并且销售管理费用的占比较低

毛利润低，通过控制销售管理费用确保收益

图8-3　不同生产战略下的毛利率与销售管理费用比率

苹果公司与佳能集团之间有何共同之处呢？回答这个问题的关键不在于生产，而在于生产上游的其他环节，包括策划、研发和设计。苹果公司和佳能集团在这些环节都拥有主导权，并且能够实际主导价值链（见图8-4）。价值链的主导者能够有较高的毛利率。相反，如果企业仅占据了价值链的一小块，就难以有较高的毛利率以及营业利润率，但这也是一种生存战略。

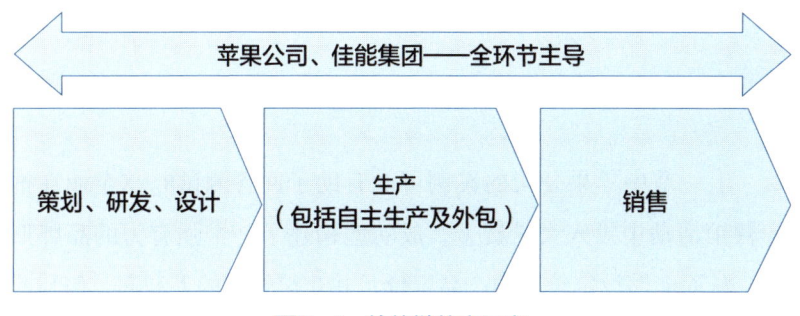

图8-4　价值链的主导者

不同推广营销战略下的利润率差异

测试8　X企业与Y企业处于同一行业，二者的利润率如表8-8所示。如果造成二者利润率差异的主要原因是推广营销战略的话，我们可以做出什么样的假设呢？（限时10分钟。）

第二部分　战略思维能力　　161

表8-8 X企业与Y企业的利润表

项目	X企业	Y企业
营业收入	100%	100%
减：营业成本	40%	80%
毛利润	60%	20%
减：销售管理费用	50%	10%
营业利润	10%	10%

竞争规则并不唯一

上一节中苹果公司的案例可能有助于回答测试8。X企业在推广营销活动中投入大量资金，成功地构建了一个强有力的品牌形象，从而能够设定较高的产品售价，并获得较高的毛利润。但与此同时，销售管理费用的负担也相应增大。

Y企业的品牌价值与营销能力没有那么出类拔萃，这导致了以下必然结果：即便产品的质量相同，其售价也无法比肩X企业，因此毛利润不及X企业。然而，这正是Y企业的经营战略，即控制营销推广活动方面的资金投入，削减销售管理费用，从而填补毛利润上与X企业的差距，确保营业利润的水平。

如果行业内已经存在许多品牌影响力较大的大型企业的话，从竞争战略上来说，与其正面抗衡并非上策。这时较为理想的方式是改变竞争规则，用自己有胜算的优势与品牌影响力较大的大型企业对抗。毕竟，企业的最终目标是守住营业利润，而并非在毛利润上争第一。

流通体系与营销方式的差异

任何行业或多或少都存在像X企业、Y企业这样采取不同推广营销战略的企业。请各位读者仔细思考一下自己所在的企业更像X企业还是更像Y企业呢？

好了，大家应该很快就想到了某行业的某2个企业了吧？

表8-9是处于同行业的A企业与B企业的利润表。其中，A企业的毛利率超过70%，可与医药行业匹敌。与医药企业不同的是，A企业还在销售管理费用中投入了接近毛利润水平的大额资金。即便如此，其营业利润率仍超过了10%这一优良制造业营业利润基准。

表8-9　A企业与B企业的利润表

项目	A企业	B企业
营业收入	100%	100%
减：营业成本	22.5%	50.0%
毛利润	77.5%	50.0%
减：销售管理费用	67.4%	40%
营业利润	10.1%	10%

A企业就是日本大型化妆品企业资生堂投资有限公司（以下简称资生堂）。遗憾的是，在目前上市的化妆品企业当中，没有与B企业相似的企业，即没有企业通过高成本率（低毛利率）与低销售管理费用比率来确保营业利润。所以，接下来有关B企业的分析没有办法用具体的企业和利润表来做案例，B企业是虚构的，仅用于学习参考。

化妆品行业内有许多流通体系。资生堂、佳丽宝公司、高姿化妆品有限公司等大型厂商在日语中被称为"制度品[①]厂商"。它指的其实是一种销售方式，即化妆品厂商不经由批发商，直接将产品批发给特定的签约化妆品门店。

化妆品门店可以获得与销售额成比例的返款。化妆品厂商会为化妆品门店提供销售用具及促销物料，还会派遣员工为其提供销售咨询服务。这些措施都会增加化妆品厂商的销售管理费用。

另一种销售方式在日语中被称为"一般品[②]流通"，即化妆品厂商经由批发商将产品卖给一般零售店。药妆店、便利店以及超市都属于一般零售店，这里的商品相比制度品而言价格更为低廉。但是一般零售店少有美妆导购提供咨询服务，顾客大多数都是自主试用、自主购物。随着药妆店、便利店等销售渠道的兴起以及消费者需求的多样化，资生堂、佳丽宝公司等大型制度品厂商也开始大力开发一般品市场。

通过分析资生堂销售管理费用的明细可以发现，用于市场营销的支出在营业收入中的占比最高，为25%。这其中包括了媒体宣传费、样品及销售道具费等（见图8-5）。至于支付给销售渠道的返款支出，海外的企业通常会直接抵扣营业收入，资生堂的海外业务就采取了这种计算方式。但按照日本会计准则的要求，返款一般要计入销售管理费用之中。因此，资生堂在日本国内的市场营销成本应该也包含了一定的返款支出。

从资生堂2016年之前的数据来看，销售渠道的返款和美容咨询员工（美妆部员工）的支出比广告费用还要高。可惜资生堂在2016

[①] 指特定的签约化妆品门店销售的商品。——编者注
[②] 指一般零售店销售的商品。——编者注

市场营销成本 25%

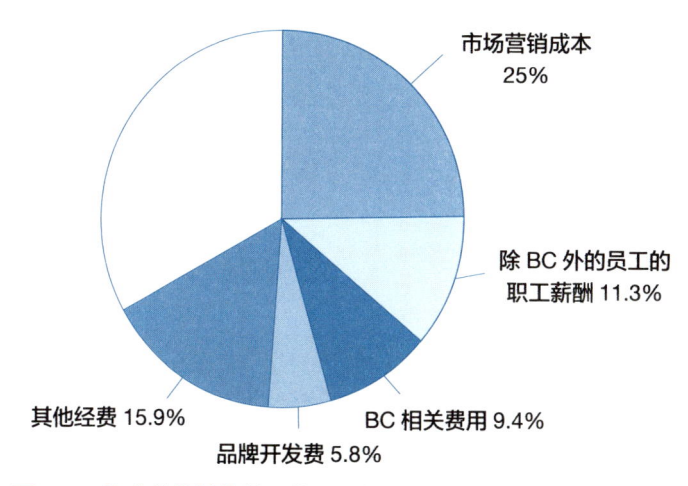

除 BC 外的员工的职工薪酬 11.3%

BC 相关费用 9.4%

品牌开发费 5.8%

其他经费 15.9%

图8-5　资生堂的销售管理费用在营业收入中的占比（共67.4%）

年采取了品牌大类与地区相结合的"矩阵式组织体制"，自那以来就难以从它的财报上获取这类详细信息了。

　　化妆品广告的冲击力大，更容易使人留下深刻印象。然而，制度品厂商主要采取的销售方式是咨询型的面对面销售，因此投入媒体中的广告费用并没有想象中那么多。美妆咨询服务（上妆手法、不同肤质顾客的化妆品选择建议等）能够达到非常好的销售效果。企业向化妆品卖场派遣美妆顾问，为卖场提供渠道返款，这些投入能够实现差异化的咨询销售体验。在这种销售模式下，顾客所支付的产品售价超过了生产成本的4倍（由营业收入和营业成本的关系可看出）。资生堂的合并利润表结构就很清晰地反映了这一点（见表8-10）。

表8-10 资生堂的合并利润表（截至2019年12月的会计年度）

自2019年1月1日至2019年12月31日

项目	金额（百万日元）	百分比（%）
Ⅰ 营业收入	1 131 547	100.0
Ⅱ 营业成本	254 844	22.5
毛利润	876 703	77.5
Ⅲ 销售管理费用	762 871	67.4
营业利润	113 831	10.1

主营业务为一般品的B企业又是怎样的呢？

尽管B企业的营业成本比率很高，但毕竟控制在50%，可以确保50%的毛利率水平。前文曾介绍过，依靠低廉价格取胜的仿制药企业——东和制药株式会社的毛利率也接近50%。从中可以看出，无论是医药行业还是化妆品行业，生产成本与售价之间都存在着较大的缓冲区。换言之，为了保证毛利润是正数，这些行业产品的定价区间要远大于普通行业。

无论是制度品厂商还是一般品厂商，化妆品企业最大的支出都不是营业成本，而是销售管理费用。

为了让B企业的营业利润率与资生堂相等（等于10%），这里将其销售管理费用的占比设定为40%。如上所述，一般品厂商并不会像制度品厂商一样采用咨询型的销售方式，所以能够大幅度压缩职工薪酬。不过相对的，在药妆店、便利店等主力销售渠道中，好的货架位置是十分抢手的。想要在激烈的竞争中脱颖而出，就必须向零售店、批发商投入相应的资金（见图8-6）。另外，为了在普通消费者群体中打响知名度，让消费者愿意在零售店中自主试用、自

X企业

研发 → 生产 → **推广营销** → 销售渠道

毛利率高：以较高的价格出售兼具品质与品牌价值的产品

销售管理费用占比高：在推广营销方面的巨额投资使得销售管理费用占比提升

将丰厚的毛利润继续投入推广营销领域

毛利率 ⟷ 销售管理费用 正相关

Y企业

研发 → 生产 → **推广营销** → 销售渠道

毛利率低：品牌价值低，售价不高，因此毛利润低

销售管理费用占比低：通过限制在推广营销方面的投资以降低销售管理费用占比

毛利润低，通过控制销售管理费用确保收益

图8-6　不同推广营销战略下的毛利率与销售管理费用比率

第二部分　战略思维能力

主购买产品,就要增加"诱饵",即加大广告宣传,加大广告费用的投入。

假设10%的营业利润率是最终目标,我们可以根据预期销量和最低水平的销售管理费用倒推出最低的商品售价。

不同销售渠道战略下的利润率差异

测试9 X企业与Y企业处于同一行业,二者的利润率如表8-11所示。如果造成二者利润率差异的主要原因是销售渠道战略的话,我们可以做出什么样的假设呢?(限时10分钟。)

研发 → 生产 → 推广营销 → **销售渠道**

表8-11 X企业与Y企业的利润表

项目	X企业	Y企业
营业收入	100%	100%
减:营业成本	40%	80%
毛利润	60%	20%
减:销售管理费用	50%	10%
营业利润	10%	10%

在讨论销售渠道战略的差异时，我们需要从多个切入点进行研究。在本节中，我们主要讨论直接销售与间接销售的差异，即是直接将产品卖给顾客，还是通过批发商、零售商、代理商等第三方销售渠道进行销售。接下来我来问问买原同学。

大　　津：买原同学是负责原材料采购工作的，你平时是直接与原材料厂商对接，还是经由第三方贸易企业进行采购呢？我们现在要讨论的是和卖方相关的问题。你认为在X企业与Y企业之中，哪一方是直接销售，哪一方是间接销售呢？

买原同学：我认为X企业是间接销售。就像刚刚谈到的化妆品厂商的案例一样，采取间接销售方式的厂商不得不向零售店支付一定的费用以促进销售，这笔支出很大。而这笔营销费用使得X企业的销售管理费用大幅增加。

大　　津：确实如此。那么Y企业呢？如果Y企业是直接销售的话，为什么毛利率与销售管理费用的占比会比较低呢？

"WHY?"

买原同学：与X企业的情况相反，Y企业的销售管理费用率之所以较低，是因为它不需要在销售及管理上进行投入。所谓直接销售就是由自家企业的售货员进行商品销售，所以也不存在自己向自己支付返款的情况。不过如果Y企业是直接销售，为什么毛利润却如此低呢？

大　　津：自家销售的话，毛利润就会下降，这究竟是为什么呢？本节中我们主要探讨的是销售渠道，那我们就假设X企业与Y企业的商品的生产成本一致。如此一来，毛利润的差异就只能用直接销售与间接销售的售价差异来解释。可为什么采用直接销售时，商品售价会下降呢？

"WHY?"

买原同学：我觉得这是因为直接销售无须支付返款，所以将这一部分钱扣除之后，就能以比较优惠的价格出售商品。这样顾客也高兴，销售收入自然也就增加了。

大　　津：如果是这样的话，为什么不是所有企业都选择直接销售呢？

"WHY?"

第二部分　战略思维能力

买原同学：因为直接销售的成本较高，不仅要聘用许多销售员，还需要考虑门店租金、市场营销方案等多种因素。总结来说，直接销售需要耗费大量的时间与金钱。

大　　津：刚刚你所提到的销售员、门店租金、市场营销方案都是与营销有关的成本支出。按你的说法，企业选择直接销售后，销售管理费用岂不是会快速增长？ **"SO WHAT?"** 这样一来，不就变成了销售管理费用率较高的X企业才是直接销售，而Y企业是间接销售了吗？

买原同学：有道理。但我们刚刚提到的化妆品案例也证明了，委托外部进行销售也会导致用于促销方面的支出大幅度增加。

大　　津：确实如此。所以X企业可能是直接销售，也可能是间接销售。在直接销售的情况下，销售管理费用中的职工薪酬会大幅增加；而在间接销售的情况下，销售管理费用中的促销支出会大幅增加。我刚刚的问题是"X企业与Y企业之中，哪一方是直接销售，哪一方是间接销售？"，这是一个非此即彼的问题。X企业有2种可能性，但Y企业不可能是直接销售。直接销售需要自行负担销售过程中产生的全部费用，促销费用不可能少。按这个逻辑，直接销售只能是X企业，而Y企业只能是间接销售。

买原同学：原来是这样啊。那在这种情况下，毛利润的差异又要如何解释呢？ **"WHY?"**

大　　津：对此你有什么看法呢？我们现在讨论的是销售渠道的差异，假设生产成本相同…… **"SO WHAT?"**

买原同学：啊！直接销售是卖给终端消费者的，给终端消费者售价比较高。相反，间接销售必须让一部分利给经销商，给经销商的售价会低于直接销售时给终端消费者的售价。

大　　津：就是这样。具体可以参考图8-7。

直接销售

利润表	
营业收入	100
减：营业成本	70
毛利润	30（30%）

间接销售

利润表	
营业收入	95
减：营业成本	70
毛利润	25（26.3%）

零售批发中介

利润表	
营业收入	100
减：营业成本	95
毛利润	5（5%）

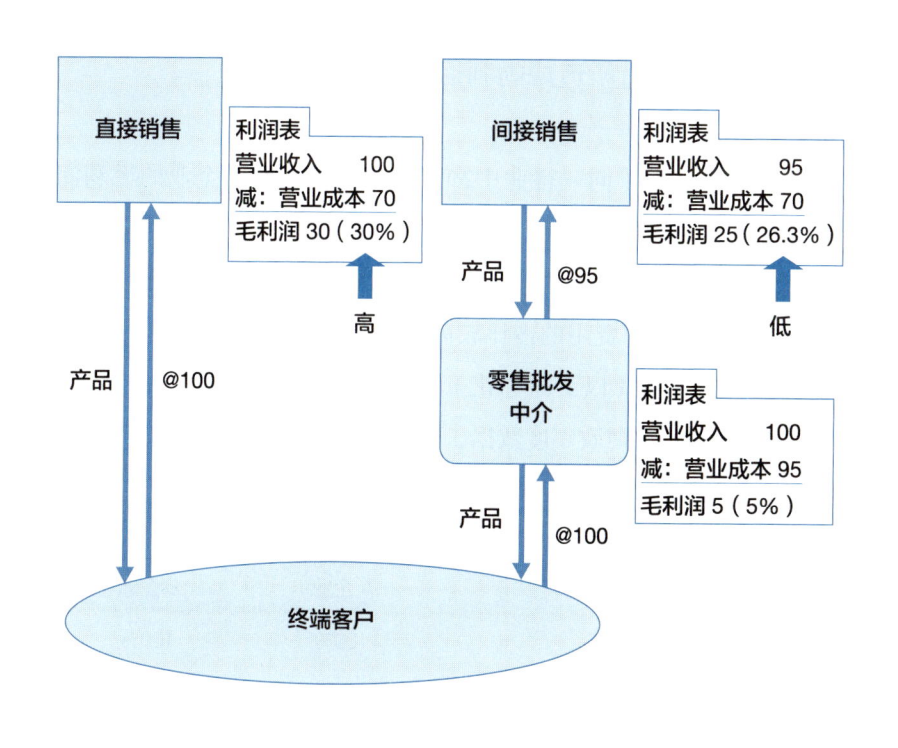

终端客户

产品 @100（直接销售）
产品 @95（至中介）
产品 @100（中介至终端）

高 / 低

	售价		销售管理费用
直接销售	终端价，售价高	正相关	包含销售人员工资、门店租金、市场营销等成本，销售管理费用较高
间接销售	批发价，售价低	正相关	销售业务外包，销售管理费用较低

图8-7 直接销售与间接销售所导致的商品售价及毛利率的差异

不同的销售渠道所造成的利润率差异

表8-12显示了同一行业中2个企业的利润表。A企业的毛利润与B企业不相上下，但A企业的销售管理费用比率较低，营业利润率远超B企业。与一般的制造企业相比，二者的成本率较低（毛利率高），销售管理费用的占比较高，这是这个行业的特点。A企业是花王株式会社（以下简称花王），B企业是狮王株式会社（以下简称狮王）（2015财政年度数据，适用日本会计准则）。

表8-12　A企业与B企业的利润表

项目	A企业	B企业
营业收入	100%	100%
减：营业成本	44.7%	42.1%
毛利润	55.3%	57.1%
减：销售管理费用	44.1%	52.8%
营业利润	11.2%	4.3%

花王与狮王之间存在着许多竞品，包括洗衣液、洗发水、牙膏等。但二者之间也存在着许多显著的差异。女性化妆品是花王的主要产品之一，有知名的苏菲娜（SOFINA）品牌产品，还有子公司嘉娜宝（Kanebo）的产品。狮王则没有相关业务。在前文资生堂的案例中我们了解到，化妆品行业的毛利润是非常高的，所以花王的合并毛利润应该会高于狮王。

狮王旗下有许多知名药物品牌，其中最具有代表性的就是止痛药品牌百服宁（Bufferin）。药品业务是狮王继家庭业务之后的第二主打业务。花王虽然也有健康茶（healthya）等保健品，但它并不属于药品。前文提到过药品的毛利润很高，但是狮王旗下只有在门店销售的非处方药，它相对于处方药来说价格低廉且毛利润低，对毛利率的促进作用不大。

通过以上对比可知，花王与狮王有许多相似之处，同时也存在着许多差异。这些大大小小的因素造成了二者在利润结构上的差异。很遗憾，我们无法单从公开信息中了解到每个因素所造成的影响，所以在本节中，我们主要将视线聚焦于直接销售与间接销售渠道的差异，并对销售管理费用进行探讨。

采用直接销售方式的花王与采用间接销售方式的狮王

花王消费者市场公司（Kao Customer Marketing Co.Ltd）是花王百分百持股的子公司，专门负责花王及集团内企业的商品销售业务。截至2020年1月末，包括临时工在内，该子公司共拥有5 292名员工，接近母公司员工人数的七成（母公司员工数量为7 905人）。我们接下来分析的数据摘自花王的合并利润表，可把花王与其旗下的花王消费者市场公司看成一个整体。也就是说，花王是使用直接销售方式的企业的典型代表。

与之相反，经由经销商进行产品销售的狮王则是使用间接销售方式的企业的典型代表。狮王前社长藤重贞庆曾在2004年6月3日刊发的财经报纸《日经MJ》中表示："日本企业平均营业收入较低，采用直接销售的方式是十分没有效率的。"

话题又回到了直接销售与间接销售。在前文我与买原同学的对话中，我们得到了以下结论：成本率低（毛利率高）、销售管理费用比率高的X企业属于直接销售，而成本率高（毛利润低）、销售管理费用比率低的Y企业属于间接销售。

然而实际上，狮王的毛利率并不亚于花王。花王直接将商品销售给零售店，没有中间商赚差价，商品能以较高的价格售出，这种模式下毛利率较高，比狮王更有优势。只是，花王的合并营业收入有两成来自化学品业务，而化学品业务的毛利率又非常低……另外，狮王则通过药品业务拉高了企业整体的毛利率。两家企业都公开了销售管理费用的明细，我们可以来进行具体的比较。

我们可以做出以下2个假设：

（1）花王采取直接销售的方式，拥有自己的销售团队，职工薪酬在销售管理费用中的占比较大。

（2）狮王采取间接销售的方式，销售工作由外部企业完成，狮王需要向它们提供相应返款，返款关联支出在销售管理费用中的占比较大。

二者销售管理费用的具体名称与种类数量不同，无法一一进行对比，但足以验证上述2个假设。花王的职工薪酬占营业收入的比例为9.1%，而狮王仅为3.7%。花王的营业收入约是狮王的4倍，销售规模大，销售效率高，职工薪酬的实际占比却依旧是狮王的2倍多，原因就在于花王采取直接销售方式，拥有专属的销售企业，而狮王则利用经销商进行间接销售，省去了许多销售相关的员工的工资花销。这充分说明了直接销售与间接销售的显著差异。值得一提的是，截至2015年12月的会计年度，狮王的员工人数为6 816人，而花王的员工人数则达到了33 026人，员工数量方面的差距远超营收规模（参考两企业各自的合并利润表）。

返款方面的支出又是什么情况呢？花王的返款仅占营业收入的

5.3%，而狮王的返款的占比则达到了25.0%。

以上具体数值请参考图8-8。

	花王（直接销售）	狮王（间接销售）
毛利润	55.3	57.1
员工工资	9.1	3.7
返款	5.3	25.0
员工工资+返款	14.4	28.7

销售管理费用在营业收入的占比（%）

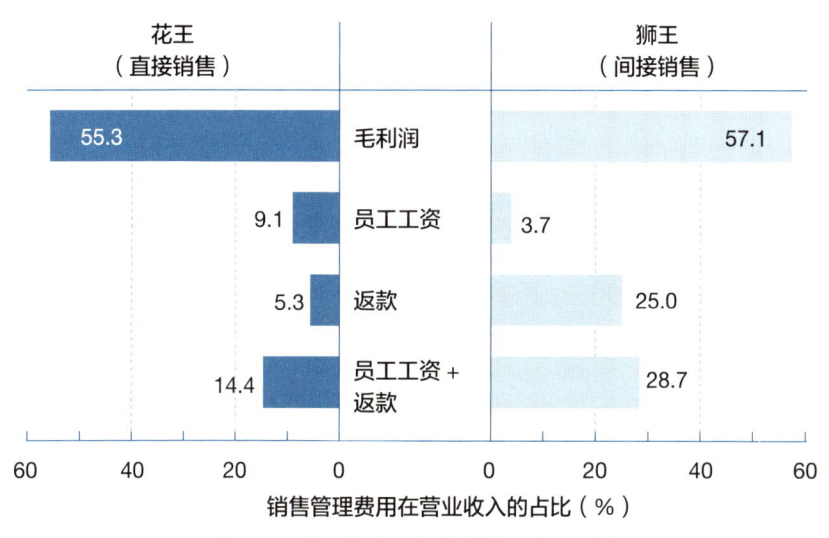

图8-8　花王与狮王的销售管理费用对比

不同业务国家和地区的促销费用统计方式会有不同，再加上花王和狮王的业务并非完全一致，所以该表中展现出的差异并不能完全归因于销售渠道。但是，该表清晰地展现出了职工薪酬占比与返款占比的横向差异（不同企业间的差异）与纵向差异（同一企业内不同费用的差异）（见图8-9）。

最后，想必大家已经注意到，花王（直接销售）的销售管理费用比率低于狮王（间接销售）。花王的主要销售渠道为直接销售，职工薪酬占比的确高于狮王，但它在其他方面的投入成效显著，拉低了销售管理费用在营业收入中的占比。例如，花王的营业收入接近狮王的4倍，有规模经济的优势；花王的许多产品的市场份额较

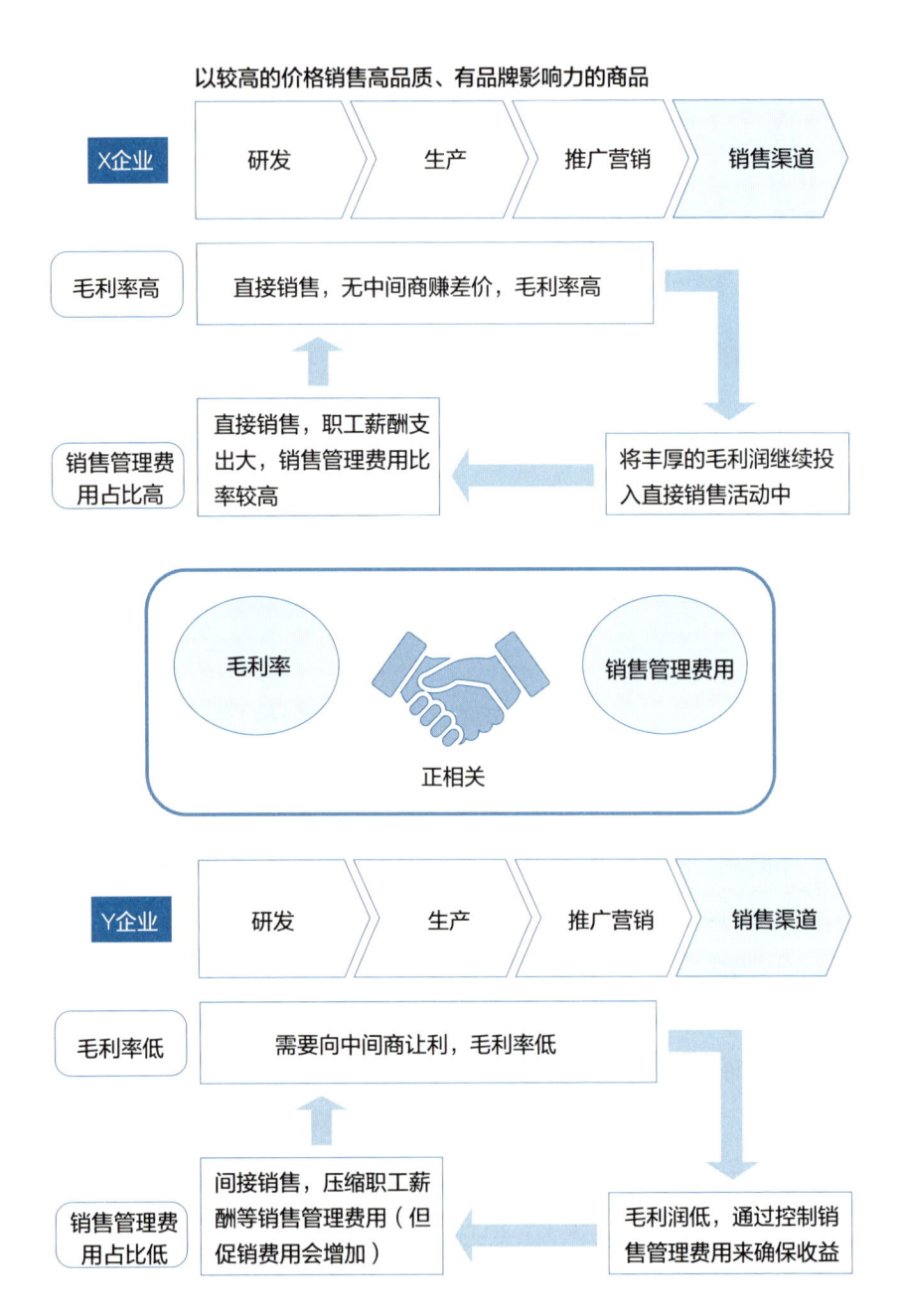

图8-9 不同销售渠道战略下的毛利率与销售管理费用比率的差异

X企业：以较高的价格销售高品质、有品牌影响力的商品

研发 → 生产 → 推广营销 → 销售渠道

- **毛利率高**：直接销售，无中间商赚差价，毛利率高
- **销售管理费用占比高**：直接销售，职工薪酬支出大，销售管理费用比率较高
- 将丰厚的毛利润继续投入直接销售活动中

毛利率 与 销售管理费用 **正相关**

Y企业

研发 → 生产 → 推广营销 → 销售渠道

- **毛利率低**：需要向中间商让利，毛利率低
- **销售管理费用占比低**：间接销售，压缩职工薪酬等销售管理费用（但促销费用会增加）
- 毛利润低，通过控制销售管理费用来确保收益

高，市场营销方面的投入可以取得很好的获利效果；花王没有药品业务，不需要投入大量研发资金；花王有化学品业务，这种业务不需要在促销活动方面有过多投入……综合这些因素的影响，花王的销售管理费用比率就降低了。

花王在维持高毛利率水平的同时，降低了销售管理费用，成功使得营业利润率达到11.2%。到现在为止，我们已经看过了4种价值链，不难发现，毛利润与销售管理费用之间存在一定的正相关关系，即毛利率越高，销售管理费用比率越高，毛利率越低，销售管理费用比率越低，这是最经典的模式。但花王是一个出类拔萃的例外，它同时拥有高毛利率与低销售管理费用率，称得上是企业楷模。

我们通过波特价值链模型对多个行业内具有不同收益结构的企业进行了分解，并讨论了它们在经营战略上的差异。图8-10对4个要点进行了简单整理。我们的分析受到了许多限制，但仍然能够得出结论——同行业企业采取不同的经营战略确实会造成收益结构的差异。当然，这些差异仅仅是战略上的不同，并不存在优劣之分。在瞬息万变的经营环境中，企业必须审时度势，选择最佳战略。

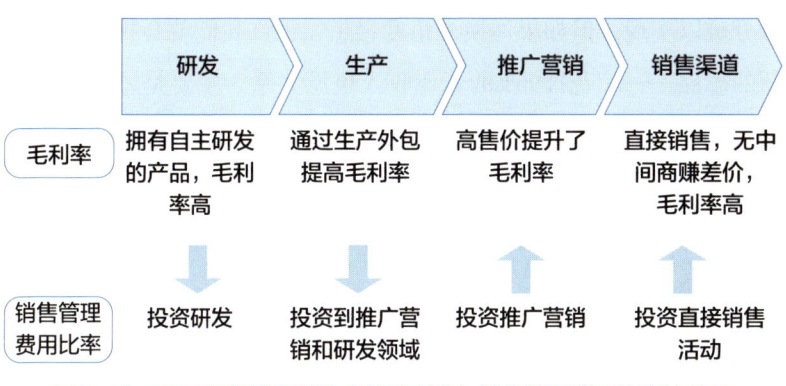

	研发	生产	推广营销	销售渠道
毛利率	拥有自主研发的产品，毛利率高	通过生产外包提高毛利率	高售价提升了毛利率	直接销售，无中间商赚差价，毛利率高
销售管理费用比率	投资研发	投资到推广营销和研发领域	投资推广营销	投资直接销售活动

图8-10 不同经营战略所造成的毛利率与销售管理费用比率的差异

此外，价值链中的各种要素之间是相互联系而并非是泾渭分明的。企业负责人如果能找出其中最优的组合方式，那就最好不过了。

如何构建竞争优势

经营战略不同，最终的财务数据也会不同。也就是说，财务数据是由经营战略决定的。因此，在对财务报表进行分析的时候，我们的最终目的并不是重述数值大小等事实，而应该是认识到这些数值是如何体现该企业的经营战略，并在此基础上对该经营战略的合理性做出判断。仅凭阅读会计数值是无法做到这一点的。我们需要充分理解企业所处行业的竞争环境，对即将发生的事做出预判，并思考如何才能充分发挥企业自身所具备的竞争优势，并从定性的经营环境以及定量的数据评价出发，做出综合的判断。

从前文介绍的案例中，我们了解到，假如企业的目标是使营业利润率达到10%，那么有许多手段（经营战略）能够帮助我们实现这一目标。现代社会竞争激烈，10%的营业利润率这一目标乍一听十分难以实现，但如果你换个角度想想，也许我们就会打开一个全新的思路——"花掉90%的营业收入也没关系。主要是怎样才能让这笔钱花得物有所值。"我希望大家能够绘制出自己所在的企业的波特价值链模型，思考要在哪个环节构建自己独特的竞争优势，又应该减少哪个环节的权重，并探究以上决策对利润表以及资产负债表的影响。

最后，让我们基于上述分析，来设计一些适合自己所属企业、行业的问题吧。

测试10

请参照前文中所介绍的案例,构建出你所属的企业的产品及服务的波特价值链模型。并在此基础上:

(1)思考你所在的企业与其他竞争对手的区别,并在每个模块中填写你所在的企业在经营战略上的特点。

(2)你所在的企业与其他竞争对手在经营战略上的差异是否拉高(拉低)了企业的毛利率及销售管理费用比率?如果条件允许的话,请结合实际数据进行比较。

(3)你所在的企业具有什么优势?存在哪些需要改善的地方?要如何进一步巩固既有优势?如何对既有问题进行改善?请依据波特价值链模型对以上问题进行思考。(限时60分钟。)

小 结

- 产品自主研发率较高的企业,销售管理费用(中的研发费用)较多,但产品售价也高,因此能获得较高的毛利率。产品自主研发率较低的企业,虽然能够节约销售管理费用,但产品售价较低,因此毛利率也较低。

- 企业可以通过外包生产来控制成本、保证毛利润,丰厚的毛利润是新一轮原始资金,可以投入销售管理活动中,以求在竞争中占据上风。相对的,外包生产的受委托方则可以用规模经济来降低成本。企业自主生产,营业成本低,只是生产环节的产业化使得产品售价也有所降低,因此企业的毛利率较低。然而,企业生产的并非自己售卖的产品,无须负担大量的销售管理费用,再加上规模经济的优势,销售管理费用率可以控制在极低的水平。

- 如果在营销推广活动上投入大量资金,成功地巩固了品牌知名度,那么产品的售价就会变高。在这种情况下,毛利率也高。但与此同时,销售管理费用方面的负担也相应变大。相反的,如果控制营销推广活动方面的资金投入，那么在品牌价值不足以及销售能力缺失的情况下，即使产品的品质相同，也无法卖出高价。这时毛利率较低，但在销售管理费用方面所节约的成本可以补上毛利润低带来的空白。

❏ 采取直接销售方式的企业因为具备自主的销售团队，所以销售管理费用中的职工薪酬会大幅增长。但这时没有中间商赚差价，所以毛利润较高。采取间接销售方式的企业因为不具备自主的销售团队，所以总体来说在销售管理费用方面的支出较少。但这时需要向销售委托方支付返款，所以扣除该部分支出后的毛利润较低（假设企业通过下调售价的方式向中间商让利，而不是把返款算入销售管理费用的促销费用中）。

❏ 经营战略不同，最终的财务数据也会不同。也就是说，财务数据是由经营战略决定的。因此，在对财务报表进行分析的时候，我们的最终目的是认识到这些数值如何体现该企业的经营战略，并在此基础上对该经营战略的合理性做出判断。然而，仅凭阅读会计数据是无法做到这一点的。我们需要充分理解所处行业的竞争环境，对即将发生的事做出预判，思考如何能够充分发挥企业所具备的竞争优势，并从定性的经营环境以及定量的数据评价出发，做出综合的判断。

❏ 假如企业的目标是使得营业利润率达到10%，那么有许多手段（经营战略）能够帮助企业实现这一目标。现代社会竞争激烈，10%的营业利润率目标乍一听十分难以实现，但如果你换个角度想想，也许我们就会打开一个全新的思路——"花掉90%的营业收入也没关系。主要是怎样才能让这笔钱花得物有所值。"

❏ 我希望大家能够绘制出自己所在的企业的波特价值链模型（图8-11为示例），思考要在哪个环节构建自己独特的竞争优势，又要削减哪个环节的权重，并探究以上决策对利润表以及资产负债表的影响。

波特价值链模型（示例）

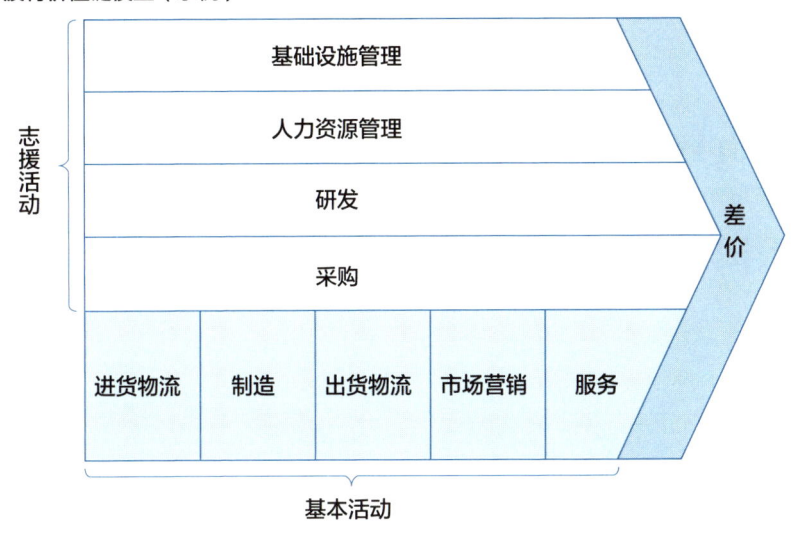

志援活动	基础设施管理					差价
	人力资源管理					
	研发					
	采购					
	进货物流	制造	出货物流	市场营销	服务	

基本活动

研发 → 制造 → 推广营销 → 销售渠道

图8-11 波特价值链模型（示例）
（来源：迈克尔·波特的《竞争战略》）

第九章

用4P理解市场营销战略

思考网购的魅力

测试11

2019年日本国内的B2C-EC（面向消费者的电子商务）市场规模达到193 000亿日元（2018年为179 000亿日元，同比增长7.8%），实体物品销售领域电子商务化率达6.76%（同比增长0.54个百分点）(来源：日本经济产业省[①])。2020年，该领域的发展越发迅速。

请大家以自己最常使用的一个购物网站为例，尽可能地列举自己在那里购物的理由。**"WHY?"**（限时15分钟。）

---

① 隶属日本中央省厅，负责提高民间经济活力，使对外经济关系顺利发展，确保经济与产业得到发展，使矿物资源及能源的供应稳定且保持效率。——编者注

我一直在强调,要"先思考,再读表",而不要"先读表,再思考"。但是想必很多读者并不知道要从哪里开始思考。

我们目前已经学习了利润表的结构(毛利润与销售管理费用的关系、销售管理费用的内容)以及资产负债表的结构(左侧为资产,右侧为资产来源,即负债和所有者权益)。大家可以一边回忆这些知识,一边思考企业的各个会计数值是偏大还是偏小,其原因又是什么。也可以通过波特五力模型试着探究波特五力的强弱关系对企业的影响。还可以借助波特价值链模型,从各个价值模块入手去分析企业的特点。只要活用迄今所学的分析模型,就可以做到"先思考,再读表"。

我希望大家在利用这些分析模型时不要把自己局限在模型所给的框架内。在框架之外也可能存在一些非常重要的影响因素。这时就可以像测试11一样,试着从顾客的角度去进行思考。不用想得太复杂,只需要简单地问自己2个问题:"为什么要在这里买东西?"和"为什么不去别的地方买?"接下来,就让我和数山同学一起来讨论吧。

大　　津:数山同学买东西一般是去实体店买还是网购呢?最经常在哪个购物网站上买东西呢?

数山同学:我很喜欢在网上买东西,最常用的购物网站是亚马逊,因为亚马逊的商品种类比较齐全。

大　　津:也就是说你最看重的是商品种类齐不齐全?

数山同学:也不一定。要是东西太多太杂,反而会让人眼花缭乱。亚马逊比较理想的地方就在于,它不仅商品种类齐全,而且分类也很清楚。像热销商品、亚马逊精选这样的推荐板块也不错。而且网页设计一目了然,搜索商品十分方便。

第二部分　战略思维能力　183

大　　津：购物网站服务在网上购物的消费者,能否满足购物这一需求,才是最关键的。每个消费者的需求各不相同,亚马逊能够成为世界上最大的购物网站之一,是因为它的商品和服务赢得了大多数人的心。除了商品,亚马逊还有什么魅力呢?

数山同学：东西便宜,哈哈。在日本,大多数时候,亚马逊的商品比其他网站要便宜。特别是书籍板块会同步显示二手书的商品信息,只要你不介意书籍略有污损,就能以非常便宜的价格买到书[①]。说到底,不管在哪里买,东西基本是一样的。既然如此,自然是哪里便宜去哪里买。

大　　津：亚马逊的配送费不会很贵吗?

数山同学：很多商品都是免配送费的,亚马逊自己承担了配送费。再把这一点考虑在内,亚马逊的东西就更便宜了。

大　　津：配送费由亚马逊承担,那配送会不会很慢呢?

数山同学：配送速度快也是亚马逊的魅力之一。亚马逊的很多商品都是次日送达的。亚马逊优选(Amazon Prime)会员还能享受免费配送、加急配送、指定日期或时间段配送等服务。说到Amazon Prime,开通了会员之后就能够免费看(视频网站上的)电影或是听音乐,这一点也很吸引人。

大　　津：就算亚马逊没有最近很流行的积分制度,也已经足够实惠了。

数山同学：对了,根据你的消费金额,亚马逊会给你返还相应的亚马逊积分。连积分制度都有,真是越来越便宜。

大　　津：站在顾客的角度,就能看到亚马逊的许多魅力。亚马逊能够做大做强,自然有它的道理。但是,这些服务对于顾客来说是好处,放在企业身上可能就是沉重的成本负担。毕竟这是在会计课堂上,我们需要再深入思考一下,这些给消费的好处对企业的财务报表会有什么影响?

"SO WHAT?"

[①] 日本的新书价格比较昂贵。——译者注

数山同学：我最近又发现了亚马逊的另一个魅力，那就是在亚马逊上退货很方便。从提交退货申请到打印退货单，所有流程都能在网上操作完成，而且不收手续费。对买错东西和冲动购物的人来说，这可是帮了大忙。我妻子就经常冲动购物，哈哈。啊，这么说来，我妻子退货的行为可能会成为企业的负担呢。

大　　津：是啊。但是你妻子似乎是亚马逊非常忠实的用户，想必平常一直在那里买东西吧。购物次数多了，就能抵消掉亚马逊承担的退货成本，所以你妻子已经给亚马逊的营收做出很多贡献了。

怎么样？站在顾客的立场上思考，能毫不费功夫地勾勒出一个企业的形象。如果是自己所在的企业，你可以试试直接听听企业顾客的声音。如果是其他企业，并且你又不是那家企业的顾客的话，不妨去问问购买过那家企业的产品或者服务的家人、朋友和同事。需要他们回答的问题很简单，那就是"为什么要在那里买东西？为什么不去别的地方买？"

其实，我在第三章中就曾以丰田为例演示过一次怎么"先思考，再读表"。在第三章中，我们的目的是从整体上对丰田进行分析，并针对利润表和资产负债表提出假设。而本章将聚焦于一个比企业更小的单位，即"业务"。相信各位读者朋友们进入企业之后考虑得更多的并不是企业整体的情况，而是自己所负责的个别业务、产品、服务、地区。刚刚我就是在让数山同学从这些角度出发，对亚马逊购物网站进行分析。

市场营销及营销组合的4P模型

市场营销的定义

接下来我将采用市场营销的分析方法来对具体业务进行分析。市场营销简单来说就是"制定营销战略并加以实施"。如果说销售是商品与服务形成后的后续工作，那么市场营销就是制定营销战略这个前置准备。

"现代营销学之父"菲利普·科特勒（Philip Kotler）教授这样定义市场营销：

> "在满足他人需求的同时获得利润。"
>
> "发现目标市场的需求，向顾客提供满足需求的价值，并从中获得利润。"

如果无法赢利，那么再漂亮的市场营销战略也毫无意义。连科特勒都在市场营销的定义中提到"利润"，想必营销人员更应学习会计知识了吧。对于优秀的营销人员来说，收益概念与会计思维都是不可欠缺的。

营销组合的4P模型

营销组合是一种以制定有效的营销战略为目的的组合模型。其中最有名的是美国的杰罗姆·麦卡锡（Jerome McCarthy）教授在20世纪60年代提出的4P模型，即从产品（Product）、价格（Price）、渠道（Place）、促销（Promotion）这4个方面制定销售战略。刚才数山同学列举了亚马逊的多个魅力点，接下来，我们可以试着用4P模型对它们进行分类（见图9-1）。

产品（Product）

- 商品种类齐全且分类清楚
- 热销商品、亚马逊精选等推荐板块
- Amazon Prime会员可以免费看电影、听音乐

价格（Price）

- 在日本，亚马逊的商品通常比其他大型购物网站便宜
- 同时显示低价二手商品的信息
- 许多商品免配送费

渠道（Place）
（亚马逊是电子商务企业，作用在于提供流通渠道，因此这里将亚马逊的网站与服务都划分为"渠道"。）

- 网站设计一目了然，搜索商品十分方便
- Amazon Prime的会员能够享受免费配送、加急配送与指定日期或时间配送等服务
- 可以退货，流程方便且不收费

促销（Promotion）

- 根据消费金额返还Amazon积分

图9-1　数山同学的亚马逊4P模型

产品（Product）战略

　　产品战略指的就是企业的产品战略。如果你是零售业就用产品，服务业就用服务来理解。如今"制造业服务化"的声势正起，仅仅提供产品已满足不了顾客的需求。制造业企业如果也想通过网

络服务获取收入，那么就必须将产品与服务都纳入考虑范围之内。

企业能为顾客提供什么样的价值？顾客会为什么样的产品埋单？产品是4P当中最为根本的要素，是营销组合的基本。在思考这些问题时，不能仅停留在商品与服务的特征上，而要将商品名称、品牌、产品线、质量、设计、售后服务等要素都纳入思考的范畴。

我们的目的是制定战略，因此仅仅将上述要素罗列出来是不够的。首先要找出目标购买者及目标购买者所需的产品。目标购买者不会要求一个产品能满足他的所有需求，他也明白要求的越多，价格也就越高，而且提供产品的企业也没有办法做到尽善尽美。抓住目标购买者，最重要的是找准重点。

亚马逊就不热衷于开发自有品牌。提到自有品牌，大家可能会想到7&i控股公司的7优选（7PREMIUM）或者永旺投资有限公司的极质（TOPVALU）。此外，亚马逊的商品外包装或纸箱也不一定有过多的美术设计。因为亚马逊的顾客更在意具体商品，并不会一定想让亚马逊给自己一个有许多精美设计元素的快递箱。

价格（Price）战略

价格战略与金钱有关，与本书主题"会计"也有直接的关系。这里所说的价格指的不只是表面的价格。数山同学在列举亚马逊的价格魅力时，除价格本身以外，还提到了免配送费、显示二手商品信息等优点。同时，Amazon Prime会员制度也可以视为价格战略的一部分。顾客成为会员后就可以享受各种货币性和非货币性福利，即图9-1中的"产品"和"渠道"的内容。亚马逊则在获得稳定的会员费及会员消费收入的同时，也能提高顾客黏度，掌握各个顾客在电影、音乐方面的喜好。这不仅有利于进一步完善商品推荐功能，还能让亚马逊借助推荐功能来扩大忠诚顾客群体。4P分别带来了独立的积极影响，同时也形成了一种良性循环，使得亚马逊的营收进一步扩大。一般而言，价格战略还包括折扣谈判、批量折扣、分期付款、信用卡与其他智能卡活动、初期免费活动、邀请折扣等。

在定价时需要注意3点：（1）要以购买者可接受的金额为上限；（2）要以能够收回成本，实现预期利润目标的金额为下限；（3）要与竞争对手进行比较，把握好价值与价格之间的平衡。不同情况下，这三点的优先度会有所不同，有时需要在其中的某一个上做出牺牲，但从中长期来看，它们都是在定价时要考虑的要点。

渠道（Place）战略

如果是通过零售商、代理商、批发商等销售渠道进行销售，那么渠道战略指的就是和这些流通渠道相关的战略；如果是直接与终端用户对接进行销售，那么渠道战略指的就是店铺地址、店铺装修设计、店铺员工等与店铺相关的各种战略；如果是网络销售，那么渠道战略指的就是网页设计与下单手续等。

数山同学所说的亚马逊的魅力之中，网页设计、免配送费、加急配送、指定日期与时间配送、退货手续等都属于渠道战略，它们大多带有服务的属性。亚马逊的作用在于为网络零售商（及制造商）提供渠道，因此，它既是渠道战略，也是亚马逊的产品战略。

在第八章中，我们介绍了直接销售和间接销售。我希望大家能再回想一下2种不同销售模式下利润表结构的区别（毛利润与销售管理费用的关系）。而对销售渠道进行考察时，则可以结合第五章的波特五力模型思考企业与购买者关系的影响因素。

促销（Promotion）战略

该战略旨在与购买者沟通并引导购买者购买商品。数山同学所举的亚马逊的魅力中，只有根据消费金额返还亚马逊积分这一点属于该战略。这背后有许多原因。首先，我们刚刚所讨论的产品、价格与渠道的魅力给亚马逊带来了很大优势。它们已经深深刻在了顾客的脑海里，就算亚马逊不投放电视广告、不做大量的宣传也能让顾客形成"网购等于上亚马逊购物"的观念。亚马逊在做好前3个P的同时，也充分做到了促销。

其次，促销战略的目的在于引导顾客购买商品，是"企业侧"的行为，数山同学站在顾客的立场上，很难注意到这一点。亚马逊与各个网站的运营者之间的联盟营销就是一个很好的例子。如果消费者在某个网站点击了商品信息，跳转到亚马逊，并最终下单购买，那么该网站的运营者就能够获得一定的佣金，这就是联盟营销。对于亚马逊来说，这是一个从其他网站吸引顾客的重要促销战略。但是顾客就很少会注意到他的消费会给第三方带去收益。一般来说，促销战略涉及广告宣传、价格优惠、销售人员、媒体宣传、返款、直邮广告、网页设计、积分、优惠券等多个方面。以上内容都总结在图9-2当中。

从会计上来理解4P的话，价格与营业收入直接相关，剩下的3P则与费用、存货等企业的负担项目有关。但是，企业不是为了

产品（Product）
产品特点、产品名称、品牌、产品线、质量、设计、售后服务等

价格（Price）
定价、折扣谈判、批量折扣、分期付款、信用卡与其他智能卡活动、初期免费活动、邀请折扣等

渠道（Place）
销售渠道、店铺地址、店铺员工、库存、购物网站、下单手续等

促销（Promotion）
广告宣传、优惠活动、销售人员、媒体宣传、返款、直邮广告、网页设计、积分、优惠券等

图9-2　营销组合中的4P及对应的一些具体项目

花钱而花钱，也不是为了囤货而囤货。营销战略的成果最终要反映在价格以及销量的增长上。

这里就以产品战略中的设计为例进行说明。假设有一家企业主打环境友好型产品理念，并将这一理念贯穿于所有产品的设计中。这种情况下，企业不需要向认同企业理念的忠诚顾客投放大量广告，也不需要频繁开展促销活动，这类顾客会因为认同企业的理念而自发地购买产品。如果能够做到这一点，那么产品战略中的"设计"就不再是一种成本，而是一种稳定提高营收的投资。我们不应当仅从产品战略的角度去看待设计，而应当认识到它也是价格战略的一个要素，因为它最终促进了销量和价格的增长。

我再简单介绍一下4C战略。4P战略其实是站在企业的立场上，从4个方面去思考市场营销战略。然而，如果想让更多的购买者认同企业的设计理念并购买产品，就应当由企业视角转换为购买者视角。如若不然，可能就会有所疏漏。

4C将4P中的产品（Product）换成了顾客价值（Customer Value），将价格（Price）换成了成本（Cost），将渠道（Place）换成了便利（Convenience），将促销（Promotion）换成了沟通（Communication）。怎么去理解它们呢？不难发现，这几个C都是以购买者立场为导向的。简单来说，就是购买者在购买某件商品时会想"这个东西有什么价值""成本多高""好在哪里""如何深入理解商品中的理念"，即从自身角度出发去思考。4C代表着购买者的立场，企业在制定市场营销战略时也应当把4C考虑进去。接下来我将结合具体的案例和会计数值来介绍4C。

从产品（Product）到顾客价值（Customer Value）带来的利润

购买者购买的并非产品或服务本身，而是它们对于自己的价值。对于目标购买者而言，企业所提供的产品或服务究竟有什么价值？思考这一问题时，应从购买者追求的价值出发，而仅不是站在企业产品或服务的角度。

欧比克7（OBIC7）是一款为中小企业提供综合业务的软件，由欧比克公司运营（OBIC）。该企业自主开发并提供从硬件销售到系统导入咨询、系统搭建、系统运维、网络搭建的一系列服务。

OBIC的业务主要集中在自己擅长的领域,并且以中小企业为目标购买者,它的毛利率与营业利率仍分别高达70.0%和53.7%(2019年4月—2020年3月),始终保持着高营收水平。

从价格(Price)到成本(Cost)带来的利润

购买者只会承担与价值相符的价格。产品价值高,购买者自然乐于承担高昂的价格。相反,如果产品价值低,那么购买者就只愿意以低价格购买。购买者是在为除价格外的3个C埋单,所以绝不能脱离它们去思考成本。

成城石井[①]以首都圈为中心,开了许多店铺。店内商品品质优良且独特,店铺位置多位于交通便利的市中心,且店内装潢整洁美观,还有手写标签介绍各商品的特点。所以,作为一家超市,尽管成城石井所售商品的价格整体偏高(Cost),却仍然吸引了大批繁华大都市的顾客。超市行业的毛利率一般为2%~3%,但成城石井的毛利率高达9.0%(2019年3月—2020年2月),始终保持着很高的利润水平。

从渠道(Place)到便利(Convenience)带来的利润

购买者所购买的不仅是表面上的产品与服务。以亚马逊为例,网页简明易懂,商品配送免费,提供次日送达服务,设有退货制度等,这些便利之处才是吸引客户购物的关键。

[①] 日本著名的高端超市,主要售卖进口商品与自制产品。——译者注

7—11便利店内的自动柜员机（ATM）归属于7—11银行。尽管叫银行，但它的商业模式与一般银行完全不同。一般银行的是以存款人的存款为资金，在向存款人支付利息的同时，用这笔资金去购买金融产品，进行融资或者投资房地产等，并从中赚取利润。7—11银行所提供的便利则是在店内设置自动柜员机，让顾客能够方便地存取现金。7—11银行的营业收入计算如下：

> 来自其他银行的自动柜员机代理手续费（每笔交易130.9日元）×每台自动柜员机日均使用次数（92.1次）×365天×结算期末所设自动柜员机数量（25 215台）≈1 110亿日元（2019年4月—2020年3月。加上其他营收，实际总营业额为1 202亿日元。）

上述算式就是最好的诠释。7—11银行的业务不仅方便了自动柜员机用户，也为其他银行提供了便利，它们不需要花钱开分行或设置自动柜员机就能维持客户的满意度，正是这些7—11银行带来了手续费收入。

2020年3月底，7—11银行所持存款金额仅为6 866亿日元。因此，营业额达到1 200亿日元就等同于创造出了超过17%的收益率。就算用经常性利润（450亿日元）来算，收益率也约为7%。7—11银行虽然名叫"银行"，但实际上是一个营收很高的自动柜员机运营商。

当然，这一切都离不开7—11银行所提供的便利。用户可以很方便地使用自动柜员机，其他银行可以少花钱开分行或设置自动柜员机，整个7&i控股公司也借此打造了更完善的服务体系。

从促销（Promotion）到沟通（Communication）带来的利润

Promote意为"推动"，在市场营销的语境下表示企业推动顾客购买商品的活动，带有很强烈的企业主导意味。但这却并非购买者所求。购买者需要的是沟通，即希望企业简单易懂地告诉自己有哪些选择，如果选择了你的企业，能享受到什么优惠。

花王于2019年制定了ESG战略[①]"美好生活方式计划（Kirei Lifestyle Plan）"，并公布了计划蓝图、到2030年前要实现的三大承诺以及19个重点行动主题。日语中的"きれい（罗马拼音为Kirei）"意为"美好""洁净"，同时也能用来指人的心理状态与生活态度好。它寓意着花王希望通过自己的行动来构建一个更加美好、舒适、清洁健康的社会。花王经营的产品主要面向大众消费者，涉及化妆品（嘉娜宝、索菲娜等）、护肤护发产品［碧欧蕾、逸萱秀（Essential）等］、健康护理产品［妙而舒（Merries）、Healthya等］、纺织和家居护理产品［洁霸、快洁（quickle）静电拖把等］等多个领域。这些产品均贯彻了花王所追求的"美好"理念。尽管旗下产品都属于行业竞争十分激烈的大众消费品，但花王的营业利润率仍然达到了14.1%（2019年1—12月），始终保持着较高的营收水平。

[①] 即 Environment（环境）、Society（社会）和 Governance（治理）3个单词的首字母缩写。——译者注

小　结

- 市场营销简单来说就是"制定营销战略并加以实施"。菲利普·科特勒教授认为市场营销是"在满足他人需求的同时获得利润",即"发现目标市场的需求,向顾客提供满足需求的价值,并从中获得利润"。连科特勒都在市场营销的定义中提到"利润",所以营销人员更应学习会计知识。

- 营销组合包括产品（Product）、价格（Price）、渠道（Place）和促销（Promotion）,用4P去划分亚马逊的销售战略,从而真正理解它的魅力吧。

- 产品战略不仅包括商品与服务,还涉及商品名称、品牌、产品线、质量、设计、售后服务等方面。

- 价格战略不仅包括表面的价格,还涉及价格、折扣谈判、批量折扣、分期付款、信用卡与其他智能卡活动、初期免费活动、邀请折扣等。

- 渠道战略包含多种情况。如果是通过零售商、代理商、批发商等销售渠道进行销售,那么渠道战略指的就是和这些流通渠道相关的战略;如果是直接与终端用户对接进行销售,那么渠道战略指的就是店铺地址、店铺装修设计、店铺员工等与店铺相关的各种战略;如果是网络销售,那么渠道战略指的就是网页设计与下单手续等。

- 促销战略旨在与购买者沟通并引导其购买商品。内容涉及广告宣传、优惠活动、销售人员、媒体宣传、返款、直邮广告、网页设计、积分、优惠券等方面。

- 4C战略将4P中的产品（Product）换成了顾客价值（Customer Value）,价格（Price）换成了成本（Cost）,渠道（Place）换成了便利（Convenience）,促销（Promotion）换成了沟通（Communication）。该理论以顾客立场为导向,企业在制定营销战略时也要将这个理论考虑进去。

第十章

用STP与4P分析同行业企业的市场营销战略与会计数值

运用R-STP-MM-I-C理论剖析市场营销流程

在第九章中,数山同学站在顾客的角度向我们介绍了亚马逊的魅力。之后我们用营销组合理论,也就是4P模型对其进行了分类整理。4个P并非泾渭分明,而是相辅相成,共同发挥作用,吸引顾客。在第九章最后,我们又站在顾客的立场上,把4P理论的内容按4C的框架重新进行了整理。至此,我们对4个P相辅相成的关系有了进一步的理解。一个漂亮的市场营销战略不仅能够实现各要素之间的良性循环,还能够持续给企业带去利润。这就是科特勒所定义的市场营销,即"在满足他人需求的同时获得利润。"

亚马逊是一个真实且成功的案例,用它作为案例来解说4P模型也更易于读者理解。事实上,亚马逊自1994年成立以后所经历的失败要比成功多得多，但正是因为有这些失败，才有了亚马逊今天的市场营销模式。购买者、竞争环境、技术、社会价值等要素在不断变化，今后亚马逊的市场营销战略也将随之不断升级。从市场营销的"战略"角度来看，4P并非首先要考虑的要素。我在上一章当中时不时会提到"目标购买者"一词，这才是我们首先要考虑的因素。而要找到目标购买者，首先要做好详细的市场调研。

科特勒将市场营销流程分为了5个步骤（见图10-1）。

步骤1　调查（Research）

步骤2　市场细分（Segmentation）→ 目标市场（Targeting）→ 市场定位（Positioning）

步骤3　营销组合（Marketing Mix）（4P的实施）

步骤4　实施（Implementation）

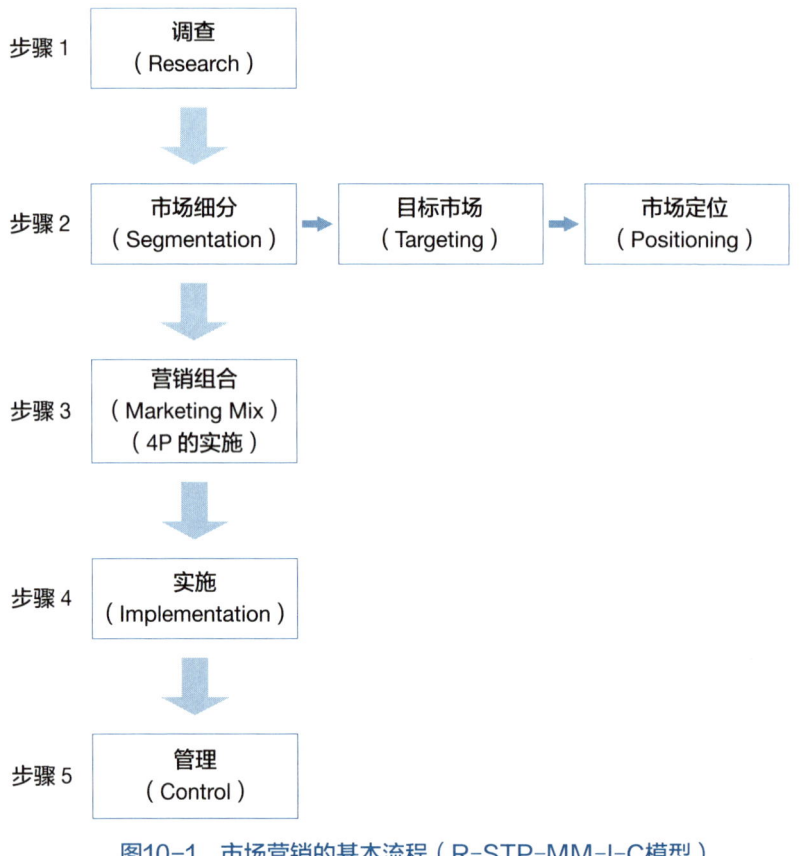

步骤5　管理（Control）

图10-1　市场营销的基本流程（R-STP-MM-I-C模型）

R-STP-MM-I-C理论取名自各流程的首字母,是对市场营销流程最权威的解读之一。上一章中提到的营销组合与市场营销的4P都属于步骤3,并非市场营销流程中首先要考虑的要素。

在考虑4P之前,首先要进行步骤1,即调查(Research),这一点大家应该都认可。即运用PEST分析[政治(Politics)、经济(Economy)、社会(Society)、技术(Technology)的首字母缩写]或第五章介绍的波特五力模型客观地对市场环境进行调查与评价。之后要进行步骤2,即"明确目标购买者":关注市场细分(Segmentation)、目标市场(Targeting)和市场定位(Positioning)。

市场细分、目标市场、市场定位这3个词只看英文就能理解是什么意思。各位读者应该也都能看出来它们各自代表着一个阶段性目标。本章中就主要对R-STP-MM-I-C理论中有关这3个词的理论(STP理论)进行讲解。

STP理论

市场细分(Segmentation)

市场上有各种类型的购买者。将具有特定需求的购买者划分为一个购买者群,每个购买者群就是一个市场,这样一来就能衡量它们的存在价值与吸引力。划分购买者群的依据包括地理因素、人口因素、心理因素、行为因素等。例如,丰田的产品线覆盖了从高级汽车到廉价小型汽车的汽车市场。这从侧面说明了汽车消费市场上存在多种细分市场。

目标市场（Targeting）

在细分后的购买者群中找到企业的目标细分市场。虽然这里我们要考察的是购买者，但也需要对自己所在的企业拥有的资源和竞争中的比较优势进行详细的分析。

对上述要素进行分析之后就能确定究竟是要针对某个特定的目标群体提供特定的商品［满足年轻人追求廉价、快时尚的日本服装品牌极优（GU）］，还是要为多个目标群体提供种类丰富的商品（永旺投资有限公司、伊藤洋华堂有限公司），或者是要面向所有目标群体提供单一商品（优衣库）。

市场定位（Positioning）

在确定目标市场之后，就要明确自己在目标市场中的定位，迎合市场需求。比如优衣库将自己企业的保暖衣等商品称为"服适人生（Life Wear）"与"极好的日常服装"。它给自己的市场定位就是"让所有人都生活得更加舒适美好、丰富多彩的服装。简约优质，兼具审美与细节的服装。"其他服装企业所强调的"设计、时尚、潮流、前沿"等"华丽"的概念在这里不是重点。优衣库在目标细分市场中将自己定位成生活服饰，而非潮流服饰。

接下来，我将以某个行业为例，按照步骤顺序，从STP分析开始，再对4P进行考察，最后讨论以上因素对利润表的影响。我先来问问卖野同学。

大　　津：今天你可是实打实地学了大量的会计知识。你平时也不用怎么在这方面动脑子，现在是不是觉得很累？

卖野同学：是啊！可太累了，哈哈。

大　　津：辛苦了。话说回来，卖野同学平常会不会做一些有益身体健康的事？毕竟你看起来很瘦。

卖野同学：我瘦，一部分是因为太忙了，不过平常也有注意不饮食过度。在家的话我一般会在晚上9点前吃完饭，在公司的话我也很少吃零食。

大　　津：你的习惯真好。不想有多余的脂肪就要先减少"输入"。那么在增加"输出"这方面你有没有做出什么努力呢？

卖野同学：虽然平常工作都很忙，但我周三下班较早，晚上会去健身房，周末也会挑一天去健身房，毕竟也可以借机换换心情。

大　　津：不错嘛！既减少了多余的"输入"，又增加了"输出"。如果企业能够削减非必要的成本项目"输入"，增加营收项目"输出"，那么利润自然就会增加。健康管理与创造利润其实大同小异。对了，你为什么会选择现在去的那家健身房呢？

"WHY？"

卖野同学：最大的原因是离家近，可以走着过去。就算有时候很累，也能提起精神去一下健身房。

大　　津：这样啊。看来位置很重要呢。位置好的话，就算贵点也没关系？

卖野同学：不是的。我只是个上班族，手头还没那么宽裕呢。我每周只有2天去健身房，还都是在工作日的晚上和周末的白天，所以我在那里办了个限定时间段使用的健身卡，让他们给了我一些折扣。

大　　津：健身房里的设施齐全吗？

卖野同学：我难得才去一趟健身房，一般会在那里跑步、锻炼肌肉、跳健身操，最后再游个泳。当然我最喜欢的还是那儿的桑拿和洗浴。从健身房回来之前，我都会去洗个热水澡。那里真的太完美了，能提供全套服务。

大　　津：你刚才说健身房离你家很近，那你家附近还有别的健身房吗？

第二部分　战略思维能力　　201

卖野同学：有的。但是我去的这家健身房当时在搞活动，加入会员可以免交头2个月的会员费，我就被吸引了。话说回来，真的会有人交会员费吗？健身房不是一年到头都在搞免费会员促销吗？哈哈。

大　　津：这得看是哪家健身房吧。像是这几年迅速发展起来的莱札谱（RIZAP）之类的健身房就不会搞什么免费会员促销活动。

卖野同学：也是，或许是因为竞争环境不同吧。啊！要是按照刚刚说的理论的话，它们的目标市场（Targeting）和市场定位（positioning）也不同吧。

结合STP理论分析健身房市场

想必读者当中也有许多人会定期去健身房吧。其实我也会去健身房，每周最少要去2次，有时会去3次。健身房的顾客中存在着什么样的细分群体呢？我个人去健身房的原因有三，分别是转换心情、保持健康、管理体重。不管是出于哪种原因，我去健身房都以长期保持身体健康为目的，完全没有想过在短期内练成一个肌肉壮汉，或是在一个月内减掉10千克体重。不过，在健身房的顾客当中，应该有相当一部分人是有这些想法的。从年龄段来看，每个细分市场的规模都很大，既有已经参加工作、有闲钱却没什么机会活动身体的20多岁的年轻人，又有到六七十岁的老年人。

我属于"想要长期保持身体健康"的细分市场，与我相反的人则属于"想要在短期内实现特定目标"的细分市场。虽然拳击手也有着很强烈的在短期内实现特定目标的想法，不过从大众市场来看，这里所说的"想在短期内实现的特定目标"一般指的还是减重。

我们可以用平面直角坐标系来表示健身房市场的细分市场。横轴代表去健身房的目的，轴的两端分别是"想要长期保持身体健康"和"想要在短期内减重"。那么纵轴代表什么呢？包括我在内，对于很多人来说，去健身房锻炼固然重要，但也不至于像衣食一样不可或缺。再者，我们大可创造属于自己的"免费健身房"——在外面慢跑或散步之后，去社区活动中心的泳池游个泳，回家后举举杠铃，再跟着视频跳跳健美操，最后洗个热水澡。但我们却选择去外面的健身房。这是因为健身房的氛围健康，还有教练能够给予我们指导。我们会在健身房遇到些志同道合的朋友，可以使用一些自己买不起的锻炼器材，又或者是可以去大型泳池里游泳。同时，每个月交的会员费也可以看作是维持健康的一种自我督促。

之后我们只要结合产品与价格要素，站在顾客的立场上找到顾客价值与成本之间的平衡，就可以选出对自己而言最好的健身房了。所以，不如就用纵轴来表示会员费吧，轴的两端分别代表着价格的高与低。确定了横轴和纵轴分别表示去健身房的目的和会员费后，我们可以把顾客的需求和现有健身房的类型整理成如图10-2所示的矩阵。

大型综合健身俱乐部的市场规模最大，在日本的代表性企业有科乐美健身株式会社（KONAMI Sports，以下简称科乐美健身）、中央健身株式会社（CENTRAL Sports，以下简称中央健身）。综合指的是配备有健身器械、泳池、体操房等，大多数时候还要配有洗热水澡的地方。在日本，情况是这样的：它们大多位于车站前，地理位置极好。这个行业过去进行过企业的合并重组，竞争激化速度相对其他行业而言较为缓慢。然而，这些设备齐全的综合性健身房的性价比并不高，每个月的会员费是1万~1.5万日元，如果顾

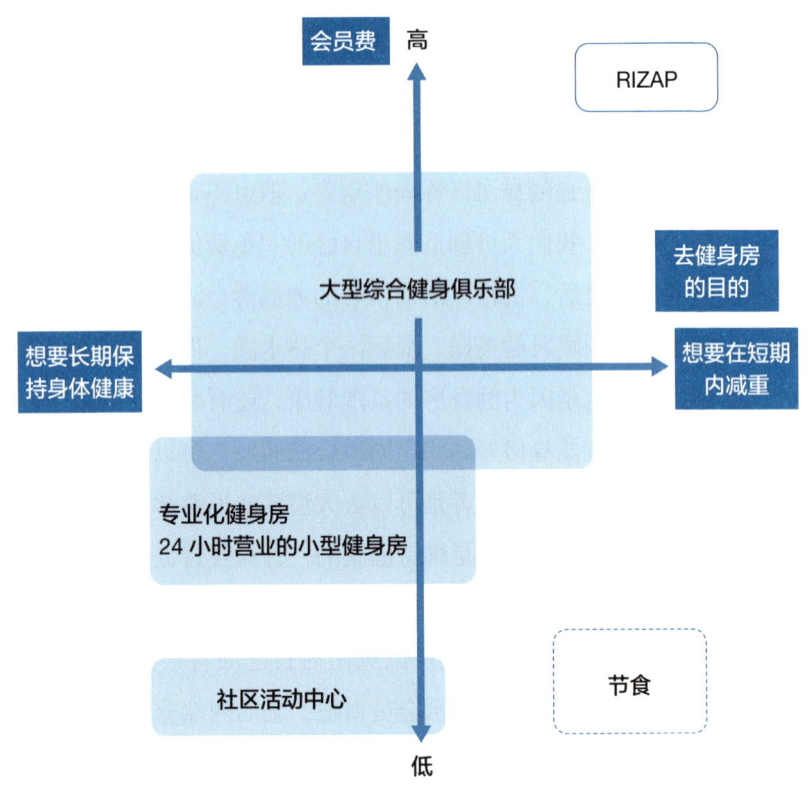

图10-2 健身房市场的细分市场及其规模

客不使用泳池和浴室，就相当于每个月都在为根本用不到的设施付费。

像是瞄准了这个缺口一样，以瑜伽、普拉提（Pilates，健身运动名）、伸展操为主要卖点的专业化健身房和以24小时健身中心（Anytime Fitness）为代表的24小时营业的小型健身房异军突起，规模迅速扩大。专业化健身房大多主营特定的项目，或是限定人群入会，尽管市场小众，但仍然满足了一定人群的需求。这两类健身房的会员费往往要低于综合性健身俱乐部。例如24小时营业的小型健身房的会员费基本上都在每月7 000～8 000日元。正是因为规模小，所以场地较小，器材有限，也不会有泳池和澡堂。对于只想要享受部分服务的顾客来说，花更低的价钱就能满足自己的需要。对于企业来说，店铺规模较小，开新店或者关停店铺都会较为方便。

我所列举的这些大型综合健身俱乐部、专业化健身房、24小时营业的小型健身房都可以是"想要长期保持身体健康"的顾客的选择。"想要在短期内减重"的人也可以选择去这些地方健身，但是从健身房会员总数来看，这种顾客应该只占少数。什么样的健身房才能吸引"想要在短期内减重"的人呢？由于坐标图右上角的象限所代表的细分市场很小众，我直接写了具体店名上去，这样比较好理解。五选择的例子是RIZAP。

在2020年，打开RIZAP的官方网站，就可以看到它的首页广告。广告由知名女星拍摄，她在短期内成功减重，女星的照片旁写着"45岁，像别人一样华丽瘦身。秘诀不是少吃，而是锻炼。"RIZAP所瞄准的主要群体正是"想要在短期内减重"的人。有一部分顾客目的很明确，就是一定要在短时间内瘦下来，为此就算要付比较高的价钱也在所不惜。RIZAP所有类型的会员费都是5万日元（税前价格，下同），没有什么入会活动。有各种各样的课程可供选择，但最便宜的课程也要29.8万日元。这类课程一共持续2个月，每周上2节课，每节课50分钟，总计16节课。而最贵的课程则要93.44万日元。这类课程一共持续4个月，每周上2节课，每节课80分钟，总计32节课。

运营健身房的企业将潜在顾客划分为多个细分市场（Segmentation），从其中找出企业的目标市场（Targeting），再明确自己的市场定位（Positioning）。RIZAP不会把自己的业务称作健身业务或者运动业务，一旦这样命名，RIZAP的市场定位就会和其他企业重复，定位不对，目标顾客也不会买账。RIZAP将自己的业务称为"身体塑形业务"，意思是帮助每一位顾客打造他们理想中的身形。

大型综合健身俱乐部的代表企业中央健身则在自己的网页上写道，"我们提供各种游泳与健身课程。我们的经营理念是'助您一生健康'。我们将这一理念带到了全国230个门店中。"在宣传语中，我们就能看出中央健身的目标市场与市场定位，即：（1）有泳池、健身、体操房等设施，是综合健身俱乐部。（2）服务对象范围广，涵盖从婴幼儿到老年人的全年龄层顾客。（3）顾客能在这里收获健康。

既然2家企业的市场定位都已经弄清楚了，那么接下来我们就根据卖野同学的发言，把RIZAP和中央健身的市场营销战略分类整理成4P模型（站在顾客角度则是4C）吧（见表10-1）。

表10-1　中央健身与RIZAP的市场营销战略4P模型

	中央健身 大型综合健身俱乐部	RIZAP 塑形机构
产品 （顾客 价值）	• 以"助您一生健康"为经营理念，在全日本230处开展业务 • 综合提供健身、游泳、体操相关设施，许多门店配有澡堂与桑拿房 • 提供免费健美操、瑜伽、游泳、健身课程 • 提供收费的私人训练课程 • 兼办体育教育事业（儿童游泳学校、各种成人体育学校），同时提供大巴接送服务	• 为想要在短期内减重的顾客量身打造训练计划，安排专属教练进行全面指导（课程基本2个月起步，每周上2节课，每节课50分钟。） • 除健身训练外，还提供免费的定期回访、饮食建议、电话咨询等服务 • 健身环境卫生且空间独立，提供免费服装、洗漱用品及饮用水 • 实行全程预约制，方便行程较忙的顾客选择时间 • 提供有偿的防体重反弹保险，开设付费身材管理课程

续表

	中央健身 大型综合健身俱乐部	RIZAP 塑形机构
价格 （成本）	• 会员费与会员等级因门店不同而异，但根据使用时间段、使用门店限制、是否提供免费毛巾等情况设置了多种会员套餐。这些套餐价格为每月4 000到1.5万日元不等 • 设有暂停交费但保留会员身份的制度，可以免费暂停会员	• 入会费为5万日元，为期2个月的课程费用为29.8万日元起步。通过高收费向顾客承诺减肥效果 • 承诺"包教包瘦"，如未达到预期减重效果则将在30日内全额退款 • 除了回头客生意，还销售昂贵的保健品等自有产品；门店人均消费金额达70万日元，自有产品的毛利率也很高 • 为续费会员提供多种制度支持与价格优惠
渠道 （便利）	• 多为配有泳池、体操房的综合性大型门店，门店数量多，多位于车站附近，地理位置优越 • 除综合性门店外，也开了许多24小时健身房、无泳池型健身房、体操健身房等小型门店	• 主要通过广告吸引顾客，因此门店选址一般会避开车站周边的黄金地带，转而开在商住两用楼里，成本较低 • 以肌肉锻炼与一对一指导为主，因此场地较狭窄，健身器械也少；没有泳池，不能泡澡，仅有淋浴
促销 （沟通）	• 主要通过投送夹页广告与在街头发放传单来招揽新顾客 • 为了招揽新顾客，经常办免费加入会员或加入会员后一定时间内减免会员费等优惠活动 • 有时会利用签约运动员做宣传	• 大量投放著名演员或歌手的"身材逆袭"广告 • 没有任何入会优惠

第二部分　战略思维能力　207

2家企业的产品战略体现了不同的顾客需求

中央健身成立于1970年，在日本的行业排名靠前。中央健身所提供的产品（顾客价值），就是"助您一生健康"的经营理念。为了实现这一理念，中央健身在充实健身、游泳、体操相关设施的同时，还提供了许多免费的课程。每一位顾客都能选择适合自己的方式来使用健身房。不知是不是受到了RIZAP的影响，中央健身也开始提供有偿的私人训练课程。这些课程没有RIZAP的那么贵，仅仅只是对会员提供的一种附加服务。中央健身在经营健身俱乐部的同时，也利用自己的健身设施开展了一些体育教育事业（儿童游泳学校、各种成人体育学校）。在截至2020年3月的会计年度，中央健身的健身业务的营业收入达到了297亿日元，而体育教育事业的营业收入则达到了134亿日元。

截至2020年3月底，RIZAP共在136家门店（日本129家，日本外7家）开展身体塑形业务。同一时期，其他关联业务（保健品等）的营业收入也达到了401亿日元。此外，RIZAP还在官方网站首页打出了"私人健身房排行榜四连冠"的宣传语。我们可以从中总结出RIZAP所提供的（产品中的）顾客价值，即：（1）理想的身材。（2）瘦身过程不痛苦。（3）对教练满意。（4）瘦下来后体重不反弹。RIZAP为顾客量身打造训练计划，安排专属教练进行全面指导，此外，还免费提供定期回访、饮食建议电话咨询等服务，以及卫生且独立的健身环境、免费服装、洗漱用品及饮用水等。还提供有偿的防体重反弹保险和付费的身材管理课程。

2家企业最大的不同在于价格战略

在4P模型当中，2家企业差别最明显的就是价格，也就是顾客眼中的成本。加上入会费，RIZAP2个月收取的最低费用约为35万日元。与此相对，中央健身的会员费平均每个月只要1万日元。也就是说，RIZAP2个月要交的费用相当于中央健身35个月的会员费，也就是大约3年的会员费。只有认为这巨大的价格差异源于价值差异的顾客才会去RIZAP，所以RIZAP的业务无疑是小众的。RIZAP仅公布了开业以来的累计会员总数，但并不公开每年的会员总数。截至2020年3月底，RIZAP的累计会员总数已达到14.7万人。

RIZAP所面临的矛盾是，如果顾客在2个月内减肥成功，他们就会心满意足地退会；如果失败了，他们大多也还是会失望地退会。如果说一般的健身房是通过每个月的回头客所交的会员费来回收初期的获客成本的话，RIZAP就必须在短短2个月内回收以广告费用为主的大额获客成本。当然，RIZAP也十分重视会员的续费问题，为此采取了各种各样的方法来拉拢顾客，比如说将训练的重点放在改善长期的生活习惯上等。RIZAP所公布的资料显示，在截至2019年3月的会计年度，约半数会员的在会时间超过了6个月。但也只是6个月而已。

据财报显示，2019年4月至2020年3月，中央健身的合并营业收入为533亿日元，总会员数（个人）约43.4万人，会员的平均年龄为54.3岁。相当于每名会员每月平均交1万日元会员费。中央健身原本的目标是扩大青壮年市场，但实际的顾客平均年龄却显示，会员主要集中在中老年人群。

2家企业不同的渠道战略带来了不同的产品战略

2家企业都属于实体服务业企业，因此对渠道战略的考察要具体到每一个门店中去。这样一来，2家企业所提供的各种项目既属于产品战略，又属于渠道战略（便利）。正如上文所说，中央健身的优点就在于它配套设施齐全、课程丰富，且任何人都可以选择适合自己的方式来使用健身房。而它的缺点就在于，和迅速发展起来的小型健身房相比，它的会员成本比较高。受此影响，中央健身也开始开设24小时营业的健身房、无泳池型健身房、体操健身房等小型门店。

在看过RIZAP的电视广告后，我注意到，广告只重点宣传明星在短时间内瘦身成功的事实，却并没有明确说明那个明星究竟是在哪个健身房做什么运动才瘦下来的。RIZAP的门店不一定开在车站前的黄金地段或者崭新的商业大楼，更多开在商住两用楼的高层（2层以上）。RIZAP的业务内容以肌肉锻炼与一对一指导为主，因此场地较狭窄，健身器械也少。此外也没有泳池，不能泡澡，仅有淋浴。

在顾客眼中，RIZAP的顾客价值（或便利）绝不仅是健身房里的实体设施，而是"让自己在短时间内瘦下来的承诺"。这不仅包括RIZAP的承诺，还包括花了大价钱的顾客对自己的承诺。地理位置、场地空间、健身器械、泳池、体操房、澡堂等，无论从数量上还是质量上看，都是中央健身要更胜一筹，但顾客还是选择花17.5倍的钱在RIZAP练2个月。这也侧面反映出了促销战略的重要性。

2家企业的促销战略反映出不同的盈利模式

健身房做的是回头客的生意。说得更大一些，以个人为服务对象的服务行业做的基本上都是回头客的生意。虽然一开始招揽新顾客要费一番功夫，但只要对方成为会员并且对企业提供的服务感到满意，企业之后就算不花太多钱维系顾客也能获得稳定的月收入。从水、电、煤气、通信等公共服务到铁路、租房、快递、主题公园等，这些服务行业都靠回头客赢利，所以比起在媒体上投放大量广告，还是直接将资金用在目标顾客身上更有宣传效果。这种促销战略放在健身房行业就是投放夹页广告和在街头发传单。正如卖野同学所言，健身房一年到头都在搞优惠活动，可以免费加入会员，又或是加入会员后在一定时间内减免会员费等，那是因为招揽新顾客太不容易了。相对的，新顾客成为会员后，企业就基本不用再操心，顾客会自愿续费，每个月都能保证一定的会员费收入。当然，为了留住会员，健身房还是需要进一步丰富相关设施与服务的。

RIZAP则改变了这种经营模式。传统的健身房倾向于将钱花在服务上，而不是拿去投放广告。而RIZAP则反其道而行之，将大量的资金用于广告宣传，同时缩减健身设施投资等服务成本。地理位置、场地空间、健身器械、泳池、体操房、澡堂等，这些方面不必样样做到最好，有的设施甚至都不会提供，但是它的目标市场并非"想要长期保持身体健康"的人群，而是"想要在短期内减重"的人群。这类人群并不一定要求健身房里要有像中央健身那样丰富的设施。他们想要的只是能和自己一起承诺"在短时间内瘦下来"的伙伴。

"想要在短期内减重"的需求比较小众，但确实存在着一定规模的有此潜在需求的人群。与其一个个地去接触这些人，还不如大量投放一些具有吸引力的广告赢得他们的"芳心"。RIZAP的确也成功地做到了这一点。

RIZAP对健身房的潜在顾客进行细分，将愿意付高额费用来实现短期减重目标的人群当作自己的目标顾客，准确地找到了自己的市场定位，又做了相应的宣传，最终招揽到了顾客，收获了一定的成功。可以说，RIZAP是个值得称赞的市场营销赢家。

解读2家企业的利润表

如果这是一本介绍市场营销的书，那么在介绍完R-STP-MM-I-C模型，并以健身房行业为例对STP模型、营销组合进行简单的整理之后，大部分的内容就已经说完了。之后就剩下对实施（Implementation）与管理（Control）这两个步骤的具体介绍了。但是本书的主题是会计和战略思维相结合。上述2家企业的市场营销战略的差异在利润表上是如何体现的呢？我想通过对这个问题的分析来好好对应一下本书的主题。这样一来，大家下次在读专门介绍市场营销的书时，或许就会时不时地思考："这样一来会计数值会变成什么样？""这样能赢利吗？"我想再强调一遍，科特勒对市场营销的定义是"在满足他人需求的同时获得利润。"如果不谈利润，市场营销的学习就永远不会有尽头。接下来就让我们一起走进会计的相关讨论吧。

解读财务报表时要"先思考，再读表"，这是我在书中再三强调的。我们已经运用市场营销的4P模型对2家企业的市场营销战略进行了翔实的分析。如果你已经对2家企业的利润表的情况有了大致的猜想，那就非常好了。

接下来就让我们结合上面的4P模型来对中央健身与RIZAP的利润表提出一些假设吧（见表10-2）。

表10-2　结合2家企业的4P模型对会计数值做出的假设

	中央健身	RIZAP
产品（顾客价值）	• 资产负债表：要在全日本230家门店提供包括健身、游泳、体操在内的综合性服务，就需要进行大额的固定资产投资。土地、房屋、器械等固定资产的投资金额都达到了一定的水平 • 资产负债表：房屋大多是租的，因此会产生押金、保证金 • 利润表：持有的固定资产会产生折旧费用，租赁物件则会产生租赁费等费用 • 利润表：在健身房中还有普通工作人员、教练、指导员、清洁人员等许多员工。只要是企业员工，就要支付其工资；如果是外包，则要支付一定的外包费用 • 利润表：体育教育事业中的校车接送服务也会产生一定的费用	• 利润表：尽管位于市中心，但门店大多开在商住两用大楼中，地方不太大，一定程度上可以减少开店的租金压力 • 资产负债表：由于门店场地全部都是租来的，所以不需要自己持有土地与房屋；健身器械则可以选择自行持有或者长期租赁 • 利润表：最大的卖点是教练提供的一对一全方位指导：在员工上的花费会是一笔不小的支出，因为既要花在留住优秀教练，又要花在给新员工做培训等

续表

	中央健身	RIZAP
价格 （成本）	• 利润表：会员费为每月4 000～1.5万日元不等（平均每月1万日元）。尽管价格区间大，但一旦获得新会员，就可以在不追加新的市场营销成本的情况下获得约12万日元/年的会员费。RIZAP的会员平均消费金额为70万日元，中央健身要想在1年内获得同等收入的话，大约需要招揽约6倍于RIZAP的会员。这是合理的，毕竟是综合性门店，成本较高 • 资产负债表：由于每个月的会员费都是预先缴纳的，所以不会产生应收账款。这些预收款反而能够使得资金周转更加顺畅	• 利润表：如果减少设备的购置安装费用（固定成本），同时按需录用教练的话，就能实现低固定成本、低变动成本的理想费用结构。而且会员费昂贵，营业收入减去费用后得到的利润十分丰厚，可以继续用于投入广告宣传中 • 资产负债表：RIZAP与金融机构达成了合作，使得顾客可以分60次进行付款，但RIZAP不会产生应收账款 • 资产负债表：保健品等自有产品属于存货
渠道 （便利）	• 利润表：泳池与澡堂要用掉大量的水、电与煤气，因此会产生相应的费用。此外，健身器械与泳池的维护等也会持续产生费用	• 利润表：由于店内没有泳池与澡堂，所以可以极限压缩健身房的水、电、煤气的费用。设备维护费用也可以降到很低
促销 （沟通）	• 为了招揽新客户而进行的广告宣传活动会产生一定的费用 • 对续费会员不用再做广告宣传，因此不会产生别的广告宣传费用。又因为地理位置好、门店规模大，所以门店本身就具有广告效应。从整体来看，不会产生太多的广告费用	• RIZAP会大量投放著名演员或歌手拍摄的电视广告。在企业成立初期，RIZAP在广告上的投资与营业收入之比达到了30% • 因为设有全额退款制度，广告也只请演员或歌手进行拍摄，所以顾客逐渐对RIZAP有了信赖感。这种有侧重点的广告策略有助于减少非必要的广告宣传活动

健身房行业属于以个人为服务对象的服务行业，这个行业把钱都花在哪儿了呢？当然是花在支付服务成本上面。例如，在第四章的案例中，东方乐园株式会社花在主题乐园与酒店上的服务成本就非常高，具体来说包括职工薪酬、游乐设施的折旧费用、运行游乐设施产生的电费以及向美国迪士尼公司支付的专利费等。如果顾客认可这家企业所提供的服务，并对这家企业拥有极高的忠诚度，自然会回头消费。不仅如此，他们还会自发进行宣传，提升企业的口碑。对于企业来说这种顾客是十分宝贵的，因为他们就像是免费的推销员，能给企业带来新的顾客。这也使得企业能够节省一些销售管理费用，例如广告费用与促销费用等。这一类企业的利润表结构如下：

高服务成本→低毛利率→ 低销售管理费用 →营业利润率达到一定水平

东方乐园的利润表就是这种结构。而我们接下来要看的中央健身的利润表也是一样的。

不同的是RIZAP。尽管RIZAP处于服务行业，却尽最大可能地削减了门店（提供服务的场所）的相关成本。门店的相关成本以健身房里的实体要素为主，包括地理位置、场地空间、健身器械、泳池、体操房、澡堂等多个要素。在这些方面，RIZAP不一定样样都做到了最好，甚至还有所欠缺。但即便如此，仍然有一部分人心甘情愿地为它支付高昂的会员费，这类人就是RIZAP的目标顾客。正是为了抓住目标顾客，准确展现企业的市场定位，RIZAP才会在服务业中备受"冷落"的广告宣传上投入大量资金（销售管理费用）。它的利润表结构如下：

第二部分　战略思维能力

低服务成本 → 高毛利率 → 高销售管理费用 → 营业利润率达到一定水平

第八章中提到的**毛利率与销售管理费用的比例关系同样也适用于服务业**。

中央健身2020年的合并营业收入为533亿日元，母公司的营业收入为480亿日元，相差不大。有价证券报告书中的母公司利润表会公开营业成本的明细，所以接下来我们就用母公司利润表中的数值来进行分析（见表10-3）。中央健身的利润表中有3种营业收入，分别是健身业务收入（约423亿日元、商品销售收入约26亿日元）与其他业务收入（约31亿日元）。健身业务收入与其他业务收入（旅游业等）总计约454亿日元，而健身业务成本及其他业务成本约为392亿日元（占前者的86.3%），毛利润约为69亿日元（毛利率14.4%）。中央健身约九成的成本都花在了门店的服务上，确实是"高营业成本、低毛利率"。

中央健身的营业成本明细表（见表10-4）中的七大成本（你还记得吗？"首先看大的数值！"）分别为（见图10-3）：职工薪酬约95亿日元（占比24.2%。如果再加上奖金、计提奖金准备与福利，员工工资总计约116亿日元，占比29.5%，此处按29.5%算）、房屋租金费约85亿日元（占比21.7%）、水电煤气费约46亿日元（占比11.6%）、业务委托费约45亿日元（占比11.5%）、折旧费用约17亿日元（占比4.2%）、设备维护管理费约16亿日元（占比4.0%）、保洁费及校车运行费约12亿日元（占比3.2%）。这七大服务成本占了总营业成本的约86%。结合表10-2所总结的市场营销4P模型，再结合我们刚才对利润结构的剖析，这样的数据表现合情合理。中央健身的会员可以将自己每个月所交的会员费理解为付费给提供服务的工

表10-3　Central sports的利润表（母公司）

（单位：百万日元）

项目	（自2019年4月1日至2020年3月31日）
营业收入	
健身业务收入	42 341
商品销售收入	2 598
其他业务收入	3 108
营业收入合计	48 048
营业成本	
健身业务成本及其他业务成本	39 235
商品销售成本	
期初存货	229
商品购进额	1 971
合计	2 201
其他会计项目转入	91
期末存货	225
商品销售成本	1 884
营业成本合计	41 119
毛利润	6 928
销售管理费用	3 481
营业利润	3 446
营业外收入	
补贴收入	93
补贴总额	20
保险分红	17
其他	50
营业外收入合计	181
营业外支出	
利息支出	618
其他	5
营业外支出合计	624
经常性利润	3 003
非经常性支出	
减值损失	70
固定资产清理	37
非经常性支出合计	107
当期税前利润	2 896
法人税、住民税及事业税	1 000
法人税等调整额	−18
法人税等合计	981
当期净利润	1 914

表10-4　中央健身的营业成本（健身业务成本及其他业务成本）明细表（母公司）

项目	金额（百万日元）（自2019年4月1日至2020年3月31日）	百分比（％）
① 职工薪酬	9 484	24.2
② 奖金	505	1.3
③ 计提奖金准备	501	1.3
④ 福利	1 066	2.7
⑤ 业务委托费	4 528	11.5
⑥ 促销费用	590	1.5
⑦ 差旅费	675	1.7
⑧ 水电煤气费	4 553	11.6
⑨ 保洁费及校车运行费	1 240	3.2
⑩ 消耗品费	879	2.2
⑪ 折旧费用	1 655	4.2
⑫ 设备维护管理费	1 588	4.0
⑬ 房屋租金	8 525	21.7
⑭ 策划成本	1 053	2.7
⑮ 其他	2 387	6.1
健身业务成本及其他业务成本合计	39 235	100.0

作人员、交通便捷环境舒适的场地、满满一泳池的水、热水澡、指导训练的教练、丰富的健身器械、干净安全的设备、保洁工作以及校车接送服务，这样也更容易接受相对较高的会员费。

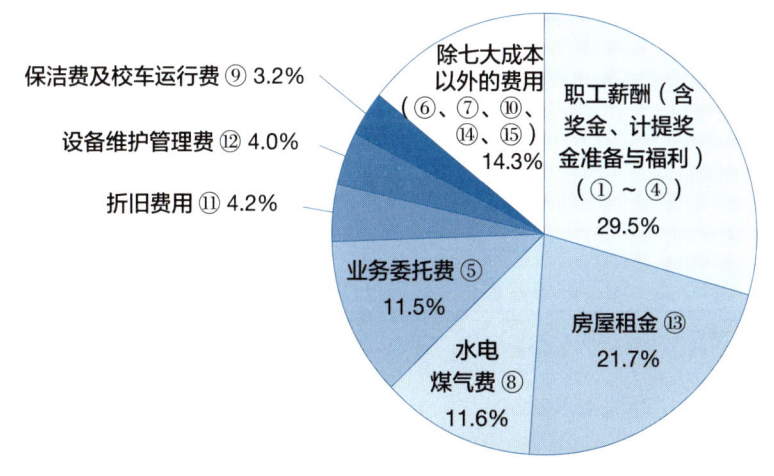

图10-3 中央健身的营业成本（健身业务成本及其他业务成本）明细图（母公司）

（注：图中序号对应表10-4中序号。）

与此相对的，销售管理费用仅有约35亿日元，与约480亿日元的营业收入之比仅为7.2%。中央健身是一个以个人为服务对象的B2C企业，但却不需要在销售上投入过多，这就是传统服务行业的利润结构。这里再强调一遍，服务业做的主要是回头客的生意，大部分的顾客都是现有顾客中的回头客，对于这些回头客是不需要打广告和做过度的推销活动的。

接下来我们把目光转向RIZAP。RIZAP的商业模式与传统服务企业不同，虽然也处于服务行业，但花费的大头并不在服务成本，而在非服务成本（销售管理费用）。那么它的利润表结构究竟是怎样的呢？比较遗憾的是，RIZAP拓展了健康食品销售业务，收购了多家企业，现在已经很难通过它的合并财务报表来确定身体塑形业务单独的营业收入和利润了。如果能找到中央健身母公司利润表那样的利润表倒还好，只可惜RIZAP的母公司RIZAP集团株式会社是

第二部分 战略思维能力 219

家纯粹的控股有限公司，它不会公布子公司的详细利润表。

所以接下来我们要看的是可参考的资料。RIZAP如离弦之箭般迅速发展起来时，它曾是许多商业杂志的香饽饽。我们就结合当时的一些报道来分析一下RIZAP的成本结构吧（见表10–5）。

表10–5　RIZAP与普通健身房的五大成本（与营业收入之比）

项目（与营业收入之比）	RIZAP	普通健身房
职工薪酬（与营业收入之比）	15%	20%~30%
地租房租（与营业收入之比）	4%	20%
水电煤气费（与营业收入之比）	1%	10%
设备维护费（与营业收入之比）	1%	5%~8%
门店折旧费用（与营业收入之比）	1%	7%~10%
成本率	22%	62%~78%

（数据来源：《周刊东洋经济》2015年8月29日刊RIZAP新闻特辑。）

表格右侧"普通健身房"一栏中的五大成本（职工薪酬、地租房租、水电煤气费、设备维护费、门店折旧费用）的项目和比例与中央体育大体一致。而左侧的RIZAP则有所不同。RIZAP在以教练为主的员工的工资中投入了许多资金，职工薪酬与营业收入之比也达到了15%，但其他成本全部都控制在百分之几的低水平。五大成本合计值与营业收入之比也仅有22%，只有一般健身房的四分之一到三分之一左右。

RIZAP将降低成本所创造的毛利润中78%的资金都用于支付广告费用，广告费用与营业收入之比一度接近30%。不过，正是因为

RIZAP在广告宣传中投入了30%的毛利润，它才能定那么高的会员费，并最终实现高毛利率。能提高毛利润的销售管理费用就是好费用。如若不然，就要马上削减掉它。扣掉事务部门的费用后，RIZAP身体塑形业务的营业利润率依然达到20%的高水平。前面我反复提到，虽然RIZAP也属于服务行业，但花费的大头并不在服务成本，而在非服务成本（销售管理费用）。它就是在这一模式下走出来的赢家。

各位读者怎么看呢？如果你在服务企业工作，你觉得这种将花费大头放在销售管理费用而非服务本身，并以此来创造竞争优势的商业模式能够成立吗？如果能够成立，那么企业要怎么进行市场细分（Segmentation）并确定目标市场（Targetmg），企业为顾客提供的价值又要通过什么样的市场定位（Positioning）来实现呢？RIZAP虽然既没有多种多样的健身器械，也没有泳池等齐全的实体设施，但对于"想要在短期内减重"的目标顾客来说，它就是能承诺让自己实现目标的最好的伙伴。这就是RIZAP提供的服务。

除服务行业以外，这一思路也可以套用在产品销售行业上。无论是服务行业还是产品销售行业，只要目标市场和市场定位不同，走向成功的方法就不是唯一的。可以将资金投入的重点从生产成本与采购成本等存货成本转移到既非生产成本又非采购成本的销售管理费用上。也就是在市场营销战略上花工夫，从分析STP模型到4P模型，再到实际的执行。这样的转变也许能够带来更多利润，不仅能够使购买者与社会受益，还能够让企业持续发展、延长寿命。

我也希望各位读者在开拓新事业时能够好好思考科特勒关于市场营销的定义。所谓市场营销是指：

> "发现目标市场的需求，向顾客提供满足需求的价值，并从中获得利润。"

小　结

- R-STP-MM-I-C理论是对市场营销流程最权威的解读之一，它包括：（1）调查（Research）；（2）市场细分（Segmentation）；（3）目标市场（Targeting）；（4）市场定位（Positioning）；（5）营销组合（Marketing Mix）；（6）实施（Implementation）；（7）管理（Control）。第9章中提到的4P模型属于（5），它不是市场营销流程中首先要考虑的要素。

- 市场细分：将具有特定需求的购买者划分为一个购买者群，每个购买者群就是一个市场，这样一来就能衡量它们的存在价值与吸引力。

- 目标市场：在细分后的购买者群中找到企业的目标细分市场。虽然要考察的是购买者，但也需要对另外2C进行详细的分析，即自己所在的企业拥有的资源和竞争中的比较优势进行详细的分析。

- 市场定位：在确定目标市场之后就要明确企业在目标市场中的定位，迎合市场需求。

- 通过中央健身的4P模型可知，作为一家大型体育俱乐部，中央健身的利润表结构与一般服务业企业一致（高服务成本→低毛利率→低销售管理费用→营业利润率达到一定水平）。

- 通过RIZAP的4P模型可知，作为一家开展身体塑形业务的企业，RIZAP的利润表结构与一般服务业企业正不同（低服务成本→高毛利率→高销售管理费用→营业利润率达到一定水平）。

- RIZAP虽然处于服务行业，但却在销售管理费用而非服务上投入大量资金，并以此来创造竞争优势，这一思路也可以套用在产品销售行业。在市场营销战略上花工夫，从分析STP模型到4P模型，再到实际的执行。这样的转变也许能够带来更多利润，不仅能够使购买者与社会受益，还能够让企业持续发展、延长寿命。

第三部分

应用与发展

第十一章

灵活运用有效的分析工具——会计指标

我在商学院教授会计指标时，经常有学生会提出这样的问题："这个指标达到百分之几才算好呢？"的确，站在学生的角度来看，知道具体的数字会更容易理解，也更容易记住知识。但是，有很多优秀的企业虽然没有达到教科书里的会计指标数值标准，也依旧稳稳当当地占据着业界的龙头地位。考试的时候，也许会有"百分之几是好，百分之几是不好？"的问题，但现实世界中的情况绝没有这么简单。

从本章开始，我将逐一解释各个指标的名称与特点，并对丰田母公司财务报告的分析过程及其中涉及的会计数值计算进行评价与介绍。此外，我还将适当地给出这些指标的参考数值标准。不要总是执着于"百分之几才算好"，否则你不会有进步。希望你在看了足够多的企业案例之后能够明白，每个企业的财务报表和计算出来的会计指标千差万别。

利润表上的数值反映了企业一年内的发展情况，而资产负债表反映的仅是会计年度末的信息，两者在时间跨度上会有差距。因此，在使用利润表和资产负债表的数值来计算会计指标时，经常采用前一会计年度和本会计年度的资产负债表数值的平均数。

本书为了简化计算，所有数值均采用截至2019年3月会计年度的资产负债表和利润表的数据。

综合能力

净资产收益率（Return on Equity，简称ROE）=净利润/所有者权益×100%

净利润除以所有者权益得到ROE，这一数值体现了所有者权益获得净利润的能力。ROE也可以说是"股东的指标"，企业常常以提高ROE为经营目标。

ROE可以拆分成3个相乘的部分。日本经济产业省在2014年发布了《可持续发展的竞争和激励：构筑理想的企业和投资者关系》（即以伊藤邦雄教授为首编制的"伊藤报告"）。报告指出，各个企业应该承诺让ROE超过8%。2019年日本国内企业的平均ROE水平刚好是在8%左右。

$$ROE = \underbrace{\frac{净利润}{营业收入}}_{净利率} \times \underbrace{\frac{营业收入}{总资产}}_{总资产周转率} \times \underbrace{\frac{总资产}{所有者权益}}_{权益乘数} \times 100\%$$

$$\text{丰田的 ROE} = \frac{\text{净利润}}{\text{所有者权益}} \times 100\% = \frac{1\,896\,824\,000\,\text{万}}{12\,450\,274\,000\,\text{万}} \times 100\% = 15.2\%$$

$$= \text{净利率} \times \text{总资产周转率} \times \text{权益乘数}$$

$$= 15.0\% \times 0.71\text{次} \times 1.42$$

总资产回报（Return of Assets，简称ROA）=净利润/总资产×100%

ROA计算的是企业持有的所有资产带来了多少利润，体现了企业业务获得利润的能力。除了净利润，分子还可以是营业利润等。ROA的目的是计算出企业业务的获利能力，而"经常性利润+利息支出"排除了借款的影响，是较为理想的数值。但由于计算较为麻烦，所以常常只计算净利润。ROA可以拆分成下面2个相乘的部分。通常情况下，企业的前一个比率高，后一个比率就会低（例如房地产租赁行业），前一个比率低，后一个比率就会高（例如零售业）。

$$\text{ROA} = \underset{\text{净利率}}{\frac{\text{净利润}}{\text{营业收入}}} \times \underset{\text{总资产周转率}}{\frac{\text{营业收入}}{\text{总资产}}}$$

$$\text{丰田的 ROA}^{①} = \frac{\text{净利润}}{\text{总资产}} \times 100\% = \frac{2\,323\,121\,000\,\text{万}}{17\,716\,993\,000\,\text{万}} \times 100\% = 13.1\%$$

$$= \text{经常性净利润率} \times \text{总资产周转率}$$

$$= 18.4\% \times 0.71\text{次}$$

---

① 在本处作者将公式中净利润改为经常性净利润，经常性净利润 = 净利润 − 非经常性损益，进而剔除一些非经常性的因素，更真实地体现企业通过经营获得的经营成果。——编者注

收益能力

毛利率=毛利润/营业收入×100%

不同行业的毛利率水平差异较大，其中制造业和零售业的毛利率水平一般在20%~30%。你可以把这个范围当成一个参考标准，并从售价和成本价入手去思考一下自己的企业和所在行业的毛利率水平比起这一标准是高还是低，原因是什么。

营业利润率=营业利润/营业收入×100%

以100%为被减数，减去营业成本占营业收入的比例，再减去销售管理费用占营业收入的比例，最后得出的结果就是营业利润率。日本国内制造业常用的营业利润率数值目标是10%。在讨论毛利率时会具体分析营业成本，所以在讨论营业利润率时，最好也能深入分析销售管理费用的数值水平和具体内容。一般来说，如果企业的营业成本占营业收入的比例较高，销售管理费用占营业收入的比例就会较高。相反，如果营业成本占营业收入的比例较低，销售管理费用占营业收入的比例就会较低。

$$\text{丰田的毛利率} = \frac{\text{毛利润}}{\text{营业收入}} \times 100\% = \frac{2\,643\,093\,000\,\text{万}}{12\,634\,439\,000\,\text{万}} \times 100\% = 20.9\%$$

$$\text{丰田的营业利润率} = \frac{\text{营业利润}}{\text{营业收入}} \times 100\% = \frac{1\,326\,137\,000\,\text{万}}{12\,634\,439\,000\,\text{万}} \times 100\% = 10.5\%$$

经常性利润率=经常性利润/营业收入×100%

如果营业外收入大于营业外支出，那么营业利润率小于经常性利润率；如果营业外收入小于营业外支出，那么营业利润率大于经常性利润率。后一种情况尤其要注意，因为这很有可能是企业背负欠款，从而产生了利息支出。在判断借款金额是否在可容忍范围内时，可以参考后文的利息保障倍数。

净利率=净利润/营业收入×100%

在运用这一指标对企业进行评价时，我希望大家能够特别注意一下那些净利率与经常性利润之比连续多年呈断崖式下跌的企业。如果是因为企业在固定资产的出售、清理及报废，或者在结构改革上产生了大额的非经常性损失，那么即使会计处理上计为非经常性损失，我们也要把它看成企业的经常性损失。

$$\text{丰田的经常性利润率} = \frac{\text{经常性利润}}{\text{营业收入}} \times 100\% = \frac{2\,323\,121\,000\,万}{12\,634\,439\,000\,万} \times 100\% = 18.4\%$$

$$\text{丰田的净利率} = \frac{\text{净利润}}{\text{营业收入}} \times 100\% = \frac{1\,896\,824\,000\,万}{12\,634\,439\,000\,万} \times 100\% = 15.0\%$$

资产效率

总资产周转率=营业收入/总资产×100%

利润表中最大的数值是营业收入，资产负债表中最大的数值是总资产，营业收入与总资产的比值就是总资产周转率。如果该比值大于1，那么营业收入大于总资产；如果该比率小于1，那么营业收入小于总资产。比值大于1的典型企业是零售企业和贸易企业，属于薄利多销的企业；比值小于1的典型企业是电力燃气企业、铁路企业、通信企业和房地产租赁企业，属于机器等设施较多的企业。

$$\text{丰田的总资产周转率} = \frac{\text{营业收入}}{\text{总资产}} \times 100\% = \frac{12\,634\,439\,000\,\text{万}}{17\,716\,993\,000\,\text{万}} \times 100\% = 0.71\,（\text{次}）$$

应收账款及应收票据周转天数=（应收账款+应收票据）/（营业收入/365天）

该会计指标表示应收账款及应收票据相当于多少天的营业收入（一天的营业收入按年平均值来算），代表的是从出售商品到回收现金所需要的平均天数。一般来说，1个月（按30天算）较快，2个月（按60天算）属于正常水平，3个月（按90天算）较慢。

○对应前文内容（见第三章"假设5"）：

仲间同学：营业收入约为126 344亿日元，应收账款占比约为9%。如果是3年内的营业收入的话，这一比例应该为300%，差距非常大。

大　　津：是的，占营业收入的比例为9%。1年有365天，365天的9%是33天，也就是说应收账款的金额只相当于33天的营业收入额。丰田的应收账款似乎一直保持在这一水平，也就是说它从销售到回收现金平均只需要33天。应该是"月底结账，次月底收款"。

$$\text{丰田的应收账款及应收票据周转天数} = \frac{(\text{应收账款} + \text{应收票据})}{(\text{营业收入}/365\text{天})}$$

$$= \frac{1\ 169\ 395\ 000\ \text{万}}{(12\ 634\ 439\ 000\ \text{万}/365\text{天})} = 33.8\ (\text{天})$$

存货周转天数=存货/（营业成本/365天）

计算结果展示了存货（原材料、在产品、完工产品）相当于多少天的营业成本（一天的营业成本按年平均值来算）。该数值是从采购原材料到售出商品所需要的平均天数。一般来说，1个月（按30天算）较快，2个月（按60天算）属于正常水平，3个月（按90天算）较慢。分母也可以使用营业收入的年平均值，但如果想精确评估存货的量级，最好使用营业成本。

○对应前文内容（见第三章"假设6"[①]）

仲间同学：丰田的库存比想象的还要少。库存包含商品及完工产品、在产品、原材料及储藏品，合计约为4 295亿日元，占营业收入的比例只有3.4%。365天×3.4%约等于12天，即库存的金额相当于12天的营业收入。不愧是"看板管理"。

大　　津："看板管理"的确富有成效，但即使这样，从制造到销售的周期也未免太快了吧？生产汽车居然只需要12天，实在难以相信。

[①] 本书使用营业收入计算，结果为12天，如果用营业成本计算则为16天。企业的毛利率越高，代表着营业收入和营业成本差距越大，代入这2个数值进行计算得到的结果差距也就越大，需要注意。

$$\text{丰田的存货周转天数} = \frac{\text{存货}}{(\text{营业成本}/365\text{天})}$$

$$= \frac{429\,513\,000\text{万}}{(9\,991\,345\,000\text{万}/365\text{天})} = 15.7(\text{天})$$

应付账款及应付票据周转天数=（应付账款+应付票据）/（营业成本/365天）

该会计指标表示的是应付账款及应付票据相当于多少天的营业成本（一天的营业收入按年平均值来算）。零售企业和贸易企业本身不进行生产制造，可以直接把这个数值看作是从采购到付款所需要的平均天数。而制造业企业的营业成本中除了原材料成本，还包括劳务费用和折旧费用，因此这一指标只能当作粗略的参考。如果分母使用的不是营业成本，而是原材料等外部采购费用的话，周转天数的计算结果就会更加精确。

分母也可以使用营业收入的年平均值，但如果想精确评估应收账款和应收票据的周转天数，最好使用利润表中的营业成本数值进行计算。

○对应前文内容（见第三章"假设8"）：

> 仲间同学：这样啊，确实很复杂。应付票据和应付账款的合计金额约为9 059亿日元，电子记录债务为3 099亿日元，3项的合计金额约为12 158亿日元，占营业成本的比例为12.16%。但是这样算下来，365天×12.16%=44天，还是接近月底结账，次月底付款。

$$\text{丰田的应付账款、应付票据及电子记录债务周转天数} = \frac{(应付账款+应付票据+电子记录债务)}{(营业成本/365天)}$$

$$= \frac{1\,215\,825\,000\,万}{(9\,991\,345\,000\,万/365天)} = 44.4(天)$$

有形固定资产周转率=营业收入/有形固定资产

计算结果展示了营业收入相当于多少倍的有形固定资产。这个比率越高,说明企业持有的建筑、机器设备和土地等资产创收效率越好。换个说法,也就是资产的运转率高。制造业中这一数字一般是3~5次。

○对应前文内容(见第三章假设7):

仲间同学:建筑物及构筑物约为4 342亿日元,机器设备约为3 085亿日元,土地约为4 127亿日元,每一项的金额都很大,可以说明假设是正确的。

大　　津:的确。但是包含这3项的有形固定资产的合计金额是14 227亿日元,占营业收入的比例约为8%。前面的假设认为应收账款很少,而有形固定资产的占比和应收账款相差不大。

$$\text{丰田的有形固定资产周转率} = \frac{营业收入}{有形固定资产}$$

$$= \frac{12\,634\,439\,000\,万}{1\,422\,686\,000\,万} = 8.88(次)$$

现金流动性比率[①]=（库存现金及银行存款+有价证券）/（营业收入/365天）

该会计指标表示的是库存现金及银行存款和有价证券相当于几天的营业收入。通常情况下，有价证券是会在短期内被出售的低风险债券，性质类似库存现金及银行存款，计算时一般将其考虑在内。这个比率越高，企业资金就越充足，安全性也越高。但是，如果库存现金及银行存款持有量过剩且没有明确的用途，说明企业的资金利用效率不高。

○对应前文内容（见第三章假设4）：

仲间同学：库存现金及银行存款约为15 320亿日元，占营业收入比例超过10%，的确是现金较多的企业。

大　　津：之前也说过了吧？看现金的时候，不能只看库存现金及银行存款项目。

$$\text{丰田的现金流动性比率} = \frac{(\text{库存现金及银行存款}+\text{有价证券})}{(\text{营业收入}/365\text{天})}$$

$$= \frac{3\ 599\ 973\ 000\ \text{万}}{(12\ 634\ 439\ 000\ \text{万}/365\text{天})} = 104.0\ (\text{天})$$

安全性

自有资本比率=自有资本/（负债+所有者权益）×100%

[①] 此会计指标中的"现金"在本书中指相当于现金的资产，即库存现金及银行存款和有价证券。——编者注

该会计指标表示的是在企业筹资的过程中没有偿还义务的资本（不是负债的资本）占总资本的比例大小。这一指标越高，企业的安全性就越高。所有者权益减去新股预约权，再减去非控股股东权益（只出现在合并财务报表中），得到的就是自有资本。日本国内这一指标的平均值是45%左右。若上市公司或公众公司的这一指标远远超过50%，就代表企业具有很高的安全性，但同时，内部留存的收益水平过大，说明企业对股东的回报不充分，也会受到批判。

流动比率=流动资产/流动负债×100%

该会计指标对比的是1年内流动资产和流动负债的金额大小。计算结果越大，说明企业短期内的资金流动越良好，安全性越高。一般来说，标杆水平是120%~150%。但是，不良存货较多时，这一比率也会很高。因此，如果企业存在疑点，最好能谨慎地检查各项内容，有必要时应向企业询问详细情况。

$$丰田的自有资本比率 = \frac{自有资本}{负债+所有者权益} \times 100\%$$

$$= \frac{12\,450\,274\,000\,万}{17\,716\,993\,000\,万} \times 100\% = 70.3\%$$

$$丰田的流动比率 = \frac{流动资产}{流动负债} \times 100\%$$

$$= \frac{7\,078\,259\,000\,万}{4\,311\,774\,000\,万} \times 100\% = 164.2\%$$

速动比率=速动资产/流动负债×100%

速动资产是指可以迅速转换成现金或已属于现金形式的资产，具体包括库存现金及银行存款、应收账款、应收票据和有价证券。速动比率对比的是速动资产和预计在1年内偿还的流动负债的金额大小。这一数值越大，短期内资金流动情况越好，企业安全性越高。速动比率参考的标杆水平是80%及以上。但是，无法实现回收价值的不良债权较多时，这一比率也会很高。因此，如果企业存在疑点，最好能谨慎地检查各项内容，有必要时应向企业询问详细情况。

$$\text{丰田的速动比率} = \frac{\text{速动资产}}{\text{流动负债}} = \frac{4\,769\,368\,000\,\text{万}}{4\,311\,774\,000\,\text{万}} = 110.6\%$$

固定比率=固定资产/所有者权益×100%

该指标对比的是不会在1年内转换成现金的固定资产和长期内没有偿还义务的所有者权益的金额大小。这一数值越小，说明筹集到的没有偿还义务的资金越能覆盖长期资产，企业的安全性越高。通常情况下，标杆水平小于100%。

$$\text{丰田汽车的固定比率} = \frac{\text{固定资产}}{\text{所有者权益}} = \frac{10\,638\,734\,\text{百万}}{12\,450\,274\,\text{百万}} = 85.4\%$$

固定资产长期适合率=固定资产/（所有者权益+非流动负债）×100%

虽然固定比率小于100%时，企业的安全性很高，但也说明企业内部留存的收益过多，没有充分回报股东。要使长期资金情况和短期资金情况保持平衡，就要有效利用长期内无须返还的流动负债，例如长期借入款等。固定资产长期适合率用比较的是不会在一年内转换成现金的固定资产的金额与长期内没有返还义务的净资产及固定负债的合计金额的大小。一般来说，固定资产长期适合率要比固定比率更能代表企业的安全性。同样地，固定资产长期适合率的标杆水平也小于100%。

$$\text{丰田汽车的固定资产长期适合率} = \frac{\text{固定资产}}{\text{（所有者权益 + 非流动负债）}}$$

$$= \frac{10\,638\,734 \text{ 百万}}{(12\,450\,274 + 954\,944) \text{ 百万}} = 79.4\%$$

利息覆盖率=（营业利润+财务性收入）/利息支出

借款较多本身并不是一个问题。真正的问题在于借款规模与企业规模不匹配。经常有人弄混这两种情况，因此需要特别注意。有些人之所以认为"借款"等于"坏事"，是因为借款会带来利息负担，从而使利润降低。然而，股东其实更希望企业去有效地利用借款，而不是为了筹集资金而随意增发股票，稀释老股东的权益。如果利用借款投资能带来更多利润，企业会采用这一手段。此外，利息支出还有减少税收负担的益处。

利息覆盖率评估的就是借款规模是否与企业自身的规模相匹

配，计算公式的分母是借款导致的利息支出，分子则代表了企业的规模。营业利润是企业依靠主营业务赚取的利润，财务性收入指利息收入和股利分红（分子也可以替换成营业现金流）。这个比率较大，说明企业赚取的利润与利息支出水平匹配，即与借款规模相匹配。如果有成长性很强的项目，企业也有余力去借入更多款项，进一步扩大业务规模。不同行业的标杆数值不同，超过10倍就可以认为高于行业平均水平。相反地，如果企业的这一比率小于3倍，就令人担忧了。

○ 对应前文内容（见第三章"假设10"）：

仲间同学：听完您说利息支出高达93亿日元后我更加不解了，这简直就是白白浪费钱。资金丰厚的丰田到底出于什么原因要借款呢？

……

大　　津：对于营业利润高达约13 261亿日元的丰田来说，93亿日元的利息仅约为营业利润的0.7%。不赢利的企业，即使借款只有1亿日元也是大问题。但像丰田这样赢利状况良好的企业，就应该趁现在利率水平低的时候有效利用借款。

$$\text{丰田的利息覆盖率} = \frac{(\text{营业利润} + \text{财务性收入})}{\text{利息支出}}$$

$$= \frac{(1\,326\,137\,000\text{万} + 97\,595\,000\text{万} + 796\,372\,000\text{万})}{9\,320\,000\text{万}} = 238.2(\text{倍})$$

成长性

营业收入、利润、资产等都是常用的成长性会计指标。企业是呈现出扩张趋势,还是萎缩趋势?关心这个问题的不仅有管理者,还有所有的利益相关者,包括股东、金融机构、交易方、企业内的其他员工等。

营业收入增长率(计算公式如下):

$$营业收入增长率 = \frac{本年度营业收入 - 上一年度营业收入}{上一年度营业收入} \times 100\%$$

营业收入在 n 年内的年平均增长率(按复利方式计算)(计算公式如下):

$$营业收入在 n 年内的年平均增长率 = \left[\left(\frac{本年度营业收入}{第1年度营业收入}\right)^{\frac{1}{n-1}} - 1\right] \times 100\%$$

丰田的营业收入增长率(从2018年3月会计年度到2019年3月会计年度,间隔1年) $= \dfrac{12\,634\,439\,000\,万 - 12\,201\,443\,000\,万}{12\,201\,443\,000\,万} \times 100\% = 3.5\%$

丰田的营业收入在5年内的年平均增长率(从2015年3月会计年度到2019年3月会计年度,共5年) $= \left[\left(\dfrac{本年度营业收入}{第1年度营业收入}\right)^{\frac{1}{5-1}} - 1\right] \times 100\% = 2.8\%$

如果你在阅读本书时认真学习了丰田汽车的财务报告和会计指标,那么你就已经做好了准备,可以开始对自己所在的企业进行分析了。请大家试着回答测试12。

测试 12

表11-1列出了丰田主要的会计指标，数据来源是截至2019年3月会计年度的财务报告。请参照丰田的主要会计指标，从你所在的企业最近的财务报告中抽取主要的数据，计算相应的会计指标。丰田的财务报告中公示的是母公司财务报表（仅代表丰田汽车公司）。如果你所在的企业公示的是合并财务报表，则可以使用合并后的数据进行计算。对比丰田和你所在的企业，思考以下几个问题：

（1）请举出你的5个新发现。

（2）你有新发现，说明财务报告中的情况和你此前对企业的印象之间存在差异。为什么这个数值和你的印象不符呢？请尝试提出假设，找出原因（"WHY?"）。

（3）企业有必要改善这一情况吗（"SO WHAT?"）？如何改善（"HOW?"）？如果没有必要改善，原因又是什么（"WHY?"）？

表11-1 丰田和你所在的企业的会计指标

分类	会计指标	丰田（母公司）	你所在的企业
综合能力	净资产收益率	15.2%	
	权益乘数	1.42	
	总资产回报率	13.1%	
	经常性净利润率	18.4%	
收益能力	毛利率	20.9%	
	营业利润率	10.5%	
	经常性利润率	18.4%	
	净利率	15.0%	

第三部分 应用与发展

续表

分类	会计指标	丰田（母公司）	你所在的企业
资产效率	总资产周转率	0.71次	
	应收账款及应收票据周转天数	33.8天	
	存货周转天数	15.7天	
	应付账款、应付票据及电子记录债务周转天数	44.4天	
	有形固定资产周转率	8.88次	
	现金流动性比率	104.0天	
安全性	自有资本比率	70.3%	
	流动比率	164.2%	
	速动比率	110.6%	
	固定比率	85.4%	
	固定资产长期适合率	79.4%	
	利息覆盖率	238.2倍	
成长性	营业收入增长率	3.5%	
	营业收入在5年内的年平均增长率	2.7%	

第十二章

解读丰田的合并财务报表和母公司财务报表

本书主要分析汽车制造行业中丰田的企业情况，因此特意使用了母公司财务报表。

丰田截至2019年3月会计年度的合并财务报表如本章末的图12-1、图12-2中所示。对比同一时期的母公司财务报表可以发现，合并财务报表有以下几个特点。

丰田汽车的合并利润表

合并后的营业收入约为302 257亿日元，母公司营业收入约为126 344亿日元，合并数据为母公司数据的2.4倍。

➤ 合并后的营业利润约为24 675亿日元，母公司的营业利润约为

13 261亿日元，合并数据为母公司数据的1.9倍。丰田在日本国内生产汽车，出口至国外销售，这部分利润也计入了母公司的营业利润中。这再次印证了丰田的主要利润源于日本外。

➤ 丰田根据美国通用会计准则编制合并财务报表（从2020年4月开始改为使用国际财务报告准则），因此没有经常性利润这一项目。

➤ 合并后的当期净利润约为18 829亿日元，母公司的当期净利润约为18 968亿日元，二者基本一致。母公司的营业外收入包含子公司派发的大额股利分红，共有7 964亿日元，但合并时需要抵销子公司派发给母公司的股利分红。这也证明了母公司不仅是一家开展业务的公司，也是经营统括集团企业群的大公司。

丰田汽车的合并资产负债表

➤ 合并后的总资产约为519 369亿日元，母公司总资产约为177 170亿日元，合并数据是母公司数据的2.9倍。合并后的营业收入与母公司营业收入之比大约为2∶1，但资产负债表中这一比例扩大到了约3∶1。与利润表相比，合并后的资产负债表数值变得非常大，这是为什么呢？我们来依次分析一下。

➤ 资产负债表右侧的"筹资情况"中存在着一个显著的差异，即母公司的自有资本占负债与所有者权益合计值的比例为70.3%，但合并后，股东资本合计值占负债与所有者权益合计值的比例降到了37.3%。37.3%这一数值略低于日本国内的自有资本比率的平均水平。

➤ 丰田持续进行股票回购，致力于压缩资本，这是股东资本较小的原因之一。股票回购是指丰田购买自己的股票，在资产负债表上体现为股东资本的减少。截至2019年3月底，丰田持有自身已发行股票总量的13.01%。虽然库存股没有表决权，但从持有股票的数量来看，丰田才是自身的最大股东。

➤ 在丰田的融资结构中，负债占比较多，尤其是有息负债（借款）很多，因此资本占比相对较少。负债金额高达201 502亿日元（短期借款、1年内到期的长期借款以及长期借款），丰田当之无愧是日本国内一大借款企业。为什么丰田的借款这么多呢？要想解答这个问题，只需要看这些借款都花在了哪里就行，也就是看资产负债表的资产部分的情况。

➤ 在左侧的资产部分中，最大的数值不是存货（约26 564亿日元）或有形固定资产（约106 855亿日元），尽管这两者是制造业必不可少的项目；也不是母公司财务报表中最显眼的投资及其他资产（约92 160亿日元），而是价值约169 289亿日元的金融债权［金融债权（净额）和长期金融债权（净额）的合计值］。丰田的金融债权包括：（1）零售债权（主要是经销商分期支付汽车货款导致的债权）；（2）融资租赁（该债权主要来源于与经销商之间的新车租赁合同）；（3）批发债权以及向经销商提供的其他借出款。超过200 000亿日元的借款大部分都为金融债权。丰田大力发展金融业务，产生了巨额的金融债权，金融债权计入资产部分，因此合并后的总资产金额扩大到了母公司的近3倍。

➤ 看母公司财务报表时，我们看到的是汽车制造业中的丰田，而在看合并财务报表时，我们发现了丰田致力于金融业务的另一面。当然，丰田的金融业务是围绕汽车业务开展的，是销售金融业务，能够极大地促进汽车的销售。此外，在新冠病毒疫情期间汽车暂时无法正常出货的情况下，金融业务还能为企业赚取稳定的利息收入。汽车业务和金融业务都带来了丰厚的利润，这可以看作是丰田在价值链扩张上的一次成功尝试（见图12-1、图12-2）。

丰田的合并资产负债表

项目	金额（百万日元）	百分比（%）
（资产部分）		
Ⅰ 流动资产		
1 现金及现金等价物	3 574 704	6.9
2 定期存款	1 126 352	2.2
3 有价证券	1 127 160	2.2
4 应收票据及应收账款（扣除坏账准备后）	2 372 734	4.6
5 金融债权（净额）	6 647 771	12.8
6 其他应收款	568 156	
7 存货	2 656 396	5.1
8 预付费用及其他	805 964	
流动资产合计	18 879 237	36.3
Ⅱ 长期金融债权（净额）	10 281 118	19.8
Ⅲ 投资及其他资产		
1 有价证券及其他投资有价证券	7 479 926	14.4
2 对关联企业的股权投资及出资	3 313 723	6.4
3 向员工提供的长期借出款	21 683	
4 其他	1 275 768	
投资及其他资产合计	12 091 100	23.3
Ⅳ 有形固定资产		
1 土地	1 386 308	2.7
2 建筑物	4 802 175	9.2
3 机器设备	11 857 425	22.8
4 用于租赁的车辆及器具	6 139 163	11.8
5 在建工程	651 713	
小计	24 836 784	47.8
6 累计折旧费用（扣除）	−14 151 290	−27.2
有形固定资产	10 685 494	20.6
资产合计	51 936 949	100.0

金融业务产生的巨额金融债务

合并数据是母公司数据的 2.9 倍

图12-1　丰田合并资产负债表分析①

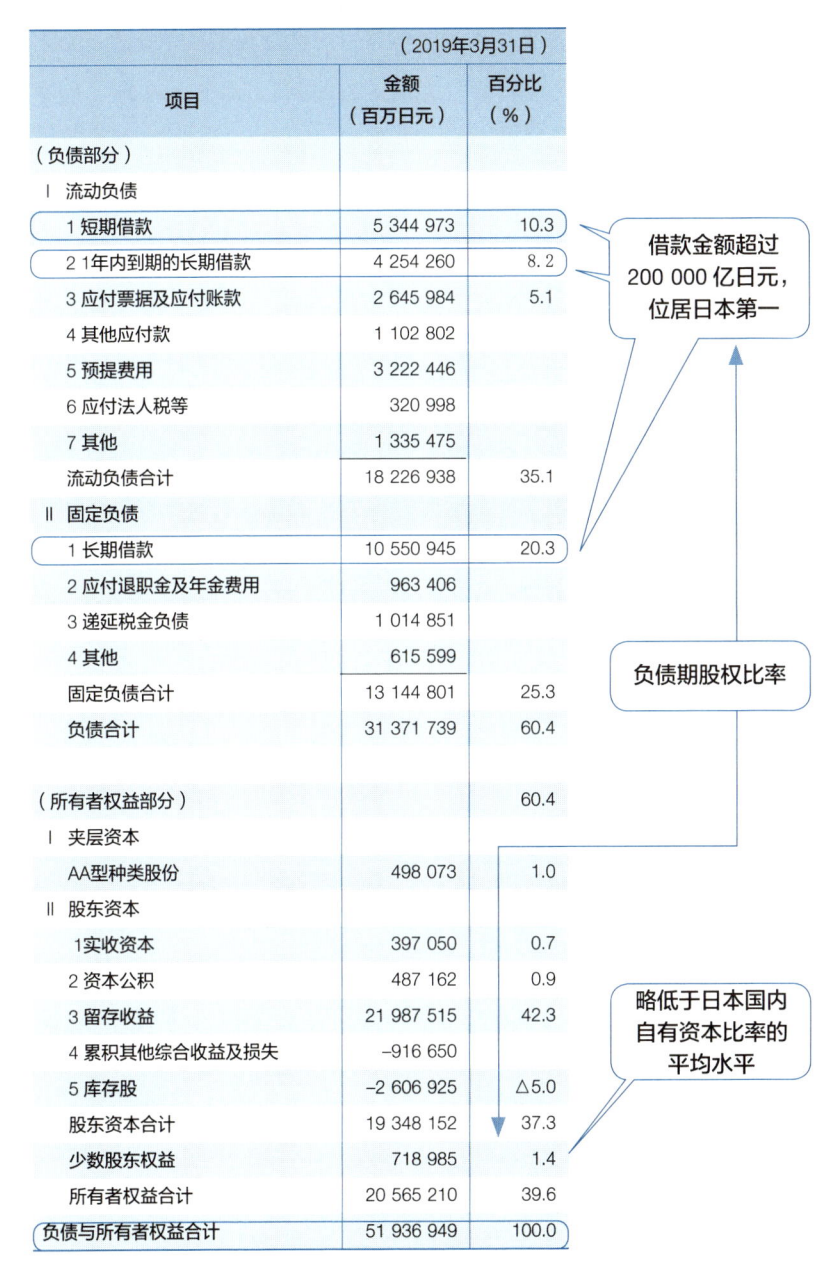

	（2019年3月31日）	
项目	金额 （百万日元）	百分比 （％）
（负债部分）		
Ⅰ 流动负债		
1 短期借款	5 344 973	10.3
2 1年内到期的长期借款	4 254 260	8.2
3 应付票据及应付账款	2 645 984	5.1
4 其他应付款	1 102 802	
5 预提费用	3 222 446	
6 应付法人税等	320 998	
7 其他	1 335 475	
流动负债合计	18 226 938	35.1
Ⅱ 固定负债		
1 长期借款	10 550 945	20.3
2 应付退职金及年金费用	963 406	
3 递延税金负债	1 014 851	
4 其他	615 599	
固定负债合计	13 144 801	25.3
负债合计	31 371 739	60.4
（所有者权益部分）		60.4
Ⅰ 夹层资本		
AA型种类股份	498 073	1.0
Ⅱ 股东资本		
1 实收资本	397 050	0.7
2 资本公积	487 162	0.9
3 留存收益	21 987 515	42.3
4 累积其他综合收益及损失	−916 650	
5 库存股	−2 606 925	△5.0
股东资本合计	19 348 152	37.3
少数股东权益	718 985	1.4
所有者权益合计	20 565 210	39.6
负债与所有者权益合计	51 936 949	100.0

- 借款金额超过200 000亿日元，位居日本第一
- 负债期股权比率
- 略低于日本国内自有资本比率的平均水平

图12-2　丰田合并资产负债表分析②

- 主要的资产项目和营业收入的比率如下：现金及现金等价物、定期存款以及有价证券的合计金额约为58 282亿日元，占比19.3%，相当于70天的营业收入；应收票据及应收账款约为23 727亿日元，占比7.9%，相当于29天的营业收入；存货的金额约为26 564亿日元，占比8.8%，相当于32天的营业收入；有形固定资产的金额约为106 855亿日元，占比35.4%，相当于129天的营业收入，有形固定资产周转率为2.8倍；投资及其他资产的金额约为120 911亿日元，占比40.0%，相当于146天的营业收入。合并财务报表包含丰田的零部件企业、销售企业等子公司的数据，也包含日野汽车有限公司和大发汽车工业株式会社等汽车制造商的数据，因此，与母公司的会计数值相比，合并后的存货和有形固定资产的金额及营业收入占比都扩大了很多（见图12-3）。

丰田的合并利润表

（2018年4月1日至2019年3月31日）

项目	金额（百万日元）	百分比（%）
Ⅰ 营业收入		
1 产品销售收入	28 105 338	
2 财务性收入	2 120 343	
营业收入合计	30 225 681	100.0
Ⅱ 营业成本、销售管理费用		
1 营业成本	23 389 495	77.4
2 财务性支出	1 392 290	4.6
3 销售管理费用	2 976 351	9.8
营业成本、销售管理费用合计	27 758 136	91.8
营业利润	2 467 545	8.2
减：Ⅲ 其他收入及费用		
1 利息收入及股利分红	225 495	
2 利息支出	−28 078	
3 汇兑收益（净额）	12 400	
4 未实现的投资损益	−341 054	
5 其他（净额）	−50 843	
减：其他收入及费用合计	−182 080	−0.6
税金等调整前当期净利润	2 285 465	7.6
法人税等	659 944	2.2
权益法下的投资损益	360 066	1.2
扣除少数股东权益前的当期净利润	1 985 587	6.6
当期净利润	1 882 873	6.2

营业收入合计 → 合并数据是母公司数据的 2.4 倍

营业利润 → 合并数据是母公司数据的 1.9 倍

当期净利润 → 合并数据是母公司数据的 0.99 倍

图12-3　丰田合并利润表分析

第十三章

解读佳能的合并现金流量表

现金流量表（Cash Flow Statemert，简称CF）和利润表、资产负债表并称为三大财务报表。顾名思义，现金流量表展示的是1年内企业活动导致的现金流动情况。

假设某企业去年年底的现金余额是100亿日元，今年年底的现金余额是150亿日元，那么1年内的现金流量就是"+50亿日元"。

50亿日元现金增量的背后都有哪些现金往来呢？如本章末图13-1所示，现金流量表将所有影响现金的交易分成3大类。接下来，我将以佳能株式会社（以下简称佳能）为例，说明3种现金流量的大致情况（见本章末表13-1）。

佳能的经营活动产生的现金流量

经营活动产生的现金流量与主营业务息息相关。主营业务指企业的日常业务活动，包括研发、制造、销售、售后服务以及总公司的人力、会计、法务、行政、企划等。现金流量表通常使用间接法编制。间接法以利润表中的利润为起点，调整现金和利润之间的差异，展示现金流量情况。经营活动产生的现金流量代表的是主营业务，理想情况下应呈现稳定增长趋势。相反，如果经营活动产生的现金流量持续为负数，则需要特别关注。

在截至2018年12月的会计年度，佳能的经营活动产生的现金流量约为3 653亿日元，截至2019年12月的会计年度，此项则约为3 584亿日元，基本保持不变。但是，经营活动现金流量第一行的扣除少数股东权益前的当期净利润在2年内从2 667亿日元骤减至1 395亿日元。间接法可以让利润（利润表信息）和现金之间的具体差异一目了然，包括项目和金额上的差异。虽然2019年的净利润相比2018年缩减了一半，但经营活动现金流量并没有出现大幅下降。从上往下快速浏览2019年的经营活动产生的现金流量可发现，最大的原因在于应收票据及应收账款和存货的大幅减少（与利润相对，对现金流量有正向效果）。2019年，佳能的营业收入和净利润双双减少。受此影响，应收票据及应收账款（营业收入下降时，应收票据和应收账款一般也会下降）和存货（营业收入出现下滑趋势时，企业通常会缩减存货规模）也出现了大幅的下降。也就是说，营业收入下降导致经营活动产生的现金流量保持不变，对于佳能来说，这也许并不是一件好事。发展中的企业有时会因为应收票据及应收账款和存货的剧增而出现短暂的资金周转困难，即"发展的阵痛",也存在相反情况,即"下坡的缓冲"[1]。

佳能的投资活动产生的现金流量

与投资活动相关的现金流量用直接法列示。顾名思义,直接法就是直接列示收入和支出,收入为加项,支出为减项。投资活动产生的现金流量中最重要的就是机器设备投资和企业并购的相关支出。投资需要花钱,所以通常情况下总金额为负数,但偶尔也会存在出售大型固定资产(有形资产、无形资产、子公司股票等)的情况,此时总金额也有可能为正数。经营活动产生的现金流量和投资活动产生的现金流量合计的净值称为自由现金流(Free Cash Flow,简称FCF),经常用于企业的中期经营计划。如果投资活动产生的现金流量的规模小于经营活动产生的现金流量,那么自由现金流为正数。

在截至2018年12月的会计年度,佳能的投资活动产生的现金流量约为–1 956亿日元,截至2019年12月的会计年度则约为–2 286亿日元,在2 000亿日元的水平缓慢移动。最令人关注的机器设备投资体现在投资活动产生的现金流量第一行的购入固定资产支付的现金,在2018年12月的会计年度和2019年12月的会计年度分别约为–1 914亿日元和–2 157亿日元,2019年营业收入的金额约为35 932亿日元,即购入固定资产支付的现金相当于营业收入的6%左右。从"取得

---

[1] 企业在发展时可能会出现应收票据、应收账款、存货剧增的情况,从而出现资金周转困难。相反,企业在衰退时可能会出现应收票据、应收账款、存货减少的情况,从而出现资金周转不那么紧张的现象。——编者注

子公司及其他营业单位支付的现金（扣除取得的现金后的净额）"一项可以看出佳能在这2年中一直在进行企业并购，只是相关金额对于佳能来说并不算大。这2年的投资规模都小于主营业务带来的现金净流入量（经营活动产生的现金流量＞投资活动产生的现金流量），所以自由现金流是正数。

佳能的筹资活动产生的现金流量

筹资活动产生的现金流量用直接法列示出与金融债权者和股东等投资者之间的往来事项。重要的项目包括从银行借入的现金、发行债券收到的现金、增资收到的现金、偿还银行借款支付的现金、偿还债券支付的现金、分配股利分红支付的现金以及回购公司股票支付的现金等。通常情况下，偿还借款和分配股利分红等支付的现金更多，筹资活动的总金额为负数。但是，如果企业处于发展阶段，或是处于低迷期，需要外部资金融通，筹资活动的总金额就会是正数。这时需要配合自由现金流的变化判断这一情况是否合理。

在截至2018年12月的会计年度，佳能的筹资活动产生的现金流量约为-3 548亿日元，截至2019年12月的会计年度则为-2 326亿日元。股利分红连续2年超过1 700亿日元（超过2019年的净利润。需要注意的是，股利分红在结算月后的第3个月进行支付，存在时间上的差异），2018年偿还长期债务支付的现金约为1 361亿日元，2019年取得及处理库存股支付的现金约为500亿日元。可以看出，佳能用于偿还借款和回报股东的金额连续2年超过自由现金流，数额非常大。

佳能的期末现金及现金等价物余额骤降的原因

现金流量表最后一行是"期末现金及现金等价物余额"。顾名思义，它体现的是现金存量（余额），而不是现金流量。

在截至2018年12月的会计年度，佳能的期末现金及现金等价物余额约为5 206亿日元，截至2019年12月的会计年度则为4 128亿日元，降幅超过1 000亿日元。前面也已经进行过说明，主要原因在于融资活动现金流量中的减项扩大了。融资活动支付的现金高于自由现金流，不言自明，佳能在这2年中加强了对股东的回报，并且正在尝试改善财务体系。我们需要同时意识到的是，这些改变背后是佳能的主营业务陷入低迷的事实（见图13-1）。

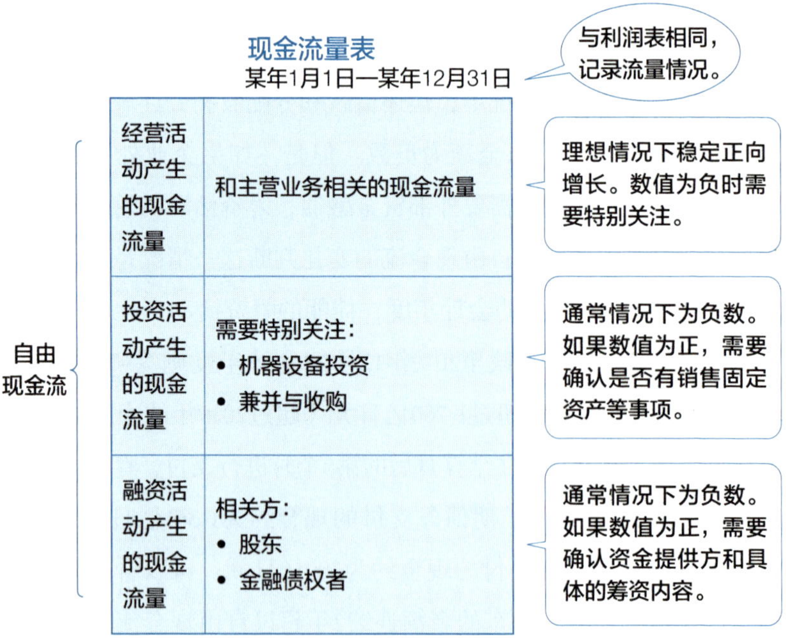

现金流量表
某年1月1日—某年12月31日

与利润表相同，记录流量情况。

经营活动产生的现金流量	和主营业务相关的现金流量	理想情况下稳定正向增长。数值为负时需要特别关注。
投资活动产生的现金流量	需要特别关注： • 机器设备投资 • 兼并与收购	通常情况下为负数。如果数值为正，需要确认是否有销售固定资产等事项。
融资活动产生的现金流量	相关方： • 股东 • 金融债权者	通常情况下为负数。如果数值为正，需要确认资金提供方和具体的筹资内容。

自由现金流（经营活动+投资活动）

图13-1　现金流量表分析模型

表13-1　佳能的合并现金流量表[①]

项目	第118期 2018年1月1日— 2018年12月31日 金额（百万日元）	第119期 2019年1月1日— 2019年12月31日 金额（百万日元）
Ⅰ 经营活动产生的现金流量		
1 扣除少数股东权益前的当期净利润	266 742	139 517
2 经营活动产生的现金流量的调整项目		
折旧费用	251 554	237 327
固定资产清理	5 726	5 991
权益法下的投资损益	−1 414	311
法人税等递延税额	−11 849	−6 446
应收账款及应收票据的减少	−17 724	43 504
库存资产的减少	−61 755	19 895
应付账款及应付票据的减少	−31 212	−35 509
应付法人税的减少	−35 284	−22 279
预提费用的增加	2 541	9 491
应付（预付）退职金及年金费用的减少	−17 738	−13 722
其他（净额）	15 706	−19 619
经营活动产生的现金流量	365 293	358 461
Ⅱ 投资活动产生的现金流量		
1 购入固定资产支付的现金	−191 399	−215 671
2 出售固定资产取得的现金	9 634	885
3 购入有价证券支付的现金	−2 311	−4 907
4 出售有价证券及有价证券偿还本息取得的现金	1 615	828
5 定期存款的减少（净额）	401	−1 511
6 取得子公司及其他营业单位支付的现金（扣除取得的现金后的净额）	−13 346	−8 880
7 其他（净额）	−209	688
投资活动产生的现金流量	−195 615	−228 568
Ⅲ 筹资活动产生的现金流量		
1 取得长期债务收到的现金	439	—
2 偿还长期债务支付的现金	−136 094	−8 678
3 短期借入款的增加（净额）	2 501	4 913
4 向少数股东收取或支付的现金	−37 942	−1 769
5 分配股利分红支付的现金	−178 159	−171 487
6 取得及处理库存股支付的现金	−21	−50 012
7 其他（净额）	−5 554	−5 557
筹资活动产生的现金流量	−354 830	−232 590
Ⅳ 汇率变动对现金及现金等价物的影响	−16 017	−5 134
Ⅴ 现金及现金等价物净增减额	−201 169	−107 831
Ⅵ 期初现金及现金等价物余额	721 814	520 645
Ⅶ 期末现金及现金等价物余额	520 645	412 814

[①] 此表为日本现金流量表，与中国用现金流量表有一定不同，仅供参考。——编者注

第十四章

分析盈亏平衡点，打造盈利结构

盈亏平衡点及计算时会用到的管理会计①术语

在财务报表的世界里，与主营业务相关的费用分为主营业务成本和销售管理费用。正如本书前文所说明的那样，区分2种费用的方法就是，判断其能否直接与目前的营业收入一一对应。然而，这个区分方法无法帮助我们了解营业收入的变动会给利润带来怎样的变化。此时，只能把费用分为固定成本和变动成本。

随着营业收入的增减变动而发生改变的费用称为变动成本；不受营业收入增减变动影响，始终保持不变的成本称为固定成本。如图14-1所示，营业成本和销售管理费用均包含变动成本和固定成

---

① 是从传统会计中分离出来与财务会计并列的着重为企业改善经营管理，提高经济效益服务的一个企业会计分支。——编者注

本。例如，原材料费用是计入营业成本的变动成本，销售佣金是计入销售管理费用的变动成本。折旧费用中，源于工厂机器设备的部分是计入营业成本的固定成本，源于总公司办公楼的部分则是计入销售管理费用的固定成本。

假设某企业的产品售价为1万日元，其中变动成本（含营业成本和销售管理费用）为8 000日元，固定成本（含营业成本和销售管理费用）为1亿日元。该产品售出6万个，则营业利润可通过以下公式算出。

营业利润 =（售价 – 变动成本）× 销售数量 – 固定成本
     =（1万日元 –8 000日元）×6万个 –1亿日元 = 2 000万日元

该产品的盈亏平衡点是什么呢？盈亏平衡点是指利润恰好为零时的销售数量。在那之后，每售出一个产品，就会增加2 000日元的利润即"售价–变动成本"计算出的利润增量，称为边际利润。盈亏平衡点的逻辑，就是通过积攒边际利润来回收固定成本。恰好将固定成本回收完毕的点就是盈亏平衡点。

盈亏平衡点 = 固定成本 ÷ 边际利润 = 1亿日元 ÷ 2 000日元 = 5万个

这就是盈亏平衡点的销售数量。谨慎起见，我们也可以再验算一遍。

营业利润 =（售价 – 变动成本）× 盈亏平衡点 – 固定成本
     =（1万日元 –8 000日元）×5万个 –1亿日元= 0日元

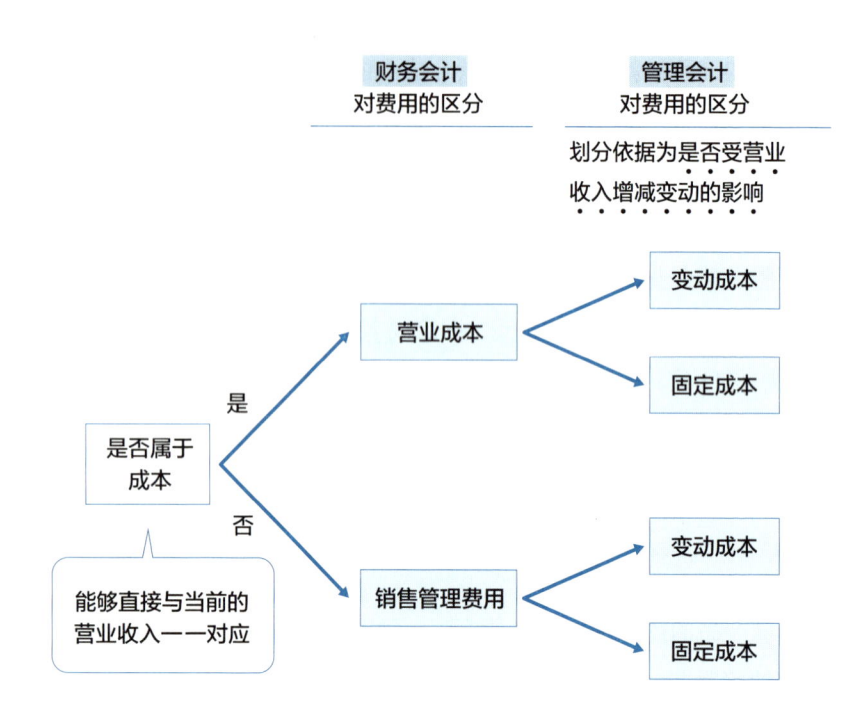

```
                            财务会计              管理会计
                          对费用的区分         对费用的区分

                                          划分依据为是否受营业
                                          收入增减变动的影响
```

```
                                            ┌─── 变动成本
                              营业成本 ──────┤
                      是  ↗                  └─── 固定成本
       是否属于
        成本      
                      否  ↘                  ┌─── 变动成本
                            销售管理费用 ────┤
                                            └─── 固定成本
       能够直接与当前的
       营业收入一一对应
```

营业收入 – 变动成本 + 固定成本 = 营业利润

营业收入

变动成本占比	边际利润占比
变动成本	边际利润

	固定成本	利润

图14-1 财务报表和管理会计中对费用的不同分类

运用这个逻辑，就算定下的目标利润再计算，也能轻松计算出所需的营业收入。假设目标利润是7 000万日元，那么对于定下目标的当事人来说，这相当于又出现了新的必须回收的"固定成本"。原来的固定成本是1亿日元，目标利润就相当于额外加上了7 000万日元的固定成本，加总求和即可。归根结底还是依靠边际利润来赚钱。

> 达成利润目标所需的销售数量（个）
> = （固定成本 + 目标利润）÷ 边际利润
> = （1亿日元 + 7 000万日元）÷ 2 000日元 = 85 000个

2020年3月，在《日本经济新闻》电子版上搜索"盈亏平衡点"后显示出的对应文章数量如图14-2所示。图中同时给出了上一年度同一月份的数据以供对比。你看完后有什么想法？突如其来的新冠病毒疫情使得大量企业陷入经营赤字。可以理解为，许多企业的营业收入低于盈亏平衡点收入，报道"盈亏平衡点"的文章也就随之增多。

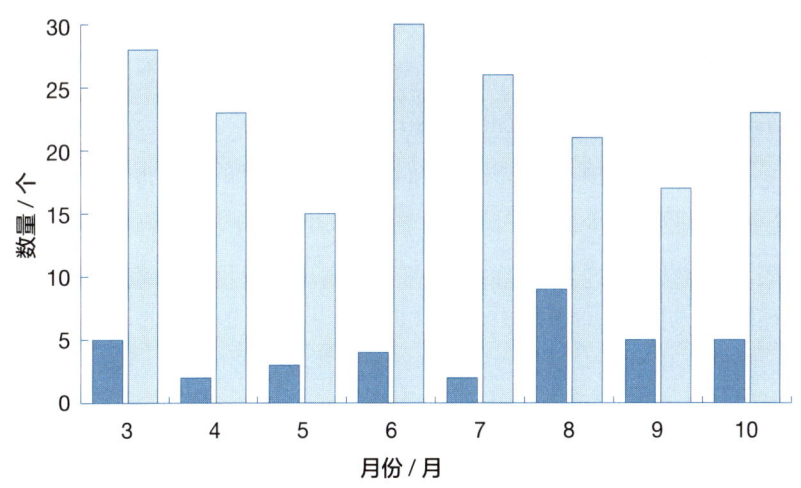

图14-2 受新冠病毒疫情影响，《日本经济新闻》电子版上有关"盈亏平衡点"的文章数量增多

在这个充满不确定性的时期，我想给大家介绍2个十分重要且实用的盈亏平衡点指标。希望你能够计算自己所在的企业和所做业务的指标，做好准备应对环境变化。

盈亏平衡点占现营业收入比例：评估赤字经营缓冲区厚度的指标

第一个指标是盈亏平衡点营业收入比例，计算公式是盈亏平衡点营业收入除以现在的营业收入。

$$盈亏平衡点营业收入比例 = \frac{盈亏平衡点营业收入}{现在的营业收入} \times 100\%$$

计算很简单，用刚才的例子，就是盈亏平衡点销售数量（5万个）÷现在的销售数量（6万个）=83.3%。计算结果的含义也十分清晰明了，即现在的销售数量是6万个，零利润经营的盈亏平衡点是5万个，是现在销售数量的83.3%。换句话说，只要不丢失16.7%的销售数量，企业就不会陷入赤字经营的状态。

新冠病毒疫情暴发以来，我们经常看到这样的新闻报道："××企业营业收入减少两成，陷入赤字。"读者朋友下次再看到这样的文章，就会想到"这个企业的盈亏平衡点占现营业收入比例是80%"。

经营杠杆：评估营业收入对利润的影响力的指标

第二个指标是经营杠杆。盈亏平衡点营业收入比率等于80%意味着营业收入减少两成后企业会陷入赤字,也就是说,"营业收入减少20%,利润减少100%"。在这个例子中,利润减少的比例是营业收入的5倍(100%÷20%),这就叫作经营杠杆,可以用下面的计算公式快捷地计算出结果。

经营杠杆和盈亏平衡点的分子、分母都和实际金额有关,哪怕只有一丁点变化,这个指标都会实时反映出来。

在不同行业或不同企业内,边际利润和营业利润的关系各不相同。假设企业的经营杠杆是5倍,边际利润率是30%,那么30%÷5倍=6%,也就是说营业利润率是6%。如果企业的边际利润率是50%,那么50%÷5倍=10%,也就是说营业利润率是10%。如果企业的边际利润率只有10%,那么10%÷5=2%,也就是说营业利润率是2%。

整理如下:

边际利润率为30%,营业利润率为6%

边际利润率为50%,营业利润率为10%

边际利润率为10%,营业利润率为2%

无论是以上哪种情况,其经营杠杆都是5倍,都符合"营业收入减少两成,就会陷入赤字"的描述。因为存在不同的行业和不同的企业战略,所以很难说哪种数量关系更好。许多企业将盈亏平衡点营业收入比率的目标水平定在80%以下,而具体通过以上哪种形式实现这一目标,则需要结合企业和行业的特点进行判断。在设定战略目标时,也要对边际利润率和营业利润率做出相应的设想。

第十五章

分析国际财务报表的9个着眼点

本书尽量选取了采用日本会计准则的企业作为案例来分析，同时向大家介绍了许多读报表数值时需掌握的方法。日本的上市公司和公众公司在2020年可以采用的会计准则有3种：日本会计准则、美国通用会计准则以及国际财务报告准则。

随着经济全球化的发展，在国际市场融资的需求增加，业界正在加速推动高质量、易理解、可执行的单一国际会计准则的形成。然而，不同国家各有自己独特的企业活动和商业习惯，全球使用统一的会计准则未必就是最正确的选择。日本虽然在不断努力向国际靠拢，积极更新相关会计准则的内容，以提高日本会计准则的质量，但并没有强制要求企业采用国际财务报告准则，而是让企业自行选择，以期积少成多，逐渐实现国际财务报告准则的推广。

截至2020年9月，日本内已经采用国际财务报告准则的企业有218家，决定转为采用国际财务报告准则的企业有8家，合计226家。过去采用美国通用会计准则的企业也逐渐转为采用国际财务报告准则，包括很多大型的制造业企业，例如日本制铁和斯巴鲁（两者于2019年采用）以及丰田和普利司公司通（两者于2020年采用）。以丰田为代表的一批企业此前一直采用美国通用会计准则，这些企业现在也转换为了国际财务报告准则。

东京证券交易所有超过3 700家的上市公司和公众公司，其中采用国际财务报告准则的企业仅占全体的6%。但是，从公司市值来看，占日本市场份额四成的企业已更改自己适用的会计准则，越是大企业，就越倾向于积极采用国际财务报告准则。

有关国际财务报告准则和日本会计准则的具体差异，读者可自行参考专门书籍。在这里，我将向大家介绍分析国际财务报告准则财务报表时需要特别注意的9个项目，并适当地加入案例进行说明。

（1）不强制披露各阶段利润

（2）不允许划分非经常性损益

（3）更多企业自行界定利润

（4）非持续性业务带来的损益另行披露

（5）商誉不进行摊销处理，固定资产分两步进行减值处理

（6）出售股票取得的利润可以不列示在利润表中

（7）收入（营业收入）的确认标准不同

（8）资产负债表的名称和样式不同

（9）所有的租赁物原则上都要列为资产

不强制披露各阶段利润

在日本会计准则下,企业需要披露毛利润、营业利润、经常性利润和税前当期净利润等各阶段利润。国际财务报告准则是原则主义(Principle Based),个别的、具体的问题由企业自行判断,并由审计人员判断其处理方法是否妥当。在国际财务报告准则下,企业只需要在利润表中公示净利润和当期综合利润(一定期间内所有者权益的变化值),其他阶段利润不强制公开。

但在实际操作中,大多数采用国际财务报告准则的企业都会选择公示毛利润、营业利润和税前当期净利润等阶段利润。如果你看到财务报表里没有这几项利润,只列示了利润和费用,先不要慌张,可以确认一下会计报表附注的内容。在国际财务报告准则下,财务报表本身会变得十分简洁,企业倾向于使用大量会计报表附注向公众传递信息。

表15-1是来聊公司(LINE,聊天软件企业)的合并利润表,其中并未公开各阶段的利润。

表15-1 LINE合并利润表(遵循国际财务报告准则),各阶段利润并未公开

金额(百万日元)

项目	2018年度 (2018年1月1日— 2018年12月31日)	2019年度 (2019年1月1日— 2019年12月31日)
营业收入		
销售收入	207 182	227 485
其他营业收入	28 099	3 211
营业收入合计	235 281	230 696

续表

项目	2018年度（2018年1月1日—2018年12月31日）	金额（百万日元）2019年度（2019年1月1日—2019年12月31日）
营业费用		
结算手续费用及执照费用	–30 823	–35 874
销售佣金	–15 960	–15 995
职工薪酬	–57 493	–70 265
销售费用	–20 311	–33 022
基础设施及通信费用	–10 483	–10 821
外包费用及其他服务费用	–31 825	–41 892
折旧费用及摊销费用	–11 135	–22 737
其他营业费用	–41 141	–39 087
营业费用合计	–219 171	–269 693
营业利润	16 110	–38 997
财务收入	413	512
财务费用	–519	–1 980
权益法下的投资损失	–11 148	–13 412
汇兑损益	–902	–72
其他营业外收入	869	3 878
其他营业外费用	–1 469	–1 545
持续性业务的税前利润	3 354	–51 616
法人所得税	–9 522	–384
持续性业务的净损失	–6 168	–52 000
非持续性业务的净利润	376	584
当期净损失	–5 792	–51 416
归属		
本公司股东	–3 718	–46 888
少数股东权益	–2 074	–4 528

不允许划分非经常性损益

在日本会计准则下,临时性、偶发性的活动导致的损益计入非经常性损益。但这存在一个问题,即企业可以自行判断该项活动是否属于"非经常性"的活动。如果企业把大量的损失金额归类为"非经常性损失",那么反映企业日常经营活动的"经常性利润"的数值就会被修饰得很好看。在现实世界中,企业在经营过程中会遇到一些意料之外的"非经常性"的状况,把这些意外也考虑在内才是正确的做法。从广义上来看,不存在"非经常性"的企业活动。

在国际财务报告准则下,无论是利润表还是会计报表附注都不允许区分非经常性损益。例如出售固定资产损益、结构改革费用、减值损失等事项在日本会计准则下会被计入非经常性损益,但在国际财务报告准则下则视为主营业务导致的损益,需要作为加减项计算最终的营业利润。采用国际财务报告准则的日本企业在销售管理费用下设"其他收入"和"其他费用",用于汇总这些事项。会计报表附注中有详细内容说明,看有价证券报告书时需要重点确认金额大小,评估其对今后年度财务报表的影响。

表15-2是可口可乐瓶装日本公司的合并利润表。如表中所示,高额的非经常性的损失使得公司陷入赤字。

在日本会计准则下,商誉减值损失及其他费用(主要是特殊退职加算金和公司结构改革费用等)计入"非经常性损失"。可口可乐瓶装日本公司根据国际财务报告准则把这些项目的金额计入营业损益,导致赤字。

表15-2　可口可乐瓶装日本公司的合并利润表
（遵循国际财务报告准则）

金额（百万日元）

项目	上一合并会计年度 （2018年1月1日— 2018年12月31日）	当前合并会计年度 （2019年1月1日— 2019年12月31日）
营业收入	927 307	914 783
营业成本	475 156	473 723
毛利润	452 151	441 060
销售管理费用	426 195	423 685
商誉减值损失	—	61 859
其他收入	2 116	4 127
其他费用	13 385	15 076
权益法下的投资收益	−5	43
营业利润	14 682	−55 389
财务性收入	830	1 145
财务性费用	745	1 175
税前利润	14 767	−55 419
法人所得税费用	4 605	2 476
当前利润	10 162	−57 895
当前利润归属		
母公司所有者	10 117	−57 952
少数股东权益	45	56

更多企业自行界定利润

不允许区分非经常性损益、"非经常性"事项的金额作为加减项用于计算最终的营业利润，国际财务报告准则的这些做法会使得营业利润产生较大波动，这一点无可否认。对于十分熟悉日本会计准则的人来说，营业利润等于主营业务持续产生的利润，如果营业利润波动剧烈，又或者企业因为当前年度的某些特别事件而陷入赤字，这些十分熟悉日本会计准则的人恐怕会觉得十分意外吧。

上文中提到，国际财务报告准则不强制公开各阶段利润，反过来说，企业可以自行定义利润。

采用国际财务报告准则的企业越来越多地使用独创的利润名称，例如业务利润、主要营业利润等，这些利润的定义一般接近日本会计准则下的营业利润。

表15-3就是其中的一个例子。实际上，即使同样是食品行业的企业，不同企业对"业务利润"的定义也参差不齐。采用国际财务报告准则后，企业开始自行界定利润，难以和其他企业的财务报表进行对比。**但也有积极的一面，企业界定的利润是自身的关键绩效指标（Key Performance Indicator，简称KPI），可以帮助人们理解企业活动和经营战略。**

表15-3 采用国际财务报告准则的食品企业对作为经营评价指标的"业务利润"的定义

企业名	对"业务利润"的定义
麒麟控股株式会社	营业收入减去营业成本、销售费用、管理费用。是衡量企业稳定业绩的利润指标

续表

企业名	对"业务利润"的定义
朝日集团控股株式会社	营业收入减去营业成本、销售费用、管理费用。是企业自行制订的衡量企业稳定业绩的利润指标。该指标并非国际财务报告准则定义，但比企业认为该指标对阅读财务报表的人士有所帮助，因而自行公开列示
札幌控股公司	营业收入减去营业成本、销售费用、管理费用。是企业自行制订的衡量企业稳定业绩的利润指标
味之素公司	营业收入减去营业成本销售费用研究开发费用管理费用，再加上权益法下的投资收益。不含其他营业收入和其他营业费用
日本火腿集团	营业收入减去营业成本、销售费用、管理费用后，根据集团有关汇兑损益的规定和国际财务报告准则进行相关调整，并排除非经常性事项

非持续性业务带来的损益另行披露

在日本会计准则下，即使企业已决定出售或处置某项业务，仍需要在利润表、资产负债表和现金流量表中公开结算期内该业务的相关数值。而在国际财务报告准则下，企业决定处置或出售的非持续性业务所导致的收入和费用不需要按照日本会计准则下的利润表中的各个项目列示，只需另设一行"非持续性业务的税后当期净利润"进行公开即可。日本会计准则重视过去的事实基础，会报告过去的业务情况，国际财务报告准则则站在投资者等利益相关方的立场上，基本只关心未来的情况。表15-4是软银集团截至2020年3月会计年度的合并利润表，软银集团采用国际财务报告准则，在决定出售美国斯普林特公司（Sprint，美国通信企业）后把该业务导致的损益记为非持续性业务损失。在财务状况表（Statement of Financial Position，国际财务报告准则对资产负债表的叫法，后述）中，美国斯普林特公司的项目被整理成了"分类为持有以供出售目的的资产"和"分类为持有以供出售目的的负债"。

表15-4 软银集团的合并利润表（遵循国际财务报告准则，截至2020年3月的会计年度）

		金额（百万日元）
项目	截至2019年3月31日的会计年度	截至2020年3月31日的会计年度
持续性业务		
营业收入	6 093 548	6 185 093
营业成本	-3 567 185	-3 485 042
毛利润	2 526 363	2 700 051
销售管理费用	-1 866 315	-2 024 167
丧失子公司控制权带来的利润	176 261	11 879
其他营业损益	-19 314	-121 051
营业利润（不包含软银愿景基金和其他软银投资顾问公司＜SBIA＞[①]的营业利润）	816 995	566 712
软银愿景基金和其他软银投资顾问公司＜SBIA＞的营业利润	1 256 641	-1 931 345
营业利润	2 073 636	-1 364 633
财务费用	-341 937	-300 948
权益法下的投资损益	320 101	638 717

[①] 软银愿景基金监管者。——编者注

续表

项目	截至2019年3月31日的会计年度	截至2020年3月31日的会计年度
		金额（百万日元）
持股比例变动导致的收入	44 068	339 842
汇兑损益	10 894	−11 107
金融衍生品的有关损益	158 423	−71 811
结算阿里巴巴股票远期合约的收入	—	1 218 527
FVTPL[①]金融资产导致的损益	36 832	−668 463
软银愿景基金和其他软银投资顾问公司＜SBIA＞外部投资者权益的增减	−586 152	540 930
其他营业外损益	−33 192	−285 562
税前利润	1 682 673	35 492
法人所得税	−237 023	−797 697
持续性业务的净利润	1 445 650	−762 205
非持续性业务		
非持续性业务的净利润	8 968	−38 555
净利润	1 454 618	−800 760
净利润归属		
母公司所有者	1 411 199	−961 576
持续性业务的净利润	1 402 756	−930 027
非持续性业务的净利润	8 443	−31 549
少数股东权益	43 419	160 816
持续性业务的净利润	42 894	167 822
非持续性业务的净利润	525	−7 006
	1 454 618	−800 760

① 指以公允价值计量且其变动计入当期损益的金融资产。——编者注

美国斯普林特公司与美国T移动通信（T-Mobile US，Inc.）合并，之后不再是软银集团的子公司，因此将美国斯普林特的净损失额计为非持续性业务的净损失。

商誉不进行摊销处理，固定资产分两步进行减值处理

简单来说，企业并购时，并购方支付的对价中，高于被并购方净资产价值的溢价部分就是商誉。在日本会计准则下，商誉要在20年内完成摊销。但在国际财务报告准则下，商誉无须摊销，取而代之的是每个会计年度期间进行的减值测试。

日本会计准则下的减值测试分为3步：（1）识别减值迹象；（2）确认发生减值损失；（3）测算减值损失金额。而国际财务报告准则下的减值测试分为2步：（1）识别减值迹象；（2）测算减值损失金额。国际财务报告准则比日本会计准则对于减值损失的规定更加严苛。此外，国际财务报告准则允许企业将来转回资产的减值损失，但商誉除外。

安川电机有限公司此前采用日本会计准则，转为国际财务报告准则时在会计报表附注中对于停止摊销商誉的说明如下所示。

安川电机有限公司此前采用日本会计准则，在截至2020年2月的会计年度转为采用国际财务报告准则，有价证券报告书上有关商誉摊销的会计报表附注如下。

> 此前，企业按照日本会计准则在5年或10年内对商誉进行平均摊销，但自采用国际财务报告准则之日起，不再摊销商誉。在国际财务报告准则下，企业的销售管理费用相比采用日本会计准则时期减少127 000万日元。

以下是JFE的会计报表附注，会计报表附注说明了企业分两步对固定资产进行减值处理。

在截至2020年3月的会计年度，JFE的有形固定资产发生了高额减值损失，有价证券报告书中的说明（会计报表附注）如下。

> 报告期期末，若有形固定资产和无形资产出现减值迹象，每个现金产出单元对可回收金额进行评估，即在扣除处置费用后的公允价值和使用价值两个金额中取上限，当资产的账面价值高于可回收金额时，需要减值至可回收金额……东日本制铁所在千叶地区和京滨地区进行结构改革，且当期面临着十分严峻的环境。在测算未来现金流时，发现可回收金额低于东日本制铁所持有的业务资产的账面价值，因此，将账面价值减少到未来现金流的折现值水平，即35 098 300万日元（千叶地区13 115 100万日元，京滨地区21 983 100万日元），共减少23 241 800万日元（千叶地区14 665 200万日元，京滨地区8 576 600万日元），计为减值损失。

出售股票取得的利润可以不列示在利润表中

在日本会计准则下，企业出售交叉持股的股票时，投资有价证券出售收益记为非经常性收入，可以抵消赤字。在国际财务报告准则下则有2种处理方法可供选择，既可以将交叉持股股票的价值评估损益和出售损益全部放进利润表，也可以作为所有者权益项目放进财务状况表，而不放进利润表。可以根据有价证券报告书的会计报表附注内容来确认企业选择了哪一种处理方法。以下是花王的会计报表附注，从中可以看出，花王并没有把股票的价值评估损益和出售损益放进利润表里。

以下是花王在有价证券报告书的会计报表附注中对金融产品处理方法的说明。

> 本集团持有的金融资产分类如下：
> （a）按摊余成本计量的金融资产；
> （b）以公允价值计量且其变动计入其他综合收益的负债类金融资产；
> （c）以公允价值计量且其变动计入其他综合收益的资本类金融资产；
> （d）以公允价值计量且其变动计入净利润的金融资产。
> ……

（c）以公允价值计量且其变动计入其他综合收益的资本类金融资产

本集团选择将部分资本类金融资产的公允价值变动计入其他综合收益，是无法撤销的处理方式，这部分金融资产分类为以公允价值计量且其变动计入其他综合收益的资本类金融资产。

企业在取得这类金融资产后，以公允价值计量，公允价值发生变动的，计入其他综合收益。如果企业处置该项投资，又或者公允价值大幅下降时，累计确认的其他综合收益（或损失）由其他资本构成要素重新划分为留存收益。

持有以公允价值计量且其变动计入其他综合收益的资本类金融资产期间，收到股利分红的，确认为财务收入，计入净利润。

（d）以公允价值计量且其变动计入净利润的金融资产

若金融资产不属于上述按摊余成本计量的金融资产，或以公允价值计量且其变动计入其他综合收益的负债类金融资产，或以公允价值计量且其变动计入其他综合收益的资本类金融资产的，则将其分类为以公允价值计量且其变动计入净利润的金融资产。本集团持有的以公允价值计量且其变动计入净利润的金融资产包括部分短期投资和金融衍生品资产。另外，本集团在分类时，在以公允价值计量且其变动计入净利润的金融资产中，并未指定任何不可以进行重分类的金融资产。

> 企业在取得这类金融资产后，以公允价值计量，公允价值发生变动的，计入净利润。此外，持有以公允价值计量且其变动计入净利润的金融资产期间，其带来的收入及损失也计入净利润。

收入的确认标准不同

国际财务报告准则确认收入（营业收入）时更加重视实际的情况。例如收入的确认时点是到货，而不是发货；营业收入要减去和销售数量对应的返款（促销费用）（见图15-1）；不允许将企业不承担库存风险的商品计入营业收入。不过，日本会计准则在2021年4月1日后开始的会计年度也采取了基本一致的收入确认标准。日本会计准则和国际财务报告准则在确认收入时的绝大部分差异都已经消失，我们可以更方便地比较全球各地的企业。

	日本会计准则（百万日元）	占比		国际财务报告准则（百万日元）	占比
营业收入	10 000	100.0	采用国际财务报告准则后	9 000	100.0
营业成本	4 000	40.0	• 减去返款后，营业收入减少	4 000	44.4
毛利润	6 000	60.0	• 毛利率下降	5 000	55.6
销售管理费用	5 000	50.0	• 销售管理费用的占比也下降	4 000	44.4
其中的促销费用（返款）	1 000	10.0	• 营业利润率上升		
营业利润	1 000	10.0		1 000	11.1

图15-1　日本企业开始采用国际财务报告准则后的处理
（假设根据营业收入的金额支付10%返款）

资产负债表的名称和样式不同

国际财务报告准则将资产负债表称为财务状况表。日本原则上按照从流动资产到固定资产的顺序列示，而国际财务报告准则对此没有规定，大多数欧洲企业按照从固定资产到流动资产的顺序列示，并且大部分企业不使用固定资产这一叫法，而将其称为非流动资产。此外，日本会计准则按照从负债到所有者权益的顺序列示，采用国际财务报告准则的企业则多按照从所有者权益到负债（从非流动负债到流动负债）的顺序列示。

表15-5是卫材药业有限公司的财务状况表，按从非流动资产到流动资产、从资本到负债（从非流动负债到流动负债）的顺序列示。

所有的租赁物原则上都要列为资产

截至2020年，在日本会计准则下，全额偿付（一直仅限自身使用）的租赁物，或存在不能解约的条件的租赁物，视为已被企业实际购入，计为融资租赁，算入资产项目中。而国际财务报告准则从2019年开始要求企业将所有的融资租赁和经营租赁（融资租赁以外的租赁）都列为资产。借计为使用权资产，贷计为租赁债务或负债，以这种形式确认为资产，相当于企业借钱投资机器设备。不把租赁算作资产，意味着ROA不会恶化，这是租赁的优点，计为资产后不再拥有这一优势，这是日本会计准则和国际财务报告准则之间的一大差异。

表15-6是迅销公司的财务状况表，迅销公司2020年开始采用国际财务报告准则，所有租赁都要列为资产，其店铺租赁较多，因此确认了高额的经营租赁，由于资产规模急剧扩大，ROA发生恶化。

表15-5 卫材药业有限公司的财务状况表（遵循国际财务报告准则，截至2020年3月的会计年度）

（单位：百万日元）

	当期合并会计年度 （2020年3月31日）		当期合并会计年度 （2020年3月31日）
资产		**所有者权益**	
非流动资产		归属于母公司所有者的权益	
有形固定资产	144 638	实收资本	44 986
商誉	168 682	资本公积	77 609
无形资产	106 094	库存股	-34 338
其他金融资产	39 779	盈余公积	505 359
其他	15 104	其他资本构成要素	84 511
递延税金资产	66 438	归属于母公司所有者的权益合计	678 127
非流动资产合计	540 735	少数股东权益	24 503
流动资产		资本合计	702 630
存货	65 735	**负债**	
营业债权及其他债权	180 022	**非流动负债**	
其他金融资产	1 555	长期借款	54 945
其他	19 849	其他金融负债	36 572
现金及现金等价物	254 244	准备金	1 346
小计	521 405	其他	14 112
流动资产合计	521 405	递延税金负债	569
资产合计	1 062 140	非流动负债合计	107 545
		流动负债	
		短期借款	34 994
		营业债务及其他债务	76 879
		其他金融负债	25 507
		应付法人所得税	5 355
		准备金	18 739
		其他	90 492
		小计	251 965
		流动负债合计	251 965
		负债合计	359 510
		所有者权益及负债合计	1 062 140

［注：按从固定资产到流动资产，从资本到负债（从非流动负债到流动负债）的顺序列示各项金额。］

表15-6 迅销公司的合并财务状况表（遵循国际财务报告准则，截至2018年8月的会计年度，店铺的经营租赁是高额使用权资产的主要来源）

（单位：百万日元）

	上一合并会计年度 （2019年8月31日）	当前合并会计年度 （2020年8月31日）
资产	1 086 519	1 093 531
流动资产	60 398	67 069
现金及现金等价物	44 473	49 890
应收账款及其他短期债权	410 526	417 529
其他短期金融资产	14 787	14 413
存货资产	1 492	2 126
金融衍生品资产	19 975	10 629
应收法人所得税	1 638 174	1 655 191
其他流动资产		
流动资产合计		
非流动资产		
有形固定资产	162 092	136 123
使用权资产	—	399 944
商誉	8 092	8 092
无形资产	60 117	66 833
长期金融资产	77 026	67 770
按权益法进行会计处理的投资	14 587	14 221
递延税金资产	33 163	45 447
金融衍生品资产	9 442	10 983
其他非流动资产	7 861	7 383
非流动资产合计	372 384	756 799
资产合计	2 010 558	2 411 990
负债及所有者权益		
负债		
流动负债		
应付账款及其他短期债务	191 769	210 747
其他短期金融负债	159 006	231 301
金融衍生品负债	2 985	2 763
租赁负债	—	114 652
应付法人所得税	27 451	22 602
准备金	13 340	752
其他流动负债	82 103	82 636
流动负债合计	476 658	647 455
非流动负债		
长期金融负债	499 948	370 780
租赁负债	—	351 526
准备金	20 474	32 658
递延税金负债	8 822	7 760
金融衍生品负债	3 838	3 205
其他非流动负债	17 281	2 524
非流动负债合计	550 365	768 455
负债合计	1 027 024	1 415 910

第十六章

多元学习会计

怎样才能掌握会计技能

我担任商学院教师与企业内部培训讲师已久，这些年来，我的一大乐事就是看学生在结课问卷上填的答案。有的学生会说："上了这门课之后，我决定努力学习会计，并将它运用在实际工作当中。"这对一个老师来说是种莫大的幸福。但也有一些学生会对我的上课方式和课堂时间分配提出尖锐的意见。这些反馈对于我来说非常宝贵，它们能够督促我不断提高自己的教学水平。学生花费时间和金钱来上课，他们也能通过填写问卷来回顾自己所学的知识，并思考今后如何去运用这些知识。在收上来的问卷中常常能看到这种评价：

"我深刻体会到了会计与企业活动是密不可分的。为了将课堂所学内化于心，接下来我会翻看教材复习。不过，我感觉时间一长，就会渐渐忘掉现在已经掌握的知识。怎样才能不忘今日所学，牢牢掌握会计这项技能呢？"

在此，我想谈一谈这个问题。庆应义塾大学的名誉教授竹中平藏在《竹中教授的大众经济学》中写过这么一段话：

"我在庆应义塾大学教了10年书。经过这10年的教学工作，我终于搞清楚了不断进步的学生和原地踏步甚至是退步的学生之间的差别。不断进步的学生总是无一例外地对身边的经济学问题抱有求知的好奇心，愿意带着兴趣去挖掘问题，并进行自主思考。

我们的生活中处处是经济学。关注身边出现的问题并从经济学的角度进行深入的思考，这本身就具有重大的意义。"

我们把竹中教授所说的"经济学"换成"会计"，再来看看这段话。

"不断进步的学生总是无一例外地对身边的会计问题抱有求知的好奇心，愿意带着兴趣去挖掘问题，并进行自主思考。我们的生活中处处是会计。关注身边出现的问题并从会计的角度进行深入的思考，这本身就具有重大的意义。"

将会计知识运用到身边发生的事上

对于工商管理硕士在职学生与企业培训学员所提出的问题，以上就是我的回答。无论是从教龄还是能力来说，我都远远不及竹中教授。但我从事了20多年职工培训，向5万多名在职学员教授会计知识，最终得出的结论与竹中教授是几乎一样的。也就是说，要想掌握会计这项技能，就不能止步于课堂，而是要将所学的会计知识尽量运用到自己身边发生的事。

你可以把自己所在的企业或者客户所在的企业的财务报表从头到尾好好钻研一遍，也可以在制订预算计划时运用所学的知识体系更深入、认真地去进行思考。回到家之后，你也可以把公寓管理委员会的财务报表好好看一遍，又或者运用会计知识去分析一下你往常下班后会去的英语补习班，昨天用过的网购平台，打算周末和家人一起去的餐厅，甚至是带有营业性质的第三部门（志愿部门）。

上市公司和具有一定规模的企业都会公开财务报表信息。这些信息大多可以在网络上轻松找到，并且是免费、24小时可见的。关键在于你自己是否有着求知的好奇心，是否愿意带着兴趣去读这些报表，是否能够边读边进行自主思考。能够熟练运用会计知识的人，不一定更加聪明，也不一定经常接触会计数值，但他总能满怀兴趣地去挖掘会计问题，自主思考，并有所行动。

没有必要去进行什么艰难深奥的"会计学习"。不如就试着从现在开始，更深入地去解读每天的报纸、杂志上出现的企业数值。

试着针对身边的会计数值进行提问

我来举个例子吧。翻开2020年8月11日《日本产经新闻》报纸的投资与财务版面，首先映入眼帘的就是日本五大房地产企业

2020会计年度第一季度（4—6月）的业绩报告与截至2021年3月会计年度的业绩预测。新冠病毒疫情暴发后，日本政府于2020年4月7日发布紧急事态宣言，后又在5月25日解除宣言。因此，这一季度的财务数据覆盖了整整这段紧急事态宣言时期。这些企业的财务数据受到许多方面的影响，例如，它们减免了其他企业的办公场地租金；封闭商业设施导致资金收入骤减；住房销售活动陷入停滞等。在报纸刊发那天，紧急事态宣言早已解除，新冠病毒疫情在日本反弹并出现第二次大规模感染，新冠病毒疫情今后会如何发展？它又会对房地产行业产生什么样的影响？当时一切都不得而知。经营环境也充满了不确定性。假设在这样的形势下，你在报纸上看到了报表（见表16-1），于是便开始思考房地产行业和企业的会计与经营状况。你能够提出多少个问题呢？

表16-1　日本五大房地产公司的合并利润

企业名称	2020年4—6月	2020年4月—2021年3月的预期
三井不动产投资咨询有限公司	137（-58%）	1 200（-35%）
三菱地所株式会社	292（11%）	1 100（-26%）
住友不动产株式会社	654（17%）	1 300（-8%）
东急不动产控股集团	-139（-%）	260（-33%）
野村不动产控股公司	88（300%）	310（-37%）

（注：表中数据单位为亿日元，括号内为同比增减率。"-"表示负数。）

如果是我的话，会提出以下几个问题。
◆ 在2020财政年度第一季度（4—6月），其他行业的龙头企业大多选择不对外公开年度业绩预期目标，或是仅公布营业收入和经常性利

第三部分　应用与发展

润的大致范围。相比之下，日本房地产行业的五大巨头却敢公布具体预期数值，包括最终净利润。这究竟是一个什么样的行业？这5家大企业能够公布具体预期数值，那中小规模的房地产企业呢？

◆ 新冠病毒疫情给房地产行业带来了巨大的冲击，三井不动产投资咨询有限公司与东急不动产控股集团双双陷入赤字状态。这2家企业有什么共同点呢？三菱地所株式会社、住友不动产株式会社和野村不动产控股公司又为什么能够实现同比增长？是因为其中的某段时间房地产的销售收入特别高吗？还是因为大型商业设施解封了呢？

◆ 在预测年度业绩时，许多企业都认为自己的利润将减少30%左右，但住友不动产株式会社预计仅减少8%，它在业务上有什么特别的优势吗？

◆ 房地产行业的商业模式大致分为两类，即物业出租模式（持有房地产并向企业出租）与房产开发模式（开发商品房或公寓并向客户出售）。五大巨头的两种模式的业务占比分别是多少？是否对营业收入与利润变化有影响？

◆ 物业出租模式主要包括以法人为对象的办公大楼出租业务和以个人为对象的商业设施与住宿设施出租业务。短期内，后者受新冠病毒疫情影响更大，它对房地产企业的业绩有什么样的影响呢？

◆ 在物业出租模式下，房地产是企业的有形固定资产；在房产开发模式下，房地产是企业的存货。无论哪种模式，对房地产的投资都是必不可少的，企业也会因此负有高额的有息负债。在新冠病毒疫情冲击之下，房地产企业的财务状况分别会出现何种程度的恶化？对于五大巨头来说，这场疫情与20世纪90年代泡沫经济破灭时相比，真的就不痛不痒吗？

◆ 新冠病毒疫情让人们对人群密集的"场所"避而不及，这对于为各种活动提供"场所"的房地产行业来说有百害而无一利。房地产行业一向讲究长期战略，环境发生改变之后，各企业的经营战略是否会出现变化？如果已经发生了改变，企业重点关注的领域又是什么？它们打算朝什么方向发展？长期来看，这种战略在企业的财务报表中会如何体现？如果房地产企业是自己所在的企业的重要客户，那么今后该从哪个角度去分析它们的财务报表呢？

如今股东对企业的要求愈发严格，上市公司也越来越重视对投资者的信息公开工作，网络上几乎能找到所有的相关资料。你可以留意企业官方网站、各企业的有价证券报告书，甚至是各种相关新闻，结合它们来研究上述提问，这也是一种不错的练习方式。如果你愿意进行这样的练习，我希望你能好好记住以下4点注意事项。

（1）房地产行业的利润表、资产负债表与现金流量表是什么结构？**先思考这个问题并提出假设，然后再去读财务报表吧。**
➡ 你还记得我们分析丰田的财务报表的流程吗？

（2）房地产行业处于什么样的竞争环境之中？**5个威胁因素对各个企业的经营环境分别产生了怎样的影响？这种影响在利润表、资产负债表与现金流量表中是如何体现的？**
➡ 你还记得钢铁行业的波特五力模型吗？

（3）在竞争激烈的房地产行业，**各家企业是如何在价值链的各个环节谋求差异化，发挥自身优势的呢？**三井不动产投资

第三部分　应用与发展　283

咨询有限公司与三菱地所株式会社这2个行业佼佼者究竟有什么优势？如果你是住友不动产株式会社的经营者，你会采取什么样的经营战略来与行业第一和第二的企业竞争呢？经营战略的不同在财务报表上又会如何体现？

➡ 你还记得在讲解波特价值链模型的那一部分出现的3个行业（医药行业、电机行业、化妆品行业）的经营战略以及相关企业的利润表的区别吗？

（4）随着新冠病毒疫情蔓延，个人与企业对于生活、工作与娱乐的"场所"的看法也将随之改变。如果你是那几家房地产企业的员工，目前正在推进一个办公大楼的开发项目，你会怎么选址（Place[①]），进行什么样的概念设计（Product），把租金定在什么水平（Price），如何吸引企业来租借办公楼（Promotion）？这4个要素又会如何体现在这个办公大楼的利润表和资产负债表上呢？

➡ 你还记得健身房行业的营销4P以及它给财务报表结构带来的变化吗？

善用分析模型

无论是利润表、资产负债表与现金流量表，还是波特五力模型、波特价值链模型与营销组合的4P模型，它们都称得上是经营

[①] 4P 中的 Place 有多种解释方法，本书以"渠道"为主，此处指"地点"。——编者注

战略的分析框架。在分析某个问题时，这些框架能够帮助你有效地进行思考。借助这些框架，我们在思考时就能考虑到各种情况，并且做到考虑到的每种情况都彼此独立，从而高效、有效地得出结论。但是，我们不能就此满足。使用框架本身并非我们的目的。说到底，我们的目的是对问题进行分析，而通过分析做出决策并付诸行动才是分析的终点。

关键在于"WHY？"与"SO WHAT？"

我想读者朋友们读到这里已经充分理解了"WHY？"与"SO WHAT？"的重要性，也更能体会到本书开头提到的稻盛和夫和会计部部长的故事的现实意义。

虽然本书的主题是会计和战略思维，但我几乎没有对会计细则以及用语（"WHAT？"）进行解说，而是尽可能地围绕"WHY？（为什么数值是这样的？）"与"SO WHAT？（这个数值意味着什么？）"这两个问题与大家进行探讨。在英语中，提问"WHY？"要用"BECAUSE（因为）"进行回答。而提问"SO WHAT？"则要用"THAT IS（这说明）"进行回答。

在读会计数值时，如果你看到的不是大、小、增、减这种表面的现象，而是能去思考数值产生的理由及其背后的意义，那就说明你的会计水平确实有所长进。

不惧犯错，勇于思考，不断摸索

我认为，在思考问题时，最重要的是不惧犯错。我长期担任学院教师与培训讲师，也遇到过一些羞于发问的学生，提问前，他们会这样说："问您这种问题真是不好意思。"他们问的都是一些很简单的会计问题，比如"为什么折旧方法那么多？如果只能用一种方法折旧不就省去了很多麻烦吗？"其实，这种令他们感到"不好意思"的问题，往往更能直击企业管理的本质。选择哪种折旧方法其实是管理者要做出的一种重要决策，他们要正确理解自己所在的企业的设备折耗情况，向利益相关者提供信息，管理者的选择体现了他们所希望塑造的企业形态。

还有一点就是要勇于思考，不断摸索。面对"WHY？"和"SO WHAT？"这些提问，有些人很难自己得出结论。他们并不是不知道答案，只是大多数人都放弃了思考，或者因为害怕出错而有所犹豫。虽然你的头脑中突然冒出来的念头和猜测不一定能得到赞赏，但最开始时能有一些这样的想法也是好的。我们总是能从失败中学到很多东西。如果放弃思考，不去尝试得出自己的结论，就永远无法取得进步。

"兴趣是最好的老师"。想必各位读者朋友们都有感兴趣并且擅长的事物。不知道大家在读过这本书后有没有喜欢上读财务报表呢？就算还没有达到喜欢的程度，只要你能在现实生活中保持对会计的"敏锐嗅觉"，愿意带着兴趣去学习会计，我也是十分高兴的。

> 注释

1. 建筑物包括铺装道路、土工设备、广告塔等。
2. 表1为主要制造业企业的合并财务报表数据，建筑物及构筑物的金额为减去折旧后的净额。无论是哪种制造业，营业收入与建筑物及构筑物的金额都存在巨大差异。

表1　日本主要制造业企业合并财务报表

企业（2019年度）	（合并）营业收入A/亿日元	（合并）建筑物及构筑物B/亿日元	A÷B（倍数）
本田技研工业株式会社	149 310	10 732	13.9
引能仕控股株式会社	100 117	7 646	13.1
三菱重工业有限公司	40 413	3 112	13.0
旭硝子玻璃股份有限公司	15 180	3 305	4.6
王子控股株式会社	15 076	1 882	8.0

3. 在截至2020年3月的会计年度，东京电力控股公司的合并营业收入是62 414亿日元，关西电力公司的是31 842亿日元，中部电力公司的是30 659亿日元。但是，也有部分电力企业的营业收入不到东方乐园株式会社的一半，比如冲绳电力公司（东京证券交易所第一部上市企业）的合并营业收入只有2 042亿日元。

4. 东京电力控股公司截至2020年3月会计年度的合并财务报表数据显示，建筑物及构筑物（净额）有1 365亿日元，而机器设备（净额）则有5 136亿日元，是建筑物及构筑物金额的4倍左右。

5. 森大厦株式会社截至2020年3月的会计年度的合并财务报表数据显示，建筑物及构筑物（净额）为2 413亿日元，而土地则为4 406亿日元，约是前者的2倍。

6. 土地的价值不会随着时间的流逝而逐渐减少，所以不需要计提折旧。土地不像股票一样拥有客观的市场价格，所以也不按市场价格来评估。因此，企业账簿上的土地金额就是当初购买土地的价格。但是，如果认为土地带来的收益将远低于预期时，要将土地金额的数值减少为预期可回收的金额。

7. 日本主要铁路企业的建筑物及构筑物（净额）和土地的金额如表2所示（合并财务报表数据）。不同企业的建筑物及构筑物和土地的金额大小关系各不相同，但两个项目的数值都比较接近。因为土地不按市场价值评估，所以下表中的土地金额不能代表土地现在的价格。铁路行业持有的土地大多在土地价格低廉的时期购入，由于企业账簿上的金额一直维持不变，这些土地的实际价格一般要比资产负债表上的数值高。

表2　日本主要铁路企业建筑物及构筑物（净额）和土地金额

企业 （2019年度）	（合并）建筑物及 构筑物/亿日元	（合并） 土地/亿日元
东日本旅客铁道株式会社（简称JR东日本）	35 926	21 218
东海旅客铁道株式会社（简称JR东海）	14 168	23 548

续表

企业 （2019年度）	（合并）建筑物及 构筑物/亿日元	（合并） 土地/亿日元
东急株式会社	11 642	7 322
近铁集团控股有限公司	6 232	7 019
阪急阪神控股集团	5 744	9 501

8. 日本国内酒店业主要企业的建筑物及构筑物（净额）和土地的金额如表3所示（合并财务报表数据）。尽管建筑物及构筑物是酒店业的根基，但其金额也只有营业收入的一半左右。由于土地不采用市场价值评估（位于东京都千代田区的东京帝国酒店总部土地面积为11 000平方米，但账面金额仅有200万日元），且大多数酒店是从外部借入土地然后自建建筑，因此这些公司的建筑物及构筑物同土地相比，金额很少。丽嘉皇家酒店集团是个例外，因为该企业在2015年从森信托集团的手里买回了大阪丽嘉皇家酒店的土地。如果近几年购买土地，账面数字就会反映出其市场价格，土地金额会变得很高。

表3　日本酒店业主要企业建筑物及构筑物（净额）和土地金额

企业 （2019年度）	（合并）营业 收入/亿日元	（合并）建筑物 及构筑物/亿日元	（合并） 土地/亿日元
诚悦旅株式会社[①] （Resorttrust）	1 591	1 035	448
藤田观光株式会社	689	397	122
东京帝国酒店	545	132	31
丽嘉皇家酒店集团	376	142	270

① 日本旅游企业。——编者注

9. 在截至2020年3月的会计年度，东京电力控股公司的合并营业收入为62 414亿日元，应收票据及应收账款为5 598亿日元（占营业收入9%）。365天×9%=约33天。电力企业的顾客不仅仅只有个人消费者。这一数据和我们一个月后支付电费的事实一致，推测法人顾客原则上也是1个月后支付电费。

10. 日本国内主要餐饮企业的营业收入、建筑物及构筑物（净额）和存货的金额如表4所示（合并财务报表数据）。和营业收入相比，这5家企业的建筑物及构筑物和存货的金额少了一到两位数。不同餐饮企业采用的合同形式不同，其中，在特许经营形式下，企业不直接持有存货，此时存货金额将会更少。

表4 日本主要餐饮企业营业收入、建筑物及构筑物（净额）和存货金额

企业 （2019年度）	（合并） 营业收入/亿日元	（合并） 建筑物及构筑物/亿日元	（合并） 存货/亿日元
善商株式会社	6 304	844	277
云雀集团	3 753	719	48
日本麦当劳	2 817	522	11
科洛维德株式会社[①] （COLOWIDE）	2 353	306	32
吉野家控股集团	2 162	287	69

11. 按照国际财务报告准则（IFRS）和美国公认会计准则的规定，租赁的店铺原则上要按经营租赁算入资产。详细内容请参考第十五章第9点。

[①] 日本大型餐饮连锁企业。——编者注

12. 由于东方乐园株式会社没有在合并财务报表中公开职工薪酬等具体项目的金额，这里将用母公司财务报表中的数据进行说明。在截至2019年3月的会计年度，东方乐园株式会社母公司的营业收入是4 497亿日元，营业成本中的职工薪酬（包含餐厅员工的薪酬）是761亿日元（相当于营业收入的约16.9%），折旧费用为333亿日元（相当于营业收入的约7.4%）。而主题乐园里销售的商品的采购成本是650亿日元（相当于营业收入的约14.5%），比折旧费用的数值更大。

后记

本书的旧版出版于2007年8月，距今已有十多年了，承蒙读者厚爱，这本书的旧版与新版在日本总共增印了近20次。借此机会，我想向各位读者朋友致以最诚挚的谢意。许多读者的评价也令我分外高兴，比如：

"很多书仅介绍会计或者战略思维，但本书却能巧妙地将会计与战略思维结合起来进行解说，并且逻辑十分严谨，无出其右。"

"要对数值刨根问底，要结合实际的商业场景提出假设、不断思考。读了本书才明白，会计不是只有专家才能谈论的高深学问，而是人人都得掌握的一项商业技能。"

"要'先思考，再读表'，而不是'先读表，再思考'。这是一种崭新且独特的方法。我要马上将它运用到实际工作中去。"

"这本书的互动性非常强，读的时候就仿佛真的在商学院上课一样。"

这本书出版后的十几年里发生了许多事：金融危机、"3·11"日本大地震、新冠病毒疫情……如今日本国内市场逐渐成熟，企业与企业业务不断走向全球化，企业财务报表也发生了巨大的变化。采用国际财务报告准则的企业逐年增多，基于公司治理准则的经营体制逐渐得以确立，分析财务报告时的注意事项也随之增加。

此次再版我尽可能地对书中所列举企业的财务报告进行了更新，并调整了案例分析的对象，挑选了一些最适合读者学习的企业。除原有的波特五力模型与波特价值链模型之外，我又在本书中添加了营销组合的4P模型，并新增了一章来介绍健身房行业市场营销策略的差别以及其对财务报表的影响。在第三部分中我又针对国际财务报告准则（越来越多的企业选择采用它）与日本会计准则进行了分析，并结合企业案例解说了9个要点。

经营战略的分析方法基本不会随时间而改变。旧版书的读者曾评论道："要将会计与战略思维结合起来进行思考。""要有逻辑地去理解数值，不断进行假设和思考。"诚如读者所言，无论时代如何变化，分析方法都基本不会发生改变。在开展新业务、制定相关战略时，我们要思考究竟要把售价与目标销量定在什么水平，究竟要投入多少资金。掌握经营战略分析方法正是思考这些问题的重要基石。旧版书的读者们都很认可这一分析方法，我也并未对其进行改动，还是尽量采用互动的形式以它为主题修订了一本书。

我从美国学成归国后，曾在证券企业和风险投资企业工作。就是在那时，我机缘巧合地走上了会计与财务讲师的道路。现在，我自己创办了企业，并将教学作为主要业务之一。每年我都会担任不少于40家企业的培训讲师。除此之外，我还活跃在各个工商管理硕士院校以及公开研讨会的讲台上。我与许多人仅有一面之缘，但能与那么多人一起进行思维碰撞，倒也很合我心意。

希望这本书多多少少能让读者感受到工商管理硕士课堂的氛

围。我的课堂并不是讲师唱独角戏的舞台,而是讲师与学生、学生与学生之间进行双向交流的空间。这本书也是一样的,书中的主角是"学习者",而非"传授者"。出于以上原因,我在考虑页数与阅读体验的基础上,尽量采用了简单易懂的话来编写本书。不知道各位读者是否有身临其境的感觉呢?如果以后有机会面对面上课的话,我想问问同学们的感想。

读完本书,你大概已经掌握了利润表与资产负债表的基础知识,也掌握了一些战略分析模型。此时,你已经具备了相应的能力,能够从更高的思维水平来讨论会计,你可以用自己所在的企业或其他企业作为案例。学习会计的乐趣不在于学习会计细则或术语,而在于从管理者的视角出发去理解数值。我期待着有一天能在教室里同各位读者进行一场热烈的讨论。

最后,我想对本书中出现的买原同学等人表示感谢,同时,对过去20多年间在课堂上遇到的在职学生们表示感谢。谢谢你们的积极讨论,谢谢你们给了我思考的机会。我也要对各个商学院与合作企业表达感谢。谢谢你们给了我如此宝贵的教学机会。同时,我还要向日经商务人文库的永野裕章先生表达感谢。在出版本书时,您从读者的角度给我提出了许多精准的意见,谢谢您一直以来对我的支持。

借此机会,我也要向一直支持我的家人致以衷心的感谢。生我养我的双亲先后驾鹤西去。若他们还在世,本书出版后,他们定会第一时间赶去书店购买,然后回家乐呵呵地同我分享。谨以此书,向我的双亲致以永恒不变的深深谢意。

于东京办公室

大津广一